Employer Branding und Personal-marketing im Rettungsdienst

Daniel Heine

Employer Branding und Personalmarketing im Rettungsdienst

Mitarbeitende gewinnen, binden und motivieren

Daniel Heine
Bünde, Deutschland

ISBN 978-3-662-71316-7   ISBN 978-3-662-71317-4 (eBook)
https://doi.org/10.1007/978-3-662-71317-4

Die Deutsche Nationalbibliothek verzeichnet diese Publikation in der Deutschen Nationalbibliografie; detaillierte bibliografische Daten sind im Internet über https://portal.dnb.de abrufbar.

© Der/die Herausgeber bzw. der/die Autor(en), exklusiv lizenziert an Springer-Verlag GmbH, DE, ein Teil von Springer Nature 2025

Das Werk einschließlich aller seiner Teile ist urheberrechtlich geschützt. Jede Verwertung, die nicht ausdrücklich vom Urheberrechtsgesetz zugelassen ist, bedarf der vorherigen Zustimmung des Verlags. Das gilt insbesondere für Vervielfältigungen, Bearbeitungen, Übersetzungen, Mikroverfilmungen und die Einspeicherung und Verarbeitung in elektronischen Systemen.
Die Wiedergabe von allgemein beschreibenden Bezeichnungen, Marken, Unternehmensnamen etc. in diesem Werk bedeutet nicht, dass diese frei durch jede Person benutzt werden dürfen. Die Berechtigung zur Benutzung unterliegt, auch ohne gesonderten Hinweis hierzu, den Regeln des Markenrechts. Die Rechte des/der jeweiligen Zeicheninhaber*in sind zu beachten.
Der Verlag, die Autor*innen und die Herausgeber*innen gehen davon aus, dass die Angaben und Informationen in diesem Werk zum Zeitpunkt der Veröffentlichung vollständig und korrekt sind. Weder der Verlag noch die Autor*innen oder die Herausgeber*innen übernehmen, ausdrücklich oder implizit, Gewähr für den Inhalt des Werkes, etwaige Fehler oder Äußerungen. Der Verlag bleibt im Hinblick auf geografische Zuordnungen und Gebietsbezeichnungen in veröffentlichten Karten und Institutionsadressen neutral.

Planung/Lektorat: Mareike Teichmann
Springer Gabler ist ein Imprint der eingetragenen Gesellschaft Springer-Verlag GmbH, DE und ist ein Teil von Springer Nature.
Die Anschrift der Gesellschaft ist: Heidelberger Platz 3, 14197 Berlin, Germany

Wenn Sie dieses Produkt entsorgen, geben Sie das Papier bitte zum Recycling.

Interessenkonflikt

Der/die Autor*in hat keine für den Inhalt dieses Manuskripts relevanten Interessenkonflikte.

Inhaltsverzeichnis

1 Einleitung ... 1

2 Abgrenzung Employer Branding und Personalmarketing ... 5
Literatur ... 9

3 Employer Branding im Rettungsdienst ... 11
   3.1 Analyse und Strategieentwicklung ... 15
      3.1.1 Arbeitskultur ... 16
      3.1.2 Work-Life-Balance ... 21
      3.1.3 Vergütung und Vorteile ... 31
      3.1.4 Karriereentwicklung ... 32
      3.1.5 Arbeitsplatzsicherheit ... 35
      3.1.6 Corporate Social Responsibility (CSR) ... 37
      3.1.7 Praktische Umsetzung ... 39
   3.2 Employee Value Proposition (EVP) ... 44
   3.3 Kommunikation und Sichtbarkeit ... 48
   3.4 Erfolgsmessung und Optimierung ... 54
   Literatur ... 61

4 Personalmarketing im Rettungsdienst ... 63
   4.1 Ziele und Funktionen des Personalmarketing ... 66
   4.2 Herausforderungen und Trends ... 67
   4.3 Aufmerksamkeit ... 71
   4.4 Recruiting ... 80
      4.4.1 Aufmerksamkeit/Wahrnehmung erzeugen ... 81
      4.4.2 In Erwägung ziehen ... 84
      4.4.3 Das Interesse wecken ... 84

	4.4.4	Exkurs Karriere-Website	86
	4.4.5	Der Bewerbungsablauf	91
	4.4.6	Die Auswahl/Das Assessment	94
	4.4.7	Die Einstellung	99
4.5	Boarding-Time		101
	4.5.1	Preboarding	104
	4.5.2	Der erste Tag	106
	4.5.3	Onboarding – die ersten zwei Wochen	108
	4.5.4	Postboarding	111
	4.5.5	Reboarding	112
	4.5.6	Crossboarding	114
	4.5.7	Das Patenmodell	115
4.6	Mitarbeiterbindung und Mitarbeitermotivation		118
	4.6.1	Mitarbeiterbindung im Rettungsdienst	120
	4.6.2	Mitarbeitermotivation im Rettungsdienst	128
	4.6.3	Das GSW-Anreizsystem nach Heine	133
4.7	Personalentwicklung		143
4.8	Offboarding und Alumni		151
Literatur			154

5 NFS-Auszubildende und die Generation Z ... 155

5.1	Die Generationen im Überblick		157
	5.1.1	Generationen	157
	5.1.2	Generation X	160
	5.1.3	Generation Y	161
	5.1.4	Generation Z	163
	5.1.5	Ausblick Generation Alpha	170
5.2	Gewinnung der Generation Z als NFS-Auszubildende		174
	5.2.1	Begeisterung wecken	175
	5.2.2	Employer Brand	177
	5.2.3	Besonderheit Preboarding	179
5.3	Anforderungen an Praxisanleitungen		185
Literatur			189

Über den Autor

Dr. rer. pol. Daniel Heine wurde 1978 geboren und begann seine berufliche Laufbahn im Rettungsdienst. Über ein Jahrzehnt war er hauptberuflich im Rettungsdienst tätig und unterrichtete gleichzeitig sieben Jahre lang an Rettungsdienstschulen. 2005 entschied er sich für ein berufsbegleitendes Studium und erwarb einen Bachelor in Management im Gesundheits- und Sozialwesen sowie einen MBA in Business Development Management mit einer Vertiefung in Wirtschaftspsychologie. Seine akademische Laufbahn schloss er mit der Promotion zum Dr. rer. pol. an der Universität Bremen ab, wobei er sich auf das Personalmarketing der Generation Z im Bevölkerungsschutz spezialisierte.

In seiner Karriere übernahm er vielseitige Führungs- und Entwicklungsaufgaben, unter anderem als DRK-Kreisgeschäftsführer, als Bereichsleiter einer Hochschule sowie als Führungskräfte- und Organisationsentwickler in einem Wohlfahrtsverband. Zudem ist er seit mehr als 17 Jahren als Hochschuldozent im Bereich Management und Personalmarketing im Rettungsdienst und Gesundheitswesen tätig.

Heute liegt sein Fokus auf Beratung, Führungskräftecoaching und Wissenstransfer in den Bereichen Management & Personalmarketing. Mit seiner langjährigen Erfahrung kombiniert er Praxisnähe und wissenschaftliche Expertise, um innovative Lösungen für die Herausforderungen des Rettungsdienstes zu entwickeln.

Einleitung

Warum es so wichtig ist, sich mit Personalmarketing und Employer Branding im Rettungsdienst zu beschäftigen

Zusammenfassung

Der Rettungsdienst steht vor großen Herausforderungen: Fachkräftemangel, veränderte Erwartungen an Arbeitgeber und wachsender Wettbewerb um qualifizierte Mitarbeitende machen ein strategisches Employer Branding und Personalmarketing unerlässlich. Dieses Buch bietet einen strukturierten Überblick über zentrale Konzepte und praxisnahe Strategien, um sich als attraktiver Arbeitgeber zu positionieren und Fachkräfte gezielt zu binden. Es beleuchtet die Abgrenzung von Employer Branding und Personalmarketing, Erfolgsfaktoren einer starken Arbeitgebermarke sowie effektive Recruiting- und Bindungsmaßnahmen. Ein besonderer Fokus liegt auf der Gewinnung von Nachwuchskräften und den Erwartungen der Generation Z. Praxisbeispiele und konkrete Handlungsempfehlungen helfen, maßgeschneiderte Lösungen für den eigenen Rettungsdienst zu entwickeln. Ziel ist es, nachhaltige und umsetzbare Strategien zu schaffen, die langfristig zum Erfolg führen.

Der Rettungsdienst befindet sich in einem tiefgreifenden Wandel. Fachkräftemangel, veränderte gesellschaftliche Erwartungen an Arbeitgeber sowie zunehmender Wettbewerb um qualifizierte Mitarbeitende machen eine strategische Auseinandersetzung mit Employer Branding und Personalmarketing unumgänglich. Die Zeiten, in denen Rettungsdienste allein durch den gesellschaftlichen Stellenwert ihres Berufs Nachwuchs und Fachkräfte gewinnen konnten, sind vorbei. Wer langfristig erfolgreich sein möchte, muss sich als attraktiver Arbeitgeber positionieren, sich von anderen Anbietern abheben und bestehende Mitarbeitende gezielt binden.

© Der/die Autor(en), exklusiv lizenziert an Springer-Verlag GmbH, DE, ein Teil von Springer Nature 2025
D. Heine, *Employer Branding und Personalmarketing im Rettungsdienst*,
https://doi.org/10.1007/978-3-662-71317-4_1

Dieses Buch gibt einen strukturierten Überblick über die zentralen Ansätze und Methoden, die für ein nachhaltiges Employer Branding und effektives Personalmarketing im Rettungsdienst entscheidend sind. Dabei werden nicht nur theoretische Konzepte erläutert, sondern auch praxisnahe Strategien vorgestellt, die individuell an die jeweiligen Gegebenheiten vor Ort angepasst werden können. Denn was in einem Rettungsdienst gut funktioniert, muss nicht automatisch auf einen anderen übertragbar sein. Die Rahmenbedingungen, Strukturen und Möglichkeiten variieren – und genau hier setzt dieses Buch an: Es soll als Orientierungshilfe dienen, um maßgeschneiderte Lösungen für die eigenen Herausforderungen zu entwickeln.

Im ersten Abschnitt wird die Abgrenzung zwischen Employer Branding und Personalmarketing vorgenommen, um ein klares Verständnis für die jeweiligen Funktionen und Ziele beider Disziplinen zu schaffen. Daran anschließend folgt eine ausführliche Betrachtung des Employer Brandings im Rettungsdienst, beginnend mit der strategischen Analyse, die entscheidend für eine erfolgreiche Umsetzung ist. Themen wie Arbeitskultur, Work-Life-Balance, Vergütung, Karriereentwicklung und Arbeitsplatzsicherheit spielen hierbei eine zentrale Rolle. Ergänzt wird dieser Abschnitt durch die Employee Value Proposition (EVP), die beschreibt, was einen Rettungsdienst als Arbeitgeber einzigartig macht, sowie durch eine Betrachtung der Kommunikation und Sichtbarkeit der Arbeitgebermarke nach innen und außen. Schließlich wird die Erfolgsmessung und Optimierung betrachtet, denn nur wenn Maßnahmen evaluiert werden, können sie langfristig wirksam gestaltet werden.

Der zweite große Abschnitt widmet sich dem Personalmarketing im Rettungsdienst. Hier wird beleuchtet, wie gezielt Aufmerksamkeit für den Rettungsdienst als Arbeitgeber erzeugt und potenzielle Bewerber und Bewerberinnen angesprochen werden können. Die unterschiedlichen Phasen des Recruiting-Prozesses – von der ersten Wahrnehmung bis zur Einstellung – werden detailliert betrachtet. Der gesamte Boarding-Prozess, bestehend aus Preboarding, Onboarding, Postboarding, Reboarding und Crossboarding, spielt dabei eine zentrale Rolle, da ein durchdachter Einstieg maßgeblich über die langfristige Bindung neuer Mitarbeitender entscheidet. Ein besonderer Fokus liegt zudem auf Mitarbeiterbindung und Mitarbeitermotivation, da es nicht nur darum geht, neue Mitarbeitende zu gewinnen, sondern sie auch langfristig im Unternehmen zu halten. Hier werden verschiedene Ansätze diskutiert, darunter auch das *GSW-Anreizsystem nach Heine*.

Ein weiteres zentrales Thema ist die Personalentwicklung, denn eine gezielte Förderung und Weiterentwicklung von Mitarbeitenden ist ein entscheidender Faktor für eine hohe Arbeitgeberattraktivität. Der Abschluss des Buches beschäftigt sich mit dem Offboarding und dem Aufbau von Alumni-Netzwerken, um ausscheidende Mitarbeitende weiterhin als potenzielle Rückkehrer oder Multiplikatoren in der Branche einzubinden.

1 Einleitung

Ein besonderer Abschnitt widmet sich der Gewinnung von Notfallsanitäter-Auszubildenden und der Generation Z. Diese Altersgruppe stellt neue Anforderungen an Arbeitgeber und Ausbildungsbetriebe, weshalb es essenziell ist, ihre Erwartungen zu verstehen und gezielt darauf einzugehen. Zusätzlich wird ein Ausblick auf die Generation Alpha gegeben, die in den kommenden Jahren auf den Arbeitsmarkt drängen wird und deren Werte und Bedürfnisse bereits heute berücksichtigt werden sollten.

Viele der in diesem Buch behandelten Konzepte und Maßnahmen sind bereits in der Praxis vorhanden – manche mit Erfolg, andere hingegen eher inkonsequent oder wenig strukturiert umgesetzt. Das Buch soll keine starre Anleitung bieten, sondern eine fundierte, praxisnahe Orientierungshilfe, die Rettungsdienste dabei unterstützt, ihre Arbeitgeberattraktivität strategisch und nachhaltig zu verbessern. Dabei sind die dargestellten Ansätze flexibel und können an die individuellen Rahmenbedingungen und Möglichkeiten angepasst werden. Der Rettungsdienst braucht innovative, aber zugleich realistisch umsetzbare Lösungen – und dieses Buch soll helfen, genau diese zu entwickeln.

Abgrenzung Employer Branding und Personalmarketing

2

> **Zusammenfassung**
>
> Fachkräftemangel und steigende Anforderungen machen durchdachte Personalstrategien im Rettungsdienst unverzichtbar. Personalmarketing und Employer Branding werden oft missverstanden oder unzureichend umgesetzt. Personalmarketing beschränkt sich nicht nur auf Stellenanzeigen oder Social Media – im Rettungsdienst spielen Vernetzung und informeller Austausch eine zentrale Rolle. Erfahrungen über Arbeitgeber verbreiten sich schnell und beeinflussen die Besetzung von Stellen. Eine nachhaltige Strategie verbindet beide Konzepte: Personalmarketing umfasst Gewinnung, Bindung und Entwicklung von Mitarbeitenden, während Employer Branding eine authentische Arbeitgebermarke schafft. Beide sind eng verknüpft und entscheidend für Zufriedenheit und Attraktivität. Dieses Kapitel definiert die Begriffe im Rettungsdienstkontext und dient als Orientierung für das Buch.

Die Begriffe Personalmarketing und Employer Branding sind zwar vielen geläufig, werden jedoch oft in falschen Zusammenhängen oder unter falschen Voraussetzungen verstanden. Häufig werden im Rettungsdienst hierunter modernere Stellenanzeigen, ein Auftritt bei Instagram, Facebook und Co. und eventuell noch eine moderne Homepage verstanden und von den Arbeitgebern für ausreichend befunden.

Dies ist insbesondere im Rettungsdienst nicht ausreichend und eine große Falle. Denn wie sagt man: „Der Rettungsdienst ist ein Dorf – jeder kennt jeden". Und so liegt es in der Natur der Sache, dass gerade im Rettungsdienst ein guter Austausch zwischen den Mitarbeitenden verschiedener Rettungsdienste mehrmals täglich stattfindet. Sei es an den Kliniken, in gemeinsamen Fort- und Weiterbildungen, an den Schulen oder auf der ein oder anderen „Blaulichtparty". Hier wird über Gutes und Schlechtes beim eigenen Arbeitgeber berichtet, und freie Stellen werden häufig über Mitarbeiterempfehlungen besetzt oder nicht besetzt. Dies ist jedoch keineswegs ein Nachteil! Rettungsdienste sollten diesen Zustand als Chance betrachten ein gutes Arbeitgeberimage (Employer Brand) aufzubauen und aktiv zu leben. Dann tragen die eigenen Mitarbeitenden dieses Image nach außen, und die Arbeitgeber profitieren nicht nur von motivierten und engagierten Mitarbeitenden, sondern auch von zahlreichen Initiativbewerbungen.

Versucht man, die Begriffe Personalmarketing und Employer Branding zu definieren, erkennt man schnell, dass beide Begrifflichkeiten einem ständigen Wandel unterliegen. Das Verständnis beider Begriffe wird in Unternehmen zudem sehr unterschiedlich gelebt.

Beginnen wir mit dem Begriff des **Personalmarketings**. Hier trifft man häufig auf die Wahrnehmung, dass es sich um Maßnahmen zur kurzfristigen Personalbeschaffung handelt (Kanning, 2017). Umfassender wird Personalmarketing von Beck (2012) in drei Ebenen unterschieden:

- Personalmarketing als Instrument zur **Personalgewinnung**
- Personalmarketing als Instrument zur **Bindung**, **Motivation** und **Entwicklung** von vorhandenem Personal
- Personalmarketing als **Denk- und Handlungskonzept** zur konsequenten Umsetzung des Marketinggedankens im Personalmanagement

Übertragen auf den Rettungsdienst wird Personalmarketing in diesem Buch folgendermaßen definiert.

▶ **Definition Personalmarketing** Personalmarketing ist die konsequente Umsetzung des Marketinggedankens im Personalmanagement. Es beinhaltet Instrumente zur Gewinnung, Bindung, Motivation und zur Entwicklung von Mitarbeitenden.

Zudem lässt sich das Personalmarketing in die Teilbereiche des internen und des externen Personalmarketings unterscheiden (Abrell & Rowold, 2015). **Das interne Personalmarketing** richtet sich an bestehende Mitarbeitende. Hier werden die Themen Bindung, Motivation und Entwicklung verortet. **Das externe Personalmarketing** richtet sich an potenzielle Mitarbeitende. Hier liegt der Fokus auf der Personalgewinnung.

Personalmarketing im Rettungsdienst bedeutet somit, sich Gedanken zu machen, wo und wie neue Mitarbeitende gewonnen werden sollen und wie bestehende Mitarbeitende z. B. durch gute Dienstplangestaltung und bedürfnisorientierte

2 Abgrenzung Employer Branding und Personalmarketing

Einsatzplanung langfristig gebunden und motiviert werden können. Zudem beschäftigt es sich mit der Entwicklung der Rettungsdienstmitarbeitenden: Welche Fort- und Weiterbildungen sind sinnvoll, und welche Skills gilt es zu verbessern? Beides wird sowohl aus der Arbeitgeber- als auch aus der Mitarbeitendensicht betrachtet. Das Personalmarketing wird ausführlich in Kap. 4 beschrieben und auf den Rettungsdienst angewendet.

Widmen wir uns nun dem Begriff **Employer Branding**, stoßen wir ebenfalls auf verschiedene Wahrnehmungen. Die am häufigsten in Wissenschaft und Praxis referenzierte Definition des Employer Branding bietet die Deutsche Employer Branding Akademie (DEBA, 2006). Diese beschreibt Employer Branding als identitätsbasierte, intern wie extern wirksame Positionierung eines Unternehmens als glaubwürdiger und attraktiver Arbeitgeber. Ziel ist eine ehrliche und gelebte Arbeitgebermarke, die in der Führungskultur und der Entwicklung der Organisation verankert ist.

Im Rahmen dieses Fachbuches wird der Begriff Employer Branding folgendermaßen definiert:

▶ **Definition Employer Branding** Employer Branding ist die Schaffung einer Arbeitgebermarke als glaubwürdiger und attraktiver Arbeitgeber. Die Arbeitgebermarke basiert auf einer gelebten Identität durch Führungskräfte und Mitarbeitende Sie wird wirksam intern als auch extern positioniert.

Es geht beim Employer Branding darum, eine Arbeitgebermarke als Rettungsdienstorganisation entstehen zu lassen. Diese Marke soll ein positives Image haben und den Arbeitgeber klar von Wettbewerbern abgrenzen. Als Verbraucher kennen wir dieses Phänomen von Produktmarken. Wir greifen mit einem sichereren Gefühl zu einer bekannten Marke mit einem klaren Image – wie z. B. Pampers, Nutella oder Apple –, wenn uns die entsprechenden Werte wichtig sind. Aber Vorsicht: Sollte die Marke enttäuschen, etwa durch ein nicht eingehaltenes Qualitätsversprechen, kann der Kunde sich auch schnell abwenden!

Übertragen auf Rettungsdienstunternehmen bedeutet dies, dass Sie eine klare Vorstellung davon benötigen, wofür Sie als Arbeitgeber stehen möchten. Diese Vorstellung muss von allen Beteiligten – Führungskräften und Mitarbeitenden – nicht nur gekannt und gelebt, sondern auch nach außen getragen werden. Versprechen, wie z. B. zur Dienstplangestaltung, zur persönlichen Entwicklung oder zur Besetzung von Rettungsmitteln, müssen eingehalten werden, um die Arbeitgebermarke nachhaltig glaubwürdig zu machen. Für Rettungsdienste bedeutet dies, dass insbesondere im Bereich des internen Personalmarketings Schwerpunkte zu setzen sind, um eine Arbeitgebermarke erfolgreich zu platzieren. Zusammenfassend bildet das Employer Branding das Bindeglied zwischen dem externen und dem internen Personalmarketing.

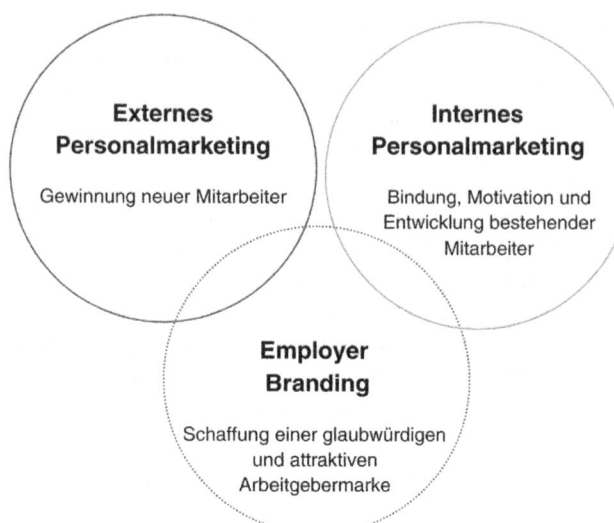

Abb. 2.1 Zusammenspiel von Personalmarketing und Employer Branding. (Eigene Erstellung)

Um sich erfolgreich als Rettungsdienst am Markt zu etablieren und eine hohe Anziehungskraft auf Mitarbeitende zu erzielen, ist es unabdingbar, internes Personalmarketing, externes Personalmarketing und Employer Branding ganzheitlich zu betrachten. Dabei gilt es eine nachhaltige Strategie zu entwickeln. Die Abb. 2.1 bietet einen Überblick über das Zusammenspiel aller Elemente und dient zur weiteren Orientierung in diesem Buch.

Unabhängig davon, wie gut die Außendarstellung des Rettungsdienstes ist, ist es unabdingbar, dass die gemachten Versprechungen am Ende auch eingehalten werden. Unehrliche Versprechungen, z. B. im Rahmen von Entwicklungsmöglichkeiten, Dienstplangestaltung, Fahrzeugbesetzung oder im Team, zeigen sich schnell und sprechen sich herum. In solchen Fällen wird die Arbeitgebermarke negativ geprägt und im schlimmsten Fall nachhaltig geschädigt. Mitarbeitende sind dann nicht nur unproduktiv, sondern verlassen das Unternehmen häufig auch.

Wie eine Arbeitgebermarke erfolgreich im Rettungsdienst entwickelt und platziert werden kann und welche Kernelemente dafür notwendig sind, wird ausführlich in Kap. 3 beschrieben.

▶ **Merke** Eine gut entwickelte und von Führungskräften sowie Mitarbeitenden gelebte Arbeitgebermarke (Employer Brand) bildet das Fundament einer erfolgreichen Personalmarketingstrategie. Gleichzeitig ist eine durchdachte Personalmarketingstrategie notwendig, um eine Arbeitgebermarke erfolgreich entwickeln und etablieren zu können. Beide Elemente sind eng miteinander verknüpft und sollten daher stets gemeinsam betrachtet werden.

Im Rettungsdienst sind effektives Personalmarketing und eine starke Arbeitgebermarke entscheidende Erfolgsfaktoren: Sie sorgen für zufriedene, motivierte Mitarbeitende, die dem Unternehmen langfristig treu bleiben, und ziehen gleichzeitig neue Mitarbeitende an.

Literatur

Abrell, C., & Rowold, J. (2015). Personalmarketing. In *Human resource management*. Springer Gabler. https://doi.org/10.1007/978-3-662-45983-6_13

Beck, C. (2012). *Personalmarketing 2.0: Vom Employer Branding zum Recruiting* (2., neu bearb. u. erw. Auf.). Luchterhand.

Deutsche Employer Branding Akademie (DEBA). (2006). Employer Branding Definition. https://www.employerbranding.org/ueber-uns/mission-und-grundsaetze. Zugegriffen am 12.11.2024.

Kanning, U. P. (2017). Einführung. In *Personalmarketing, Employer Branding und Mitarbeiterbindung*. Springer. https://doi.org/10.1007/978-3-662-50375-1_1

Employer Branding im Rettungsdienst

3

Zusammenfassung

Dieses Kapitel zeigt die zentrale Rolle des Employer Branding im Rettungsdienst und wie eine starke Arbeitgebermarke entwickelt und kommuniziert wird. Eine authentische Positionierung ist essenziell, um Bewerbende anzuziehen und Mitarbeitende langfristig zu binden. Der Fokus liegt auf Arbeitgeberattraktivität, Image und Wahrnehmung im Vergleich zu anderen Rettungsdiensten. Durch eine Ist-Analyse und klare Zielgruppendefinition wird die Employer Branding-Strategie konkretisiert. Die Erstellung einer Employee Value Proposition steht im Mittelpunkt, um Alleinstellungsmerkmale glaubwürdig zu vermitteln. Ergänzend wird gezeigt, wie diese Botschaften intern und extern wirkungsvoll kommuniziert werden.

Abschließend werden praxisnahe Methoden zur Erfolgsmessung und Optimierung vorgestellt. Trotz operativer Herausforderungen bietet das Kapitel einen Leitfaden, um Employer Branding strategisch und nachhaltig im Rettungsdienst zu etablieren.

Wie bereits in Kap. 2 beschrieben, ist das **Entwickeln** und **Platzieren** einer Arbeitgebermarke im Rettungsdienst ein zentraler Bestandteil der Personalmarketingstrategie. Dabei geht es um die Anziehungskraft, die Ihr Rettungsdienst auf potenzielle Mitarbeitende ausübt, sowie darum, wie sich aktuelle Mitarbeitende mit Ihnen als Arbeitgeber identifizieren.

© Der/die Autor(en), exklusiv lizenziert an Springer-Verlag GmbH, DE, ein Teil von Springer Nature 2025
D. Heine, *Employer Branding und Personalmarketing im Rettungsdienst*,
https://doi.org/10.1007/978-3-662-71317-4_3

Warum sollten Sie Zeit und Aufwand in die Entwicklung einer Arbeitgebermarke investieren?
Ganz einfach: Sie haben bereits jetzt eine Arbeitgebermarke – ob bewusst oder unbewusst. Wäre es nicht von Vorteil, sich dieser Marke bewusst zu sein und sie gezielt zu steuern, anstatt unbewusst widersprüchliche Botschaften zu senden und möglicherweise ein unklares oder sogar negatives Bild abzugeben?

Eine klare Botschaft darüber, wer Sie sind, wofür Sie stehen und was Ihre Mitarbeitenden erwarten können (oder nicht), schafft Orientierung und Vertrauen. Dies hilft nicht nur dabei, neue Mitarbeitende zu gewinnen, sondern stärkt auch die Bindung und Motivation Ihrer bestehenden Mitarbeitenden.

Markenbewusstsein und die Bedeutung einer Arbeitgebermarke
Gerade junge Menschen sind sehr markenbewusst. Sie greifen in ihrem Konsumverhalten meist zu bekannten Marken und nur selten zu No-Name-Produkten. Daher stellt sich die Frage: Warum sollten Nachwuchskräfte bei der Wahl ihres Arbeitgebers auf einen No-Name-Arbeitgeber setzen? Dies ist ein starkes Argument für die Schaffung einer Arbeitgebermarke (Immerschmidt & Stumpf, 2019, S. 36).

Doch eine Arbeitgebermarke sollte nicht nur auf junge Nachwuchskräfte abzielen. Sie muss auch erfahrene Fachkräfte und aktuelle Mitarbeitende ansprechen. Für den Rettungsdienst bedeutet das, sich gezielt mit den verschiedenen Zielgruppen und deren Erwartungen an Sie als Arbeitgeber auseinanderzusetzen.

Die Entwicklung einer Arbeitgebermarke hat nicht das Ziel, lediglich einzelne Stellen zu besetzen. Vielmehr geht es um die allgemeine Wahrnehmung Ihres Unternehmens als attraktiver Arbeitgeber (Müller, 2023, S. 83). Employer Branding ist eine langfristige, strategische Maßnahme und gehört daher auf die Ebene der Unternehmensleitung.

Wenn es Ihnen gelingt, eine überzeugende Arbeitgebermarke zu entwickeln und erfolgreich zu platzieren, werden sich Ihre Mitarbeitenden mit Ihrem Unternehmen identifizieren und positiv über Sie sprechen. Gerade im Rettungsdienst werden viele offene Stellen durch Mundpropaganda besetzt – nutzen Sie diese Chance!

Stellen Sie sich dabei folgende Fragen
- Wofür stehen Sie als Arbeitgeber?
- Was macht Sie aus?
- Warum sollten Menschen bei Ihnen und nicht bei der Konkurrenz arbeiten?
- Wie können Sie diese Botschaften effektiv kommunizieren?

Lassen Sie uns abschließend noch einmal die Definition aus Kap. 2 betrachten:

3 Employer Branding im Rettungsdienst

▶ **Definition Employer Branding** Employer Branding ist die Schaffung einer Arbeitgebermarke als glaubwürdiger und attraktiver Arbeitgeber. Die Arbeitgebermarke basiert auf einer gelebten Identität durch Führungskräfte und Mitarbeitende. Sie wird wirksam intern als auch extern positioniert.

Es ist nicht nur wichtig, eine Arbeitgebermarke zu entwickeln, sondern vor allem, diese **authentisch** und lebendig zu gestalten. Führungskräfte wie Teamleitungen, Leitungen von Rettungswachen oder Leitungen des gesamten Rettungsdienstes spielen hierbei eine zentrale Rolle. Sie müssen die Arbeitgebermarke nicht nur kennen, sondern sie auch aktiv vorleben.

Die Kernelemente der Marke sollten in allen Bereichen des Arbeitsalltags präsent sein – sei es beim Erstellen von Dienstplänen, im Ausfallmanagement oder bei strategischen Überlegungen zur Personalentwicklung. Eine Arbeitgebermarke entfaltet ihre volle Wirkung erst dann, wenn sie im Führungsverhalten sichtbar wird.

Darüber hinaus ist es entscheidend, dass Führungskräfte ihr eigenes Verhalten regelmäßig reflektieren. Sie sollten prüfen, ob ihr Handeln mit den Kernelementen der Arbeitgebermarke übereinstimmt. Authentizität und Konsistenz in der Führung sind entscheidend, um das Vertrauen der Mitarbeitenden zu gewinnen und langfristig zu erhalten.

Die **Kernelemente des Employer Branding** sind in Abb. 3.1 dargestellt. Diese Abbildung veranschaulicht nicht nur die zentralen Aspekte der Arbeitgebermarke, sondern gibt auch eine klare Struktur für den Ablauf in diesem Kapitel. Sie bietet eine praktische Orientierungshilfe, die Ihnen dabei hilft, die Theorie in die Praxis umzusetzen.

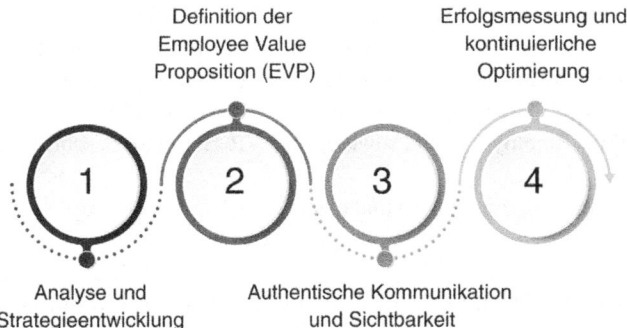

Abb. 3.1 Kernelemente des Employer Branding. (Eigene Erstellung)

Schritte zur Entwicklung und Umsetzung einer Employer Brand im Rettungsdienst

In Abschn. 3.1 beginnen wir mit einer Analyse der **Ist-Situation** bei Ihnen vor Ort. Dabei stützen wir uns auf die sechs Dimensionen einer Employer Brand, basierend auf den Ergebnissen von Tanwar und Prasad (2016). Nachdem Sie die Ist-Situation erfasst und eine Employer-Branding-Strategie entwickelt haben, müssen Sie diese an die jeweiligen Zielgruppen anpassen.

Welche Zielgruppen (Auszug) sollten berücksichtigt werden?

- Auszubildende
- Rettungssanitäter und Rettungssanitäterinnen
- Notfallsanitäter und Notfallsanitäterinnen
- Mitarbeitende mit besonderen Aufgaben (z. B. Praxisanleitungen, QMB, OrgL)
- Leitungskräfte
  Mitarbeitende mit Verwaltungsaufgaben

Für jede Zielgruppe gilt es, folgende Fragen zu beantworten:

- Welche Bedürfnisse haben sie?
- Über welche Kanäle erreiche ich sie?
  Wie sollten die Inhalte gestaltet sein?

Nachdem die Strategie entwickelt und zielgruppenspezifisch angepasst wurde, ist es entscheidend, den Zielgruppen klar zu vermitteln, **wofür Sie als Arbeitgeber stehen, was Sie ausmacht und warum Sie als Arbeitgeber der Wahl gelten**. Dieses Ziel erreichen Sie mit einer **Employee Value Proposition (EVP)**. Dabei handelt es sich um ein authentisches, relevantes und differenziertes Versprechen an Ihre Mitarbeitenden (Trost, 2013). Wie Sie eine EVP für den Rettungsdienst entwickeln und kommunizieren können, wird in Abschn. 3.2 ausführlich erläutert. Hierbei wird auch auf die wichtigen Aspekte der Authentizität und Glaubwürdigkeit eingegangen.

In Abschn. 3.3 liegt der Fokus auf der Kommunikation und der Sichtbarmachung Ihrer Employer Brand sowie Ihrer EVP. Hier wird beschrieben:

- Wie kommuniziere ich intern und extern?
- Welche Medien nutze ich, um erfolgreich zu sein?

Anschließend wird in Abschn. 3.4 die Bedeutung der Erfolgsmessung und Optimierung behandelt. Diese sind essenziell für eine nachhaltige Einführung und stetige Verbesserung Ihrer Employer Brand.

Ein realistischer Start – Schritt für Schritt zum Erfolg

Es mag auf den ersten Blick wie ein großes und langfristiges Projekt wirken. Besonders Leitungskräfte im Rettungsdienst, die häufig vom operativen Tagesgeschäft überrollt werden, haben möglicherweise das Gefühl, dass die Zeit dafür fehlt. Doch lassen Sie sich beruhigen:

Setzen Sie sich ein gutes Team zusammen und starten Sie einfach. Reservieren Sie sich einen Zeitraum, beispielsweise von 10:00 bis 14:00 Uhr, und beginnen Sie mit einem Brainstorming zu den sechs Dimensionen der Employer Brand. Optional können Sie eine externe Begleitung hinzuziehen, die moderiert und das Projekt am Laufen hält. Sobald Sie anfangen, werden Sie feststellen, dass sich schnelle Erfolge einstellen, die sowohl Sie als auch Ihre Mitarbeitenden motivieren und zum Weitermachen anregen. Und plötzlich ist sie da – Ihre Employer Brand.

Wichtige Hinweise für die praktische Umsetzung

Betrachten Sie alle genannten Punkte dezidiert für Ihren Rettungsdienst. Passen Sie die Vorschläge an Ihre spezifischen Gegebenheiten an. Ein kleiner Rettungsdienst mit zwei Rettungswachen und jeweils einem RTW im 24-Stunden-Dienst unterscheidet sich erheblich von einem großen Anbieter mit vielen Rettungswachen, mehreren Leitungsebenen und hunderten Mitarbeitenden.

Auch die geografische Lage und die Wettbewerbssituation spielen eine wichtige Rolle. Der einzig große Rettungsdienstanbieter in einer ländlichen Region hat eine andere Wettbewerbsposition als einer in einem Ballungsraum mit mehreren Anbietern. Bitte prüfen Sie alle vorgeschlagenen Maßnahmen aus der Perspektive, die zu Ihrer Organisation passt.

3.1 Analyse und Strategieentwicklung

Employer Branding: Ein strukturierter Prozess zur Steigerung der Arbeitgeberattraktivität

Employer Branding ist ein fortlaufender Prozess, der durch eine sorgfältige **Planung, Durchführung und Evaluation** der Maßnahmen gekennzeichnet ist. Ziel ist es, die Attraktivität als Arbeitgeber nachhaltig zu steigern (Immerschmidt & Stumpf, 2019).

Tanwar und Prasad (2016) haben in ihrer Studie **sechs Dimensionen einer Employer Brand** identifiziert, die sich positiv auf die Wahrnehmung und Stärke der Arbeitgebermarke auswirken. Diese Dimensionen bieten auch für den Rettungsdienst eine wertvolle Grundlage zur Analyse der Ist-Situation und zur Entwicklung einer individuellen Employer-Branding-Strategie.

Abb. 3.2 Die sechs Dimensionen einer Employer Brand. (Eigene Erstellung)

Abb. 3.2 stellt die sechs Dimensionen einer Employer Brand übersichtlich dar. Diese Dimensionen dienen als roter Faden, um sicherzustellen, dass kein wesentlicher Aspekt der eigenen Employer Brand übersehen wird.

3.1.1 Arbeitskultur

Eine unterstützende, wertschätzende und motivierende Arbeitskultur bildet die Grundlage einer erfolgreichen Employer Brand. Diese Dimension basiert auf Teamarbeit und Respekt und stellt sicher, dass sich alle Mitarbeitenden wertgeschätzt und eingebunden fühlen.

Schlüsselfragen zur Analyse der Arbeitskultur
- Wie transparent ist die Kommunikation zwischen Leitungskräften und Mitarbeitenden?

3.1 Analyse und Strategieentwicklung

- Wie fördern Sie Kreativität und Innovation?
- Wie schützen Sie Diversität und erkennen Vielfalt an?

Führung und Kommunikation als Schlüssel zur Arbeitskultur
Ein wesentlicher Bestandteil dieser Dimension ist die Betrachtung der Führungs- und Kommunikationskultur. Um die Arbeitskultur zu analysieren und zu stärken, sollten Sie folgende Punkte genauer prüfen:

1. *Informationsfluss und Timing:*
   - Sind die notwendigen Informationen zum richtigen Zeitpunkt bei allen Beteiligten?
   - Welche Kommunikationswege und -mittel werden genutzt?
   - Sind diese Kommunikationswege effizient, transparent und für alle zugänglich?
2. *Führungsverhalten:*
   - Wie wertschätzend und motivierend agieren Ihre Führungskräfte?
   - Fördern sie ein Umfeld, in dem Mitarbeitende offen Ideen einbringen und Innovationen vorantreiben können?
3. *Qualifikation der Führungskräfte:*
   - Verfügen Ihre Führungskräfte über die erforderliche Grundqualifikation, z. B. einen Lehrgang zur Rettungswachenleitung?
   - Haben sie zusätzlich weiterführende Qualifikationen, wie z. B. Führungskräfte-Coachings, um ihr Führungsverhalten zu optimieren und auf die Bedürfnisse der Mitarbeitenden einzugehen?

Warum ist eine gute Arbeitskultur so entscheidend?
Eine transparente, respektvolle und teamorientierte Arbeitskultur schafft ein Umfeld, in dem sich Mitarbeitende wohlfühlen, motiviert arbeiten und langfristig mit Ihrem Unternehmen verbunden bleiben. Investieren Sie in die Weiterentwicklung Ihrer Führungskräfte und prüfen Sie regelmäßig, ob Ihre Kommunikationswege den Bedürfnissen Ihrer Teams entsprechen. Denn eine starke Arbeitskultur ist nicht nur ein Plus für Ihre Employer Brand, sondern auch ein entscheidender Faktor für den Erfolg Ihres Rettungsdienstes.

▶ **Praxistipp** Investieren Sie in die Entwicklung Ihrer Leitungskräfte. Überlegen Sie, eine Führungskräfteentwicklung für Ihre Leitungskräfte einzuführen. Eine gezielte Weiterbildung stärkt nicht nur die Kompetenzen Ihrer Leitungskräfte, sondern wirkt sich auch positiv auf die gesamte Arbeitskultur aus.

Empfohlene Inhalte einer Führungskräfteentwicklung
1. Rollenverständnis und souveränes Auftreten:
   - Klärung der eigenen Rolle als Führungskraft
   - Entwicklung eines sicheren und professionellen Auftretens
2. Moderne Mitarbeiterführung:
   - Strategien für wertschätzende und motivierende Führung
   - Förderung von Teamarbeit und individueller Entwicklung
3. Grundlagen der Kommunikation:
   - Effektive Gesprächsführung
   - Umgang mit Feedback und Transparenz in der Kommunikation
4. Konfliktmanagement:
   - Erkennen von Konflikten und professionelle Lösungsansätze
   - Förderung einer konstruktiven Konfliktkultur
5. Zeit- und Selbstmanagement:
   - Priorisierung und Strukturierung von Aufgaben
   - Umgang mit Stress und Eigenverantwortung im Führungsalltag

Förderung von Kreativität und Innovation im Rettungsdienst
Ein innovatives Unternehmen, das versteht, das Potenzial seiner Mitarbeitenden über ihre Grundqualifikation hinaus zu nutzen, schafft eine hohe Anziehungskraft und bindet Mitarbeitende langfristig. Doch wie können Sie Kreativität und Innovation fördern und gezielt nutzen?
Schlüsselfragen zur Förderung von Innovation und Kreativität:

1. Gibt es ein Vorschlagswesen?
   - Haben Ihre Mitarbeitenden die Möglichkeit, ihre Ideen einzubringen?
   - Gibt es klare Strukturen, wie Vorschläge gesammelt, geprüft und umgesetzt werden können?
2. Werden kontinuierliche Verbesserungsmodelle angewendet?
   - Nutzen Sie Methoden wie Kaizen oder andere Ansätze zur kontinuierlichen Verbesserung?
   - Wie fördern Sie eine Kultur, in der Verbesserungen als fortlaufender Prozess verstanden werden?
3. Bieten Sie Raum für persönliche Weiterentwicklung?
   - Haben Mitarbeitende die Möglichkeit, sich in neuen Themenbereichen oder Projekten zu engagieren?
   - Fördern Sie Innovation durch gezielte Fortbildungen, Workshops oder Austauschformate?

3.1 Analyse und Strategieentwicklung

Mitarbeitende einbinden und Potenziale nutzen Indem Sie Mitarbeitende aktiv in die Gestaltung von Verbesserungen einbinden, schaffen Sie nicht nur ein innovatives Arbeitsumfeld, sondern steigern auch die Identifikation mit Ihrer Organisation. Themen, die Mitarbeitende interessieren, bieten oft unerwartete Chancen für kreative Lösungen und Fortschritt.

> **Praxistipp** Um Kreativität und Innovation nachhaltig zu fördern, empfiehlt sich die Einführung eines einfachen, aber effektiven Vorschlagswesens, das auf Transparenz und schneller Rückmeldung basiert. Eine solche Struktur stärkt das Vertrauen der Mitarbeitenden und motiviert sie, aktiv an Verbesserungen mitzuwirken.

Praktische Maßnahmen zur Umsetzung
1. *Vorschlagswesen etablieren:*
   - Implementieren Sie ein System, in dem Mitarbeitende unkompliziert Ideen und Verbesserungsvorschläge einreichen können, z. B. digital oder über klassische Vorschlagsboxen.
   - Stellen Sie sicher, dass Vorschläge zeitnah geprüft werden und die Einreichenden eine Rückmeldung erhalten – unabhängig davon, ob der Vorschlag umgesetzt wird oder nicht.
2. *Regelmäßige Workshops und Treffen:*
   - Organisieren Sie Workshops oder Team-Meetings, bei denen Mitarbeitende ihre Ideen und Projekte vorstellen können.
   - Fördern Sie den Austausch und die Zusammenarbeit zwischen Teams, um Synergien zu schaffen und kreative Lösungen zu entwickeln.
3. *Kultur der Wertschätzung:*
   - Schaffen Sie ein Umfeld, in dem Vorschläge ernst genommen und Erfolge öffentlich anerkannt werden.
   - Entwickeln Sie eine Feedback-Kultur, die Mitarbeitende ermutigt, auch unkonventionelle Ideen einzubringen.

Anerkennung und Förderung von Vielfalt im Rettungsdienst
Die Vielfalt der Mitarbeitenden in Bezug auf **Geschlecht, Alter, ethnische Herkunft, sexuelle Orientierung, körperliche Fähigkeiten, Religion und weitere Aspekte** ist eine große Stärke – auch im Rettungsdienst. Doch gerade in einem Arbeitsumfeld, das oft von eingeschworenen „Wachen-Teams" und Subkulturen geprägt ist, stellt sich die Frage: **Wie können Sie diese Vielfalt aktiv anerkennen, wertschätzen und fördern?**

Herausforderungen in der Teamdynamik:
Im Rettungsdienst arbeiten die Teams auf den Fahrzeugen meist zu zweit oder zu dritt eng zusammen. Diese Nähe ist notwendig für eine effektive Zusammenarbeit, kann jedoch auch zu Konflikten führen, wenn kulturelle oder persönliche Unterschiede nicht respektiert oder akzeptiert werden. Zwischenmenschliche Spannungen können schnell das Arbeitsklima belasten und die Qualität der Arbeit negativ beeinflussen.

Ansätze zur Förderung von Vielfalt und Umgang mit Konflikten:

1. Bewusstsein für Vielfalt schaffen:
   - Führen Sie Schulungen und Workshops zum Thema Diversität und Inklusion ein, um das Bewusstsein für Unterschiede und Gemeinsamkeiten im Team zu fördern.
   - Thematisieren Sie die Vorteile von Vielfalt und wie sie zu einem besseren Teamzusammenhalt und einer höheren Leistungsfähigkeit beitragen kann.
2. Kultur der Offenheit etablieren:
   - Fördern Sie eine offene Kommunikation, in der Mitarbeitende ihre Ansichten und Bedürfnisse äußern können, ohne Angst vor Diskriminierung oder Zurückweisung zu haben.
   - Richten Sie Anlaufstellen für Mitarbeitende ein, die Unterstützung bei zwischenmenschlichen Konflikten oder Diskriminierung benötigen.
3. Konfliktmanagement stärken:
   - Schulen Sie Führungskräfte und Mitarbeitende in konfliktlösenden Techniken, um Spannungen frühzeitig zu erkennen und professionell anzugehen.
   - Nutzen Sie Mediationsansätze, um Konflikte zwischen Teammitgliedern konstruktiv zu lösen.
4. Vielfalt sichtbar machen:
   - Fördern Sie die Repräsentation von Vielfalt auf allen Ebenen, auch in Führungspositionen.
   - Feiern Sie kulturelle oder religiöse Feiertage und sensibilisieren Sie Teams für unterschiedliche Perspektiven und Bedürfnisse.
5. Regelmäßige Reflexion:
   - Überprüfen Sie regelmäßig, ob die Arbeitskultur und die Teamdynamik die Vielfalt der Mitarbeitenden respektieren und fördern.
   - Nutzen Sie anonyme Befragungen, um ehrliches Feedback zur Zufriedenheit und zum Umgang mit Vielfalt zu erhalten.

▶ **Praxistipp** Eine aktive Anerkennung und Förderung von Vielfalt stärkt nicht nur das Arbeitsklima, sondern auch die Zusammenarbeit und die Qualität der Arbeit. Indem Sie eine Kultur der Wertschätzung, Offenheit

3.1 Analyse und Strategieentwicklung

und des Respekts etablieren, schaffen Sie ein Umfeld, in dem alle Mitarbeitenden – unabhängig von ihren individuellen Merkmalen – ihr volles Potenzial entfalten können. So wird nicht nur die Employer Brand Ihres Rettungsdienstes gestärkt, sondern auch die langfristige Zufriedenheit und Bindung Ihrer Mitarbeitenden gesichert.

3.1.2 Work-Life-Balance

Eine gute Work-Life-Balance ist für viele Mitarbeitende ein **entscheidender Faktor** bei der Wahl ihres Arbeitgebers – insbesondere im Rettungsdienst, wo der Schichtdienst häufig eine Herausforderung darstellt. Doch wie gut ist Ihr Rettungsdienst darin, den Mitarbeitenden ein ausgeglichenes Berufs- und Privatleben zu ermöglichen?

Schlüsselfragen zur Analyse der Work-Life-Balance:

- Gibt es flexible Arbeitszeitmodelle oder Möglichkeiten für Remote-Work?
- Werden Elternzeiten oder Sabbaticals aktiv unterstützt?
- Existieren Programme, die das mentale und körperliche Wohlbefinden fördern?

Flexibilität in der Dienstplanung

Die Dienstplanung ist ein zentrales Element für die Work-Life-Balance im Rettungsdienst und ein maßgeblicher Faktor für die Mitarbeiterzufriedenheit. Je nach Größe und Struktur eines Rettungsdienstes unterscheiden sich die Möglichkeiten für eine flexible und bedürfnisorientierte Planung erheblich.

Im Rettungsdienst stellt die Arbeitsorganisation durch Schichtdienste und häufiges Einspringen als Krankheitsvertretung eine erhebliche Herausforderung dar (Karutz et al., 2013, S. 206). Die mangelnde Planbarkeit der Freizeit führt häufig zu Problemen wie der fehlenden Vereinbarkeit von Familie und Beruf sowie zu sozialer Isolation. Mitarbeitende haben oft Schwierigkeiten, an regelmäßigen Vereinsaktivitäten teilzunehmen oder Freundschaften außerhalb des Rettungsdienstes zu pflegen, wenn ihr Umfeld nicht im Schichtdienst tätig ist. Diese strukturellen Belastungen werden zusätzlich durch gesundheitliche Folgen wie Schlafstörungen verstärkt (Schmal, 2015, S. 33–47).

Der unregelmäßige Wechsel zwischen Tag- und Nachtdiensten beeinträchtigt den natürlichen Schlaf-Wach-Rhythmus, was langfristig zu chronischer Müdigkeit und einem erhöhten Risiko für gesundheitliche Beschwerden führen kann. Diese Kombination aus sozialen und gesundheitlichen Herausforderungen verdeutlicht, wie wichtig es ist, Maßnahmen zu ergreifen, die die Planbarkeit der Arbeitszeit verbessern und die Vereinbarkeit von Beruf und Privatleben fördern.

1. Flexible Schichtmodelle
Flexibilität in den Arbeitszeiten ist entscheidend, um auf individuelle Bedürfnisse der Mitarbeitenden einzugehen:
Angepasste Schichtzeiten und Freiwünsche:

- Spätere Schichtbeginne für Eltern, die ihre Kinder in die Kita bringen müssen.
- Frühere Schichtzeiten für Mitarbeitende, die Hobbys wie Sport oder ehrenamtliche Tätigkeiten verfolgen.
- Rettungsmittel können so z. B. mit variierenden Dienstzeiten besetzt werden, z. B. von 07:00 bis 19:00 Uhr oder 08:00 bis 20:00 Uhr, um mehr Flexibilität für die Teams zu schaffen.
- Freiwünsche ermöglichen es Mitarbeitenden, wichtige Tage sicher einzuplanen. Dabei kann es sich um einzelne Tage für besondere Termine handeln, oder um regelmäßige Wünsche, wie beispielsweise den Dienstag freizuhalten, um an Hobbys oder am Vereinsleben teilnehmen zu können.

2. Kleine vs. große Rettungswachen
Die Größe und Struktur des Rettungsdienstes beeinflussen maßgeblich die Gestaltungsmöglichkeiten:
Kleine Rettungswachen:

- Wenige Fahrzeuge und feste 24-Stunden-Dienste bieten oft weniger Spielraum. Hier sind innovative Ansätze erforderlich, um trotzdem Flexibilität zu ermöglichen.

Große Rettungsdienste:

- Größere Organisationen haben oft mehr Ressourcen und können durch verschiedene Schichtmodelle und Besetzungszeiten individueller auf die Bedürfnisse der Mitarbeitenden eingehen.

3. Ausfallmanagement und Springeroptionen
Krankheitsbedingte Ausfälle oder außerplanmäßige Schichten können die Work-Life-Balance stark beeinträchtigen. Eine durchdachte Planung und faire Verteilung der Arbeitslast sind hier entscheidend:
Lösungsansätze:

- Springer-Optionen oder Mitarbeitende „zur besonderen Verfügung" (ZBV) bieten Flexibilität, um kurzfristige Ausfälle auszugleichen, ohne die gesamte Dienstplanung zu destabilisieren.

3.1 Analyse und Strategieentwicklung

- Planbare und faire Frei-Tage erhöhen die Zufriedenheit der Mitarbeitenden und reduzieren Stress.

4. Transparenz und Fairness in der Dienstplanung
Eine faire Dienstplangestaltung hat nicht nur Einfluss auf die Work-Life-Balance, sondern auch auf die Teamdynamik und das Betriebsklima:
Beliebte Rettungsmittel und Standorte:

- Vermeiden Sie eine ungleiche Verteilung beliebter Rettungsmittel, wie z. B. Notarzteinsatzfahrzeuge (NEF), oder ruhigerer Wachenstandorte. Mitarbeitende nehmen solche Ungerechtigkeiten schnell wahr, was zu Unzufriedenheit führen kann.
- Wunschdienste können sich von einzelnen Schichten bis hin zu einem vollständigen Wunschdienstplan erstrecken. Letzterer ist häufig schwieriger umzusetzen. Ermöglichen Sie Ihren Mitarbeitenden jedoch, Wünsche zu Diensttagen, Einsatzorten, Rettungsmitteln oder Teampartnern zu äußern und diese bestmöglich zu berücksichtigen, werden Sie in der Regel mit Dankbarkeit belohnt.

Transparente Entscheidungen:

- Kommunizieren Sie die Kriterien für die Zuteilung von Diensten und Einsatzmitteln klar und nachvollziehbar.
- Fördern Sie den Dialog mit den Mitarbeitenden, um deren Bedürfnisse und Präferenzen zu berücksichtigen.

▶ **Praxistipp** Eine flexible, transparente und faire Dienstplanung trägt entscheidend zur Zufriedenheit der Mitarbeitenden bei. Sie fördert die Loyalität zum Arbeitgeber, stärkt das Betriebsklima und steigert die Arbeitgeberattraktivität. Indem Sie die individuellen Bedürfnisse Ihrer Teams ernst nehmen und bestmöglich umsetzen, schaffen Sie ein positives Arbeitsumfeld, das sich auch langfristig auf die Qualität der Arbeit und die Bindung Ihrer Mitarbeitenden auswirkt.

Remote-Work im Rettungsdienst – eine unterschätzte Möglichkeit
Remote Work, auch bekannt als Homeoffice oder mobiles Arbeiten, beschreibt eine Arbeitsform, bei der Mitarbeitende ihre Aufgaben zeit- und ortsunabhängig außerhalb der festen Arbeitsstätte, häufig von zu Hause aus, erledigen können. Durch digitale Kommunikations- und Kollaborationstools bleibt der Austausch im Team und mit Vorgesetzten gewährleistet.

Auf den ersten Blick scheint Remote Work im Rettungsdienst wenig relevant, dennoch gibt es Aufgabenbereiche, die sich hervorragend für Remote Work eignen.

Vorteile von Remote Work im Rettungsdienst

1. Flexibilität und Entlastung:
   - Mitarbeitende können administrative Aufgaben in ihrer eigenen Zeit und Umgebung erledigen, was zu einer besseren Work-Life-Balance beiträgt.die Möglichkeit, Arbeitsschritte von zu Hause aus durchzuführen, reduziert den Stress durch Pendeln und schafft mehr Zeit für persönliche Verpflichtungen.
2. Steigerung der Attraktivität als Arbeitgeber:
   - Remote Work macht den Rettungsdienst als modernen Arbeitgeber attraktiv, insbesondere für administrative Fachkräfte, die Flexibilität schätzen.
   - Solche Angebote können neue Talente anziehen und bestehende Mitarbeitende binden.
3. Kosteneffizienz:
   - Remote Work kann helfen, die Büropräsenz zu reduzieren und so Kosten für Infrastruktur zu senken.

Einsatzmöglichkeiten für Remote Work im Rettungsdienst
Einige Aufgaben im Rettungsdienst können gut remote erledigt werden, insbesondere in administrativen und organisatorischen Bereichen:

1. Leitungskräfte:
   - Dienstplanung
   - Erstellung und Pflege von Berichten, Statistiken oder Qualitätsmanagementdokumenten
   - Organisation und Koordination von Fort- und Weiterbildungen
2. Praxisanleiter und Praxisanleiterinnen
   - Vorbereitung und Dokumentation von Schulungsunterlagen
   - Digitale Betreuung und Feedbackgespräche mit Auszubildenden
3. Medizinproduktebeauftragte:
   - Verwaltung und Dokumentation von Wartungen, Prüfungen und Bestandsaufnahmen

Technologische Voraussetzungen für Remote Work
Damit Remote Work effektiv umgesetzt werden kann, sind geeignete digitale Tools und Plattformen erforderlich:

3.1 Analyse und Strategieentwicklung

- **Kommunikationssoftware:** Tools wie Microsoft Teams, Zoom oder Slack ermöglichen den Austausch zwischen Teams und Vorgesetzten.
- **Projektmanagement-Tools:** Plattformen wie Trello oder Asana helfen bei der Organisation von Aufgaben und Projekten.
- **Zugriff auf Daten und Dokumente:** Cloud-Lösungen wie SharePoint oder Google Drive sorgen für einen sicheren und zentralen Zugriff auf alle wichtigen Unterlagen.
- **Sicherheit:** Der Datenschutz muss gewährleistet sein, z. B. durch VPN-Zugänge und sichere Passwortrichtlinien.

Herausforderungen und Lösungsansätze

1. Eignung der Aufgaben:
   - Nicht alle Tätigkeiten im Rettungsdienst sind für Remote Work geeignet. Es ist wichtig, klare Kriterien zu definieren, welche Aufgaben remote erledigt werden können.
2. Kommunikation und Teamarbeit:
   - Die virtuelle Zusammenarbeit erfordert klare Absprachen und regelmäßige digitale Meetings, um Missverständnisse zu vermeiden.
3. Schulung der Mitarbeitenden:
   - Mitarbeitende müssen geschult werden, um mit digitalen Tools sicher und effizient arbeiten zu können.
4. Arbeitszeitkontrolle:
   - Transparente Regelungen zur Arbeitszeiterfassung und Erreichbarkeit sind wichtig, um Überlastung oder Missbrauch zu vermeiden.

▶ **Praxistipp** Remote Work ist auch im Rettungsdienst eine realistische und attraktive Option, insbesondere für administrative Tätigkeiten. Es bietet Mitarbeitenden mehr Flexibilität, fördert die Work-Life-Balance und macht den Rettungsdienst als Arbeitgeber moderner und innovativer. Indem Sie geeignete Strukturen schaffen und die Vorteile aktiv kommunizieren, können Sie Ihre Employer Brand stärken und Talente für Ihre Organisation gewinnen.

Elternzeit und Sabbaticals: Ein moderner Ansatz zur Mitarbeiterbindung

Die Unterstützung von Elternzeit und Sabbaticals ist mehr als nur ein Benefit – es ist eine Investition in die Zufriedenheit und Loyalität Ihrer Mitarbeitenden. Diese

Maßnahmen zeigen, dass Ihr Unternehmen die individuellen Bedürfnisse der Mitarbeitenden versteht und unterstützt. Doch wie können solche Programme konkret gestaltet werden?

Elternzeit positiv gestalten und fördern

1. Finanzielle Unterstützung:
   - Prämien nach der Geburt: Eine Einmalzahlung als finanzielle Unterstützung zum Start ins Familienleben wird von Mitarbeitenden sehr geschätzt.
   - Bezahlte Sonderurlaube: Gewähren Sie Vätern nach der Geburt z. B. Sonderurlaub. Auch für adoptierende oder Pflegeeltern können ähnliche Angebote attraktiv sein.
2. Beratungsangebote und Familienservices:
   - Bieten Sie Unterstützung zu Themen wie Erziehung, Elternschaft, Finanzplanung oder Work-Life-Balance.
   - Kooperieren Sie mit Beratungsstellen, Kitas oder Betreuungsservices, um Mitarbeitende aktiv zu entlasten.
   - Gerade wenn Rettungsidente bei großen Wohlfahrtsverbänden oder direkt den Landkreisen angegliedert sind, existieren viele hausinterne Angebote.
3. Kontakthalteprogramme während der Elternzeit:
   - Halten Sie Mitarbeitende über wichtige Entwicklungen im Unternehmen informiert, z. B. durch Newsletter, Einladungen zu Mitarbeitergesprächen oder Betriebsveranstaltungen.
   - Bieten Sie Eltern in Elternzeit die Möglichkeit, auf freiwilliger Basis an Projekten mitzuwirken oder eine Teilzeitoption zu nutzen, um in Kontakt mit dem Unternehmen zu bleiben.
   - Schaffen Sie Zugang zu digitalen oder präsenzbasierten Fortbildungen, damit Mitarbeitende in der Elternzeit ihre Qualifikationen auf dem neuesten Stand halten können.
4. Rückkehr planen und Reboarding erleichtern:
   - Besprechen Sie frühzeitig mit den Mitarbeitenden, wie sie in den Beruf zurückkehren möchten. Themen könnten sein:
     – Vollzeit oder Teilzeit?
     – Besondere Arbeitszeiten, z. B. angepasste Schichtmodelle?
   - Entwickeln Sie individuelle Wiedereinarbeitungspläne, um den Übergang zurück in den Arbeitsalltag zu erleichtern (Reboarding)
   - Bieten Sie Mentoring-Programme oder feste Ansprechpartner, die die Rückkehr begleiten.

3.1 Analyse und Strategieentwicklung

5. **Kulturelle Sensibilisierung:**
   - Familienfreundlichkeit als Teil der Unternehmenskultur: Kommunizieren Sie aktiv, dass Ihr Unternehmen die Vereinbarkeit von Familie und Beruf unterstützt.
   - Fördern Sie ein Umfeld, in dem Elternschaft nicht als Nachteil wahrgenommen wird.

Sabbaticals: Auszeiten ermöglichen und Rahmenbedingungen schaffen

▶ **Definition Sabbaticals** Sabbaticals sind längere berufliche Auszeiten, die Mitarbeitende für persönliche, berufliche oder gesundheitliche Zwecke nutzen können. Sie bieten Mitarbeitenden die Möglichkeit, neue Energie zu tanken, sich weiterzubilden oder private Projekte zu verfolgen.

1. Rahmenbedingungen festlegen:
   - Anspruch: Definieren Sie, wer Anspruch auf ein Sabbatical hat (z. B. nach einer bestimmten Betriebszugehörigkeit).
   - Dauer: Legen Sie flexible Zeiträume fest, z. B. 3, 6 oder 12 Monate.
   - Genehmigungsverfahren: Entwickeln Sie klare Prozesse zur Beantragung und Genehmigung eines Sabbaticals. Schaffen Sie Transparenz darüber, welche Kriterien berücksichtigt werden.
2. Finanzierungsmodelle:
   - Ansparmodelle: Mitarbeitende verzichten über einen Zeitraum anteilig auf Gehalt und erhalten während des Sabbaticals weiterhin ein Einkommen. Beispiel: Über vier Jahre werden nur 80 % des Gehalts ausgezahlt, um im fünften Jahr das Sabbatical mit 80 % Gehalt zu finanzieren.
   - Unbezahlte Sabbaticals: Ermöglichen Sie auch unbezahlte Auszeiten, wobei der Krankenversicherungsschutz weiterhin gewährleistet bleibt.
3. Wiedereinstieg nach dem Sabbatical:
   - Reboarding-Prozess: Stellen Sie sicher, dass Mitarbeitende nach einem Sabbatical wieder nahtlos in ihren Job integriert werden.

Vorteile für Arbeitgeber und Mitarbeitende
Für Mitarbeitende:

- Förderung der Work-Life-Balance und persönliche Weiterentwicklung.
- Erhöhung der Zufriedenheit und Motivation durch flexible und familienfreundliche Angebote.
- Möglichkeit, neue Perspektiven zu gewinnen und mit frischer Energie zurückzukehren.

Für Arbeitgeber:

- Stärkung der Employer Brand durch familienfreundliche und innovative Angebote.
- Langfristige Bindung von Talenten, die Flexibilität und Wertschätzung schätzen.
- Verbesserung des Betriebsklimas durch unterstützende und offene Unternehmenskultur.

Prüfen und Anpassen Ihrer Möglichkeiten
Die Einführung und Förderung von Elternzeit- und Sabbatical-Programmen erfordert eine Analyse Ihrer Ressourcen und eine klare Kommunikation. Passen Sie die Angebote an die Größe und Struktur Ihres Rettungsdienstes an und entwickeln Sie Prozesse, die transparent und für alle Mitarbeitenden zugänglich sind.

Mit einem solchen Ansatz schaffen Sie nicht nur ein modernes und attraktives Arbeitsumfeld, sondern fördern auch die langfristige Loyalität und Zufriedenheit Ihrer Mitarbeitenden.

▶ **Praxistipp** Die Unterstützung von Elternzeiten und Sabbaticals ist ein klarer Vorteil für moderne Arbeitgeber. Sie signalisiert, dass Mitarbeitende als Individuen wertgeschätzt werden und ihre Lebensphasen aktiv unterstützt werden. Indem Sie diese Maßnahmen strategisch und transparent umsetzen, stärken Sie nicht nur Ihre Arbeitgebermarke, sondern fördern auch eine nachhaltige Bindung Ihrer Mitarbeitenden an Ihr Unternehmen.

Programme zur Förderung des mentalen und körperlichen Wohlbefindens im Rettungsdienst

Mitarbeitende im Rettungsdienst sind nicht nur körperlich, sondern auch psychisch oft stark belastet. Die Herausforderungen des Schichtdienstes, der Umgang mit belastenden Einsätzen und der körperlich anstrengende Arbeitsalltag führen häufig zu Überlastung. Tatsächlich sind eher die nicht Einsatzbezogenen Situationen belastend, häufiger sind es die Elemente der nicht Vorhersehbarkeit von Zeitpunkt, Dauer und Inhalt des nächsten Einsatzes, längere Wartezeiten zwischen den einsetzen in Abwechslung mit einer anschließenden Verdichtung ohne Ruhezeiten (Karutz et al., 2013. S. 205) und vor allem die zunehmende Zahl an Einsätzen ohne zwingenden Grund, welche zur Frustration von Rettungsdienstpersonal führt (Sieber et al., 2020).

Maßnahmen zur Förderung des mentalen und körperlichen Wohlbefindens sind daher essenziell, um die Gesundheit zu erhalten und das Wohlbefinden zu stärken. Folgende Schwerpunkte können dazu beitragen:

3.1 Analyse und Strategieentwicklung

Psychologische Unterstützung Psychosoziale Betreuung wird im Rettungsdienst häufig über PSU-Teams (Psychosoziale Unterstützung) geleistet, die bei akuten Belastungen unterstützen. Auch weiterführende psychologische Betreuung ist mittlerweile etabliert. Dennoch bleibt die präventive Unterstützung oft ungenutzt. Es empfiehlt sich, Mitarbeitende durch regelmäßige Supervisionen oder Workshops zu stärken und ihre Resilienz gegenüber schwierigen Einsätzen zu fördern. Kollegiale Beratung innerhalb der Teams kann dabei eine wertvolle Ergänzung sein. Entscheidend ist, dass Unterstützung angeboten wird, **bevor** kritische Ereignisse auftreten. Je gefestigter die Mitarbeitenden sind, desto besser können sie mit Belastungen umgehen.

Achtsamkeit und Resilienz Die Förderung von Achtsamkeit und Resilienz ist ein weiterer zentraler Baustein. Angebote wie Meditationskurse, Yoga oder Achtsamkeitsworkshops helfen den Mitarbeitenden, Stress abzubauen, die Konzentration zu fördern und die emotionale Widerstandsfähigkeit zu stärken. Als Arbeitgeber können Sie den Mitarbeitenden eine Auswahl an Möglichkeiten aufzeigen. Die Mitarbeitende können individuelle Methoden ausprobieren, die zu ihnen passen. Sie als Arbeitgeber profitieren von ausgeglicheneren und widerstandsfähigeren Teams.

Bewegungsförderung Regelmäßige Bewegung ist nicht nur essenziell für die Gesundheit, sondern kann auch das Betriebsklima verbessern. Bewegungsprogramme können vielfältig gestaltet werden:

- **Fitnessräume** in den Wachen oder Gruppenkurse wie funktionelles Training bieten direkte Bewegungsmöglichkeiten vor Ort.
- **Betriebssportgruppen** wie Drachenboot, Walking oder Firmenläufe fördern den Teamgeist.
- **Digitale Tools** wie Fitness-Apps oder Challenges (z. B. Schrittzähler-Wettbewerbe) schaffen zusätzliche Motivation.
- **Kleine Impulse im Arbeitsalltag**, wie Micro-Workouts, Dehnübungen oder Besprechungen im Gehen (Walk & Talk), fördern die Beweglichkeit und steigern die Energie.

Arbeitsplatzgestaltung Ein ergonomisch gestalteter Arbeitsplatz entlastet die Mitarbeitenden körperlich und schafft ein angenehmeres Arbeitsumfeld. Im Rettungsdienst gehören dazu Hilfsmittel wie elektrohydraulische Fahrtragen, Treppensteiger und Umlagerungshilfen. In den Büroräumen sind höhenverstellbare Schreibtische sinnvoll. Aufenthalts- und Ruhezonen sollten ansprechend gestaltet sein, um den Mitarbeitenden in ihren teilweise 12- oder 24-Stunden-Schichten Erholung zu ermöglichen.

Gesunde Ernährung und Gesundheitschecks Ernährung spielt ebenfalls eine große Rolle für das Wohlbefinden. Gesunde Snacks und Getränke in den Wachen sowie Workshops zur Ernährung im Schichtdienst können dazu beitragen, die Mitarbeitenden bei einer ausgewogenen Lebensweise zu unterstützen. Auch gemeinsames Kochen als Teamevent, vielleicht unter Anleitung eines Profis können Spaß machen, Gesundheit stärken und das Wohlbefinden auf der Wache fördern. Gesundheitschecks gehen über die Standarduntersuchungen beim Betriebsarzt hinaus. Arbeitgeber können zusätzlich Freistellungen für Vorsorgeuntersuchungen anbieten, diese in der Dienstplanung berücksichtigen oder finanzielle Zuschüsse gewähren, um die Gesundheitsvorsorge zu fördern.

▶ **Praxistipp** Die Kombination aus psychologischer Unterstützung, Achtsamkeits- und Bewegungsförderung sowie ergonomischer Arbeitsplatzgestaltung und gesunder Ernährung zeigt, dass Wohlbefinden im Rettungsdienst auf vielen Ebenen gefördert werden kann. Arbeitgeber, die solche Programme proaktiv anbieten, signalisieren nicht nur Wertschätzung, sondern schaffen auch ein Arbeitsumfeld, das langfristige Gesundheit und Motivation fördert. Dies stärkt nicht nur die Bindung der Mitarbeitenden, sondern auch die Attraktivität des Arbeitgebers als moderner, mitarbeiterorientierter Rettungsdienst.

Viele Krankenkassen und Berufsgenossenschaften bieten großzügige Unterstützung im Bereich der Gesundheitsförderung an. Diese Hilfe kann sowohl finanzieller Natur sein als auch in Form von Beratungs- und Informationsangeboten für Arbeitgeber bereitgestellt werden.

Nutzen Sie diese Möglichkeiten, um Programme für das mentale und körperliche Wohlbefinden Ihrer Mitarbeitenden zu entwickeln oder auszubauen. Häufig stehen Ihnen bereits erprobte Konzepte und Materialien zur Verfügung, die individuell an die Bedürfnisse Ihres Rettungsdienstes angepasst werden können. Eine unverbindliche Anfrage bei Ihrer Krankenkasse oder Berufsgenossenschaft kann wertvolle Impulse und Ressourcen liefern, um Gesundheitsmaßnahmen kosteneffizient und professionell umzusetzen.

3.1.3 Vergütung und Vorteile

Attraktive Vergütungen und Zuwendungen als Wettbewerbsvorteil
Die Vergütung ist ein zentraler Faktor bei der Bindung und Gewinnung von Mitarbeitenden im Rettungsdienst. In der Studie von Lehweß-Litzmann & Hofmann (2022, S. 18) geben 38,9 % der Notfallsanitäter-Auszubildenden ein zu geringes Gehalt für zu viel Verantwortung als Grund an, wahrscheinlich den Beruf Notfallsanitäter zu verlassen.

Durch die finanzielle Struktur des Rettungsdienstes in Deutschland gibt es weniger Spielraum als in Wirtschaftsunternehmen. Gerade deshalb sollten Arbeitgeber genau überlegen, welche Mittel sinnvoll eingesetzt werden können, um Anreize zu schaffen und sich im Wettbewerb abzuheben.

Stellen Sie sich folgende Fragen:

- Wie sind Ihre Gehaltsstrukturen gestaltet? Sind diese fair, transparent und wettbewerbsfähig?
- Welche zusätzlichen Leistungen können Sie anbieten? Gibt es Kita-Zuschüsse, betriebliche Altersvorsorge oder private Zusatzversicherungen?
- Setzen Sie Boni und Anerkennungsprogramme ein? Wie werden besonders engagierte Mitarbeitende belohnt?

Gehalt und Zulagen – Handlungsspielraum optimal nutzen
Die Gehälter im Rettungsdienst sind oft durch Tarifverträge geregelt, was den Handlungsspielraum einschränkt. Dennoch gibt es Möglichkeiten, die Vergütung gezielt zu gestalten:

- **Eingruppierungen und Erfahrungsstufen:** Eine bewusste Nutzung dieser Optionen kann dazu beitragen, Mitarbeitende angemessen zu honorieren.
- **Zulagen für besondere Aufgaben:** Verantwortlichkeiten wie Praxisanleitung, Lagerverwaltung oder Onboarding Beauftragung können mit zusätzlichen finanziellen Anreizen verbunden werden.
- **Vergütung bei Diensten in Krankheitsfällen:** Hier zeigen sich große Unterschiede zwischen Rettungsdiensten, mit Zuschüssen von 60 € bis hin zu 130 % Zuschlag zum regulären Gehalt oder mehr. Diese Flexibilität kann ein attraktiver Vorteil sein.

Zusätzliche Leistungen als Anreiz
Neben dem Gehalt spielen weitere Zuwendungen eine immer wichtigere Rolle. Solche Benefits können nicht nur die Zufriedenheit der Mitarbeitenden steigern, sondern auch die Attraktivität als Arbeitgeber erhöhen:

- **Familienfreundlichkeit fördern:** Die Übernahme von Kita-Gebühren oder Unterstützung bei der Pflege von Angehörigen kann eine entscheidende Entlastung für Mitarbeitende darstellen.
- **Betriebliche Altersvorsorge und Zusatzversicherungen:** Angebote für private Zusatzversicherungen oder eine betriebliche Altersvorsorge schaffen finanzielle Sicherheit und zeigen Wertschätzung.
- **Mobilitätszulagen:** Zuschüsse für den Arbeitsweg, z. B. in Form von Fahrtkostenerstattungen oder Dienstradleasing, sind attraktive Anreize.
- **Anerkennungsprogramme:** Belohnungen für gute Verbesserungsvorschläge oder die Übernahme besonderer Aufgaben steigern das Engagement und die Motivation der Mitarbeitenden.

> **Praxistipp** Vergleichen Sie Ihre Gehalts- und Benefit-Strukturen mit denen Ihrer direkten Wettbewerber. Welche zusätzlichen Leistungen bieten diese, und wie können Sie sich an entscheidenden Stellen abheben? Entwickeln Sie eine transparente Kommunikationsstrategie, um aufzuzeigen, wo Ihre Vorteile liegen und warum Ihr Rettungsdienst wettbewerbsfähig ist. Transparenz und Fairness in der Gestaltung und Kommunikation Ihrer Vergütungsmodelle sind entscheidend, um Vertrauen und Loyalität bei Ihren Mitarbeitenden aufzubauen.

Mit einer geschickten Kombination aus Gehalt, Zulagen und attraktiven Zusatzleistungen können Sie nicht nur bestehende Mitarbeitende langfristig binden, sondern sich auch als moderner und wettbewerbsfähiger Arbeitgeber positionieren. Diese Maßnahmen tragen wesentlich dazu bei, die Employer Brand Ihres Rettungsdienstes zu stärken.

3.1.4 Karriereentwicklung

Die Studie von Lehweß-Litzmann und Hofmann (2022) zeigt deutlich, dass ein häufiger Grund für den Berufsausstieg von Notfallsanitätern und Notfallsanitäterinnen in fehlenden Karriere- und Entwicklungsmöglichkeiten liegt. Fast 40 % der befragten Auszubildenden gaben an, dass es ihnen an Aufstiegsmöglichkeiten fehlt, während

3.1 Analyse und Strategieentwicklung

über 30 % zu geringe Weiterbildungsmöglichkeiten bemängelten. Zwar existieren im Rettungsdienst grundsätzlich zahlreiche Weiterbildungsangebote, diese führen jedoch selten zu tatsächlichen Aufstiegsmöglichkeiten in der Führungsebene. Häufig beschränken sich diese auf besondere Funktionen wie Praxisanleitung, Logistik oder Hygiene, die oft zusätzlich zu den regulären Aufgaben und Einsätzen übernommen werden müssen – und das nicht selten ohne zusätzliche Vergütung.

Diese Situation kann langfristig zu Frustration führen, insbesondere bei Mitarbeitenden, die nach Perspektiven suchen, sich beruflich weiterzuentwickeln. Wenn ein Rettungsdienst keine klaren Karrierewege oder Entwicklungschancen bietet, besteht die Gefahr, dass gute Mitarbeitende das Unternehmen verlassen und sich beruflich neu orientieren. Um dem entgegenzuwirken, sollten Sie die Karriere- und Entwicklungsmöglichkeiten in Ihrem Rettungsdienst analysieren und aktiv verbessern.

Schlüsselfragen zur Analyse von Karriere- und Entwicklungsmöglichkeiten

- Schulungen und Weiterbildungen:
  - Welche regelmäßigen Schulungs- und Weiterbildungsangebote abgesehen von der jährlichen Pflichtfortbildung stehen Ihren Mitarbeitenden zur Verfügung?
  - Sind diese strukturiert und regelmäßig verfügbar, oder werden sie nur bei Bedarf angeboten?
- Mentoring und Coaching:
  - Gibt es Mentoring- oder Coaching-Programme, um Mitarbeitende individuell zu fördern und sie auf Führungs- oder Fachpositionen vorzubereiten?
  - Können erfahrene Führungskräfte als Mentoren fungieren, um jüngere Mitarbeitende gezielt zu unterstützen?
- Karrieremöglichkeiten:
  - Gibt es klare Entwicklungspfade in Ihrem Rettungsdienst, die sowohl Führungs- als auch Fachkarrieren abdecken?
  - Sind Aufstiegsmöglichkeiten transparent und für alle Mitarbeitenden zugänglich?
  - Werden Sonderaufgaben wie Praxisanleitende oder Hygienebeauftragte fair vergütet und organisatorisch so eingebettet, dass sie nicht „zwischen den Einsätzen" erledigt werden müssen?

Praktische Maßnahmen zur Verbesserung der Entwicklungsmöglichkeiten

Strukturierte Weiterbildungsangebote Stellen Sie sicher, dass Ihre Weiterbildungsangebote regelmäßig und auf die Bedürfnisse der Mitarbeitenden zugeschnitten sind. Zertifizierungen und Qualifikationen sollten nicht nur kurzfristig Vorteile bieten, sondern auch langfristige Karriereperspektiven eröffnen.

Transparente Aufstiegsmöglichkeiten Entwickeln Sie einen klaren Karriereplan, der die Entwicklung sowohl in Führungs- als auch in Fachkarrieren unterstützt. Beispiele könnten die Übernahme von leitenden Funktionen auf Wachen oder in der Rettungsdienstleitung, Tätigkeiten als Organisatorische Leiter (OrgL), Praxisanleitung oder Desinfektoren sein.

Vergütung und Anerkennung von Sonderaufgaben Sonderaufgaben wie Praxisanleitung oder Hygienemanagement sollten angemessen vergütet und in den Arbeitsalltag integriert werden, um die Belastung zu reduzieren und die Attraktivität solcher Rollen zu erhöhen.

Individuelle Förderung Implementieren Sie Mentoring-Programme und bieten Sie Coaching-Möglichkeiten an, um Mitarbeitende gezielt auf künftige Aufgaben vorzubereiten. Diese Maßnahmen können nicht nur das Vertrauen in das Unternehmen stärken, sondern auch die Identifikation der Mitarbeitenden mit ihrer Arbeit fördern.

Sinnstiftende Projekte Mitarbeitende suchen zunehmend nicht nur nach konkreten und langfristigen Sonderaufgaben, sondern auch nach kurzzeitigen Projekten. Beispielsweise könnten Auszubildende Freude daran haben, an einer Personalgewinnungsstrategie für neue Auszubildende mitzuwirken, ein Imagevideo zu erstellen, als „Markenbotschafter" zu agieren oder Welcome Days zu organisieren. Solche Aufgaben sind sinnvoll, häufig intrinsisch motiviert, und die Mitarbeitenden erwarten dafür nicht unbedingt eine monetäre Vergütung, sondern schätzen vielmehr eine angemessene Freistellung.

> ▶ **Praxistipp** Langfristige Karriere- und Entwicklungsmöglichkeiten sind essenziell, um engagierte Mitarbeitende im Rettungsdienst zu halten. Indem Sie klare Wege für die berufliche Weiterentwicklung schaffen, regelmäßige Weiterbildungsangebote bereitstellen und die Übernahme von Sonderaufgaben wertschätzen, steigern Sie nicht nur die Zufriedenheit, sondern auch Ihre Attraktivität als Arbeitgeber. Denken Sie daran: Mitarbeitende, die Perspektiven sehen und sich wertgeschätzt fühlen, bleiben nicht nur länger, sondern bringen auch die Motivation und Energie ein, die für die Arbeit im Rettungsdienst unverzichtbar sind.

3.1.5 Arbeitsplatzsicherheit

Ein sicherer Arbeitsplatz ist eine wichtige Grundlage für das Vertrauen und die Motivation von Mitarbeitenden. Insbesondere im Rettungsdienst, wo die Arbeit oft körperlich und emotional belastend ist, sorgt Arbeitsplatzsicherheit für Stabilität und erhöht die Bereitschaft, sich langfristig zu engagieren. Doch genau diese Sicherheit ist zunehmend gefährdet.

Durch die regelmäßige Neuausschreibung von Verträgen seitens der Träger des Rettungsdienstes haben viele Rettungsdienste nur begrenzt langfristige Planbarkeit. Mitarbeitende sehen sich häufig mit der Unsicherheit konfrontiert, dass ihre Anstellung nach wenigen Jahren neu verhandelt werden muss. Zusätzlich können körperliche oder psychische Belastungen, die in diesem Berufsfeld besonders häufig auftreten, dazu führen, dass Mitarbeitende dienstuntauglich für den Einsatz auf Rettungsmitteln werden. Hinzu kommen Unsicherheiten während der Übergänge von der Ausbildung in eine Festanstellung oder bei der Entfristung befristeter Verträge, die häufig nicht transparent oder rechtzeitig kommuniziert werden. Diese Unsicherheiten belasten die Mitarbeitenden zusätzlich und können langfristig zu Frustration und einem Verlust an Loyalität führen.

Kernfragen zur Analyse der Arbeitsplatzsicherheit
Wie langfristig sind Ihre Verträge und welche Richtlinien existieren zur Arbeitsplatzsicherheit?

- Können Sie Ihren Mitarbeitenden über die Dauer der Ausschreibungen hinaus Perspektiven bieten?
- Gibt es interne Maßnahmen, um Arbeitsplätze auch bei Verlust der Ausschreibung zu sichern, z. B. durch Übernahmen in andere Bereiche?

Wie minimieren Sie Unsicherheiten durch transparente Unternehmenspolitik?

- Kommunizieren Sie frühzeitig und offen über Ausschreibungsverfahren, mögliche Risiken und Ihre Strategie zur Arbeitsplatzsicherung.
- Geben Sie Mitarbeitenden regelmäßig Updates zu ihrer beruflichen Zukunft.

Wie gestalten Sie Übergänge nach der Ausbildung und die Entfristung von Verträgen?

- Wird der Übernahmeprozess nach der Ausbildung klar kommuniziert?
- Informieren Sie frühzeitig über die Möglichkeit der Entfristung und geben Sie den Mitarbeitenden Sicherheit, wie und wann Entscheidungen getroffen werden?

Wie reagieren Sie auf Dienstuntauglichkeit durch Belastungen?

- Gibt es Möglichkeiten, dass Mitarbeitende kurz- oder langfristig in anderen Tätigkeitsbereichen eingesetzt werden können?
- Besteht die Chance, in administrativen Funktionen, Ausbildung, Gerätewartung, Logistik oder ähnlichen Bereichen weiter für den Arbeitgeber tätig zu sein?

Wie sehr respektieren Sie die Rechte der Arbeitnehmer?

- Achten Sie darauf, dass bestehende Rechte wie Kündigungsschutz oder Übergangsfristen eingehalten werden.
- Fördern Sie eine Kultur des Respekts und der Fairness, die die Mitarbeitenden auch in unsicheren Zeiten unterstützt.

Praktische Ansätze zur Förderung der Arbeitsplatzsicherheit
Transparenz bei Übernahmen und Entfristungen:

- Stellen Sie sicher, dass Übernahmen nach der Ausbildung klar geregelt und frühzeitig kommuniziert werden. Auszubildende der Generation Z fragen häufig nicht nach und orientieren sich einfach anderweitig, wenn sie kein frühzeitiges Signal von Ihnen erhalten.
- Informieren Sie Mitarbeitende mit befristeten Verträgen rechtzeitig über die Möglichkeit und den Zeitpunkt einer Entfristung.
- Ein transparenter Prozess vermittelt Sicherheit und stärkt das Vertrauen.

Weiterbildung und Qualifizierung: Unterstützen Sie Ihre Mitarbeitenden durch Schulungen und Qualifikationen, die sie auch für alternative Tätigkeiten qualifizieren und langfristige Perspektiven eröffnen. Entwickeln Sie auch Programme, die es Mitarbeitenden ermöglichen, bei Dienstuntauglichkeit auf Rettungsmitteln in anderen Bereichen tätig zu bleiben, z. B.:

- Ausbildung und Schulung (Praxisanleitung, Ausbildungskoordination).
- Administrative Aufgaben (Einsatzplanung, Qualitätsmanagement).
- Spezialfunktionen (Hygiene, Lager/Logistik).

▶ **Praxistipp** Arbeitsplatzsicherheit ist ein entscheidender Faktor für die Bindung und Motivation von Mitarbeitenden im Rettungsdienst. Neben langfristigen Verträgen und einer transparenten Unternehmenspolitik ist es essenziell, Übergänge von der Ausbildung in die Festanstellung klar zu gestalten und Mitarbeitenden mit befristeten Verträgen rechtzeitig Sicherheit zu geben. Ebenso wichtig ist es, Alternativen für Mitarbeitende zu schaffen, die aufgrund körperlicher oder psychischer Belastungen ihre regulären Aufgaben nicht mehr wahrnehmen können. Durch klare Kommunikation, Respekt vor den Arbeitnehmerrechten und die Schaffung von Perspektiven fördern Sie nicht nur Vertrauen und Engagement, sondern positionieren sich auch als attraktiver und verantwortungsbewusster Arbeitgeber.

3.1.6 Corporate Social Responsibility (CSR)

Corporate Social Responsibility (CSR) beschreibt die ethische, nachhaltige und soziale Verantwortung eines Unternehmens. Im Rettungsdienst gewinnt CSR zunehmend an Bedeutung, da immer mehr Mitarbeitende der Generationen Y und Z eine werteorientierte Unternehmenskultur einfordern. Diese beiden Generationen, die laut Statistischem Bundesamt (2024) fast 30 % der Bevölkerung ausmachen, legen besonderen Wert auf Unternehmen, die ihre Verantwortung gegenüber der Gesellschaft und der Umwelt ernst nehmen.

Der demografische Wandel zeigt, dass der Anteil der Generation Baby Boomer in der Belegschaft stetig zurückgeht, während die Generationen X, Y und Z zunehmend den Rettungsdienst prägen. Um in diesem Umfeld wettbewerbsfähig zu bleiben und nachhaltige Loyalität bei den Mitarbeitenden zu fördern, sollten Rettungsdienste eine klare Positionierung im Bereich CSR entwickeln. Unternehmen, die auf eine werteorientierte Kultur setzen, ziehen nicht nur potenzielle Mitarbeitende an, sondern stärken auch die Bindung der bestehenden Belegschaft. Umgekehrt können eine mangelnde CSR-Strategie und fehlende ethische Werte abschreckend wirken.

Zentrale Fragen und praktische Maßnahmen zur CSR im Rettungsdienst
Nehmen Sie an sozialen Projekten und gemeinnützigen Initiativen teil?

Die Teilnahme an sozialen Projekten zeigt, dass der Rettungsdienst Verantwortung übernimmt und aktiv zur Gemeinschaft beiträgt. Solche Aktivitäten fördern das soziale Engagement und stärken gleichzeitig das Teamgefühl.

- **Spendenläufe und Teamevents:** Die Teilnahme an Spendenläufen, bei denen die Mitarbeitenden T-Shirts mit dem Logo des Arbeitgebers tragen, stärkt nicht nur die Gemeinschaft innerhalb des Teams, sondern auch die Employer Brand. Diese Aktivitäten zeigen öffentlich die Zugehörigkeit und das Engagement der Rettungswache.

- **World Cleanup Day:** Der offiziell von den Vereinten Nationen anerkannte Aktionstag am 20. September bietet eine großartige Gelegenheit, sich einzubringen. Eine Rettungswache kann diesen Tag zum Beispiel als besonderen Aktionstag etablieren und Interessierte dazu einladen, ehrenamtlich mitzumachen. Mit personalisierten T-Shirts wie „Rettungswache XYZ – World Cleanup Day 2025 – Wir waren dabei!" kann die Aktion sichtbar unterstützt werden. Dokumentation und Berichterstattung in sozialen Medien unterstreichen das Engagement.
- **Tierpatenschaften:** Eine Rettungswache könnte Spenden aus dem Kollegenkreis sammeln, um eine Tierpatenschaft zu übernehmen, beispielsweise in einem örtlichen Zoo oder bei einer Seehundstation. Eine Plakette am Gehege oder die Berichterstattung über die Patenschaft sorgt für nachhaltige Sichtbarkeit und zeigt die soziale Verantwortung des Rettungsdienstes.

Verfolgen Sie umweltfreundliche Praktiken und Nachhaltigkeitsstrategien?

Nachhaltigkeit im Rettungsdienst beginnt bei kleinen, alltäglichen Maßnahmen, die dennoch eine große Wirkung haben können.

- **Mülltrennung und Energieeinsparungen:** Fragen Sie Ihre Mitarbeitenden, wo Potenziale für mehr Nachhaltigkeit auf der Wache liegen. Können Einwegmaterialien reduziert oder Energie effizienter genutzt werden? Mitarbeitende, die in Entscheidungen eingebunden werden, fühlen sich wertgeschätzt und motiviert, aktiv mitzugestalten und setzen die Maßnahmen nachher vor allem auch gerne um.
- **Nachhaltigkeit im Fuhrpark:** Prüfen Sie, ob Führungsfahrzeuge, Transporter oder andere Dienstfahrzeuge durch elektrisch betriebene Alternativen ersetzt werden können. Selbst elektrisch betriebene Rettungswagen werden aktuell auf Einsatztauglichkeit getestet. Elektromobilität ist ein starkes Zeichen für Umweltbewusstsein und kann auch die Betriebskosten langfristig senken.

Unterstützen Sie lokale Gemeinschaften und fördern Sie soziale Werte?

Viele Mitarbeitende im Rettungsdienst engagieren sich zusätzlich ehrenamtlich, beispielsweise bei der Freiwilligen Feuerwehr, in Hilfsorganisationen oder in der Jugendarbeit. Diese sozialen Werte können aktiv durch den Arbeitgeber gefördert werden.

- **Flexibilität im Dienstplan:** Freistellungen für Fort- und Weiterbildungen, flexible Dienstpläne bei wichtigen Veranstaltungen oder die regelmäßige Planung eines freien Wochentages für wöchentliche Dienstabende schaffen Raum für das Engagement der Mitarbeitenden.

3.1 Analyse und Strategieentwicklung

- **Anerkennung des Ehrenamts:** Die Wertschätzung und Unterstützung des Ehrenamts stärken nicht nur die Bindung der Mitarbeitenden, sondern zeigt auch die soziale Verantwortung des Rettungsdienstes gegenüber der lokalen Gemeinschaft.

▶ **CSR als integraler Bestandteil des Rettungsdienstes** CSR bietet Rettungsdiensten die Möglichkeit, sich als verantwortungsbewusster und werteorientierter Arbeitgeber zu positionieren. Die Teilnahme an sozialen Projekten, die Umsetzung umweltfreundlicher Praktiken und die Unterstützung ehrenamtlicher Tätigkeiten fördern nicht nur das Engagement der Mitarbeitenden, sondern stärken auch die Außenwirkung und die Employer Brand. Indem Rettungsdienste aktiv soziale und nachhaltige Werte fördern, schaffen sie nicht nur einen positiven Beitrag zur Gesellschaft, sondern sichern sich auch die Loyalität und das Vertrauen ihrer Mitarbeitenden.

3.1.7 Praktische Umsetzung

Nachdem Sie die sechs Dimensionen einer Employer Brand kennengelernt haben, geht es nun an die praktische Umsetzung. Keine Sorge, es ist einfacher, als Sie denken. Im Folgenden zeige ich Ihnen, wie ich bei der Beratung von Rettungsdiensten vorgehe und sie auf ihrem Weg zu einer starken Employer Brand unterstütze.

Planung und Auswahl der Projektteilnehmer
Nachdem in einem Planungsgespräch mit der Unternehmensleitung die Erarbeitung und Implementierung einer Employer Brand besprochen wurde, erfolgt die Auswahl der Projektteilnehmenden. Ich empfehle, je Zielgruppe mindestens zwei Vertretende in das Projektteam zu entsenden. Zu den möglichen Zielgruppen (Auszug) zählen:

- Auszubildende
- Rettungssanitäterinnen und Rettungssanitäter
- Notfallsanitäterinnen und Notfallsanitäter
- Mitarbeitende mit besonderen Aufgaben (z. B. Praxisanleitungen, QMB, OrgL)
- Leitungskräfte
- Mitarbeitende mit Verwaltungsaufgaben

Schritt 1: Kick-off-Workshop
Der erste Workshop findet häufig von 10:00 bis 14:00 Uhr statt. An diesem Tag werden den Teilnehmenden das Projekt sowie die Ziele, Inhalte und der Ablauf vorgestellt. Zudem erläutere ich die sechs Dimensionen der Employer Brand und stelle diese als Handout zur Verfügung.

Anschließend werden die Projektteilnehmenden gebeten, sich in gemischten Kleingruppen zusammenzufinden und je eine Dimension auszuwählen. Die Gruppen arbeiten bis zum nächsten Workshop (in der Regel vier Wochen später) an ihrer Dimension und beantworten dabei folgende Fragen:

- Was machen wir in diesem Bereich bereits gut?
- Was machen unsere Wettbewerber besser?
- Wo möchten wir uns hinentwickeln?

Die Gruppen analysieren ihre Dimension, befragen andere Mitarbeitende und prüfen, welche Angebote die Wettbewerber machen. Ziel ist es, eine fundierte Datengrundlage zu schaffen.

Schritt 2: Ergebnispräsentation und Austausch
Der zweite Workshop, der ganztägig stattfindet, dient der Präsentation und Weiterentwicklung der Ergebnisse. Die Gruppen stellen ihre Ergebnisse je Dimension an einer Moderationswand (siehe Abb. 3.3) vor.

Danach wechseln die Gruppen: Jede Gruppe begutachtet die Ergebnisse einer anderen Dimension, diskutiert diese und bringt Ergänzungen mittels Moderationskarten an. Dieser Wechselprozess wird so lange fortgesetzt, bis alle Gruppen alle Dimensionen durchlaufen haben.

Zwischenergebnis
Nach diesem Schritt liegt ein umfassendes Bild vor:

- Der aktuelle Stand jeder Dimension wurde analysiert.
- Es besteht eine Relation zum Wettbewerb.
- Ziele für die zukünftige Entwicklung wurden definiert.

Diese Ziele werden anschließend in einen **Maßnahmenplan** überführt. Der Maßnahmenplan umfasst folgende Punkte:

- **Ziel:** Was soll erreicht werden?
- **Messbarkeit:** Wie wird die Zielerreichung gemessen (KPI)?

3.1 Analyse und Strategieentwicklung

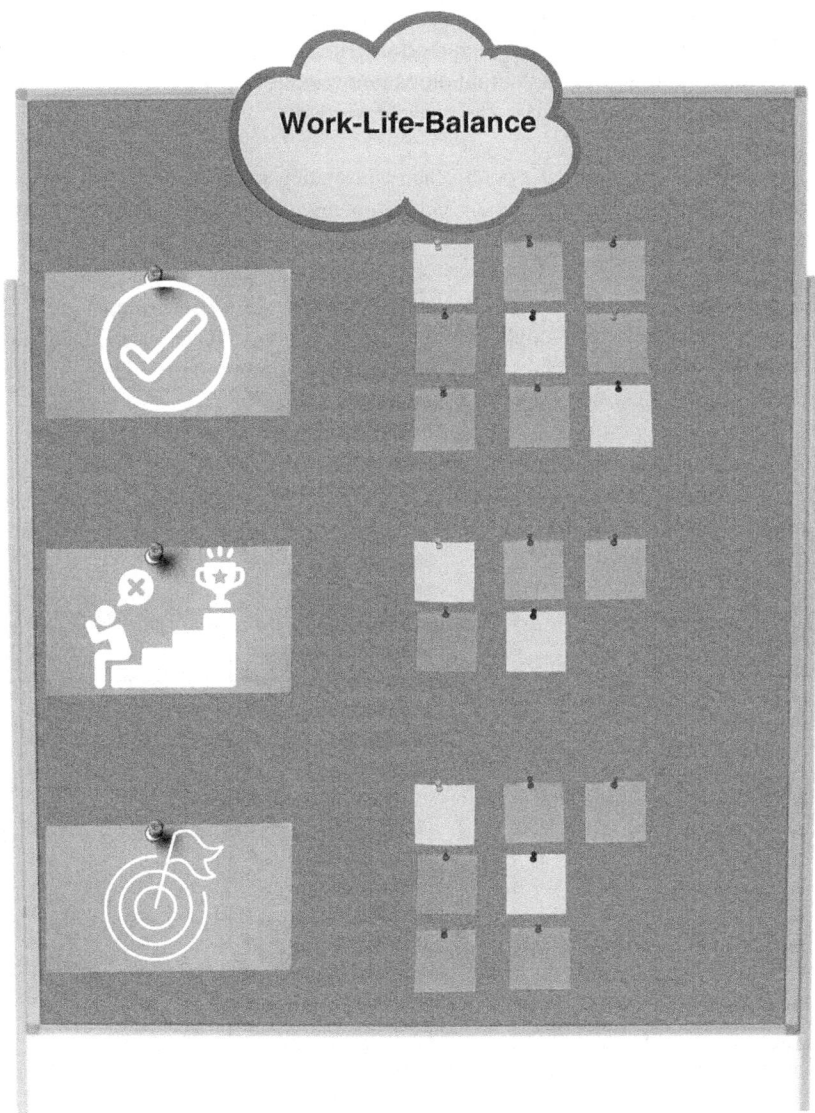

Abb. 3.3 Beispiel für Moderationswand je Dimension. (Eigene Erstellung)

- **Erwartetes Ergebnis:** Was ist das gewünschte Resultat?
- **Maßnahmen:** Welche Schritte sind erforderlich?
- **Verantwortung:** Wer übernimmt die Verantwortung?
- **Deadline:** Bis wann soll das Ziel erreicht werden?

Zur Veranschaulichung der praktischen Umsetzung sehen Sie in Abb. 3.4 einen Auszug aus einem exemplarischen Maßnahmenplan, der die Dimension Work-Life-Balance thematisiert.

Beispiel zum Thema Work-Life-Balance: Wunschfrei im Dienstplan
In Abb. 3.4 sehen Sie zwei mögliche Ziele zum Thema Work-Life-Balance. Für das Verständnis der Struktur eines Maßnahmenplans konzentrieren wir uns auf das erste Beispiel.

Ziel: Erhöhung der Akzeptanz von Wunschfrei
Der erste Punkt beschäftigt sich mit der Möglichkeit, dass Mitarbeitende verstärkt durch „Wunschfrei" Einfluss auf ihren Dienstplan nehmen können. Dies soll ihre

Ziel	Messung /KPI	Soll	Maßnahmen	Bis wann	Verantwortlich
Berücksichtigung von Wunschfrei in der Dienstplanung einführen	Anzahl der geplanten Wunschfrei-Schichten in %	60 %	• Alle Mitarbeitenden über die Möglichkeit von Wunschfrei informieren. • Wege zum Wunschfrei transparent aufzeigen. • Die Planung nachvollziehbar und transparent begründen.	Einführung zum 01.06.2025	Dienstplangestalter:in
Mitarbeitenden mit besonderen Bedürfnissen in der Arbeitszeit mehr Schichtmöglichkeiten anbieten	Umsetzung der Anzahl der gewünschten Schichten in %	40 %	Einführung eines wachenübergreifenden Flex-Pools auf freiwilliger Basis, um Mitarbeitenden mehr Wunscharbeitszeiten zu ermöglichen.	Einführung zum 01.06.2025	Dienstplangestalter:in
…	…	…	…	…	…

Abb. 3.4 Beispielhafter Auszug aus einem Maßnahmenplan. (Eigene Erstellung)

3.1 Analyse und Strategieentwicklung

Arbeitsmotivation steigern. Dienstplanende kennen zusätzlich das Phänomen der nachträglichen Wünsche: Oft fällt Mitarbeitenden nach Veröffentlichung des Plans auf, dass sie an bestimmten Tagen lieber frei gehabt hätten.

Um die Akzeptanz von Wunschfrei zu messen, wird der Anteil der berücksichtigten Wunschfrei-Schichten in Prozent der gesamt geplanten Schichten herangezogen. Je höher der Prozentsatz, desto höher ist die Akzeptanz und die Zufriedenheit der Mitarbeitenden.

In einem Rettungsdienst, der bereits mit Wunschfrei-Schichten arbeitet, liegt der aktuelle Durchschnitt bei 20 %. Eine Zielmarke von 60 % wird hier angestrebt, da Wunschfrei bisher nicht ausreichend kommuniziert und deshalb nicht optimal umgesetzt wurde.

Maßnahmen zur Umsetzung
Um dieses Ziel zu erreichen, wurden folgende Maßnahmen ausgewählt:

- Information der Mitarbeitenden: Klarstellen, wie Wunschfrei funktioniert und welche Vorteile es bietet.
- Wegweiser für das Eintragen von Wunschfrei: Verständliche Anleitungen oder Hilfsmittel bereitstellen.
- Transparente Kommunikation: Offenlegen, welche Wunschfrei-Anfragen berücksichtigt werden konnten und welche nicht.

Maßnahmenplan: Fokus auf schnelle Erfolge
Ein umfangreicher Maßnahmenplan ist sinnvoll, sollte jedoch eine Mischung aus schnell umsetzbaren Maßnahmen („Low Hanging Fruits") und langfristigen Maßnahmen beinhalten.

- **Low Hanging Fruits:** Schnelle Erfolge mit wenig Aufwand, wie die Einführung eines Erklärvideos und regelmäßiges Erinnern per Mail oder Aushang an die fristgerechte Eintragung sind schnell und einfach umzusetzen und schaffen Sichtbarkeit und Motivation bei Mitarbeitenden und Verantwortlichen.
- **Langfristige Maßnahmen:** Strukturelle Anpassungen oder digitale Tools zur Optimierung des Wunschfrei-Prozesses (*z. B. Möglichkeiten über eine App*). Diese benötigen mehr Zeit, bieten langfristig aber einen großen Mehrwert.

Durch eine klare Struktur und schnelle Erfolge wird gezeigt, dass es sich nicht nur um ein weiteres „Projekt" handelt, sondern um eine ernsthafte Verbesserung für die Mitarbeitenden. Gemeinsam mit meinen Kunden identifiziere ich Low Hanging Fruits, bespreche diese und prüfe eine vorgezogene Umsetzung, um die Vorteile zeitnah zu realisieren.

Low Hanging Fruits
Low Hanging Fruits sind leicht erreichbare Maßnahmen oder Ziele, die mit geringem Aufwand schnell sichtbare Erfolge erzielen. Der Begriff stammt aus der Obsternte, bei der tief hängende Früchte einfacher zu pflücken sind als höher gelegene. Sie erfordern wenig Ressourcen, steigern die Motivation und schaffen Vertrauen in Projekte oder Veränderungsprozesse.
Merkmale:

- *Einfach:* Geringer Aufwand und schnelle Umsetzung.
- *Wirksam:* Sofortige, messbare Ergebnisse.
- *Motivierend:* Fördert Engagement und Akzeptanz.

Nächster Schritt: Entwicklung der Employee Value Proposition (EVP)
An diesem Punkt haben wir eine klare Übersicht über die aktuelle Situation und eine realistische Einschätzung der nahen Zukunft. Dieses Bild ist die Grundlage für den nächsten Schritt: die Entwicklung der Employee Value Proposition (EVP). Die EVP beantwortet die zentrale Frage:

„Warum sollte jemand bei uns arbeiten und nicht bei einem anderen Unternehmen?"

3.2 Employee Value Proposition (EVP)

Die Employee Value Proposition (EVP) ist ein entscheidendes Werkzeug, um potenzielle Mitarbeitende zu gewinnen und bestehende Mitarbeitende zu binden. Sie dient als klare Darstellung dessen, was Ihr Rettungsdienst den Mitarbeitenden bietet und warum sie sich für Ihr Unternehmen entscheiden sollten.

Ziele der EVP
Bevor Sie mit der Erstellung der EVP beginnen, sollten Sie sich über die Ziele im Klaren sein. Eine gut formulierte EVP kann folgende Aspekte unterstützen:

1. Gewinnung von Auszubildenden, die den Einstieg in den Rettungsdienst suchen.
2. Rekrutierung von erfahrenen Fachkräften wie Notfallsanitäterinnen und Notfallsanitäter.
3. Stärkung der Mitarbeiterbindung durch die Schaffung von Identifikation und Zufriedenheit.
4. Sichtbarmachen der Unternehmenskultur als attraktiver Arbeitgeber.

Exkurs: USP vs. EVP
Im klassischen Marketing wird die *Unique Selling Proposition (USP)* verwendet, um ein Produkt von Wettbewerbern abzuheben.

3.2 Employee Value Proposition (EVP)

Ein Beispiel für eine USP im Krankentransport: „**Pünktlichkeit und Sicherheit an erster Stelle – professionelle Dialysetransporte, auf die Sie sich verlassen können.**"
Während die USP den Mehrwert für Kunden betont, liegt der Fokus der EVP auf der Ansprache potenzieller und bestehender Mitarbeitender. Eine EVP zeigt die einzigartigen Vorteile Ihres Unternehmens als Arbeitgeber auf und schafft Identifikation und Motivation.

Zielgruppenanalyse
Der Rettungsdienst spricht unterschiedliche Zielgruppen an, die jeweils spezifische Bedürfnisse und Erwartungen haben. Beispiele für Zielgruppen sind:

- Freiwillige (z. B. BFD, FSJ)
- Auszubildende
- Rettungssanitäterinnen und Rettungssanitäter
- Notfallsanitäterinnen und Notfallsanitäter
- Praxisanleiterinnen und Praxisanleiter
- Hygienebeauftragte, OrgL
- Verwaltungsmitarbeitende
- Leitungskräfte

Da nicht alle Zielgruppen bedient werden können, ist es wichtig, die Zielgruppen nach ihrer Bedeutung und den Rekrutierungserfolgen zu priorisieren:

1. *Hohe Bedeutung, schlechter Rekrutierungserfolg:* Zielgruppen wie Notfallsanitäterinnen und Notfallsanitäter sollten im Fokus stehen.
2. *Hohe Bedeutung, guter Rekrutierungserfolg:* Auch diese Gruppen sollten berücksichtigt werden, jedoch mit weniger Dringlichkeit.

Zielgruppen mit geringer Bedeutung erhalten eine niedrigere Priorität. Grundsätzlich sollte eine EVP so umfassend wie möglich viele Zielgruppen ansprechen. Eine Segmentierung sollte nur dort geschehen, wo diese einen Mehrwert bietet. Die Gewinnung von Auszubildenden ist hier ein gutes Beispiel für eine sinnvolle zielgruppenspezifische EVP, die auch auf speziellen Kanälen für Auszubildende (Tik-Tok, Instagram, Jobbörsen, spezielle Ausbildungs-Website) bespielt werden kann.

Bedürfnisse der Zielgruppen analysieren
Eine effektive EVP basiert auf einem tiefen Verständnis der Zielgruppenbedürfnisse. Nutzen Sie dazu folgende Ansätze:

1. **Zielgruppe definieren:** Welche Berufsgruppen und Altersstrukturen sollen angesprochen werden?
2. **Vorhandenes Wissen nutzen:**
   - Studien zu Schichtarbeit und Arbeitsbelastung im Rettungsdienst.
   - Studien zu verschiedenen Generationen.
   - Studien zu Bedürfnissen von Mitarbeitenden im Rettungsdienst.
   - Erkenntnisse aus Feedbackgesprächen, Kündigungsgesprächen und Arbeitgeberbewertungen.
3. **Direkte Befragung von Mitarbeitenden:**
   - Warum haben Sie sich für unser Unternehmen entschieden?
   - Was macht uns als Arbeitgeber attraktiv?
   - Welche Angebote kennen und nutzen Sie und was fehlt Ihnen?
4. **Konkurrenzanalyse:**
   - Welche Vorteile bieten Wettbewerber?
   - Was fehlt den Wettbewerbern, wo kann sich Ihr Unternehmen klar abheben?

Lassen Sie uns eine beispielhafte EVP mit folgenden Annahmen entwickeln:
Ziel: Wir möchten Notfallsanitäterinnen und Notfallsanitäter für unsere Rettungswachen gewinnen.
Zielgruppe: Notfallsanitäterinnen und Notfallsanitäter der Generationen Y und Z
Zielgruppenanalyse:

- Kein Einsatz im Krankentransport, nur Notfallrettung.
- Feste Hauptwache.
- Vorausschauender Dienstplan mit der Möglichkeit, Freiwünsche zu äußern; faire Verteilung der Schichten; selten bis gar nicht kurzfristiges Einspringen.
- Gutes Gehalt mit Zulagen für Zusatzaufgaben.
- Ein gutes Betriebsklima.
- Gute und moderne Ausstattung.
- Individuelle Weiterbildungsmöglichkeiten.

Konkurrenzanalyse: Im Vergleich zu direkten Wettbewerbern stellen Sie ausschließlich die Notfallrettung. Sie verfügen über RTWs und NEFs. Die Wettbewerber verfügen über keine NEFs und bieten auch Krankentransporte an. Durch Ihre Unternehmensgröße können Sie sehr gut mit täglich geplanten „ZBV – Zur besonderen Verfügung" arbeiten und so kurzfristiges Einspringen minimieren. Sie verfügen über eine modernere Ausstattung und mehrere Rettungswachen.

3.2 Employee Value Proposition (EVP)

Beispiel EVP Rettungsdienst

Bei uns im Rettungsdienst stehen Sie im Mittelpunkt: Mit fairen und sicheren Dienstplänen, der Möglichkeit zu Freiwünschen und einem attraktiven Gehalt schaffen wir die Basis für Ihre Zufriedenheit. Wir garantieren feste Standorte und Einsätze ausschließlich in der Notfallrettung auf RTW und NEF. Moderne Fahrzeuge, individuelle Weiterbildungsmöglichkeiten und Zusatzleistungen für Sonderaufgaben runden unser Angebot ab. In einem kollegialen Arbeitsklima bieten wir Ihnen mehr als nur einen Arbeitsplatz – wir bieten ein Team, das zusammenhält und Ihre berufliche Leidenschaft unterstützt. ◄

Entwicklung eines Claims aus der EVP

Fasst man die Kernbotschaften der EVP zusammen, kann man zusätzlich einen Claim extrahieren, der die Markenbotschaft klar und prägnant zusammenfasst. Gehen Sie hierzu wie folgt vor:

1. Definieren Sie die Kernbotschaften für den Claim.
2. Wählen Sie die Zielgruppe aus (z. B. Auszubildende vs. Leitungskräfte).
3. Legen Sie die Tonalität fest: Soll der Claim eher sachlich, emotional oder motivierend sein?
4. Testen Sie den Claim bei den Mitarbeitenden und holen Sie Feedback ein.

Claims auf Basis der Beispiel EVP könnten sein:

- *Planbare Dienste. Moderne Technik. Dein Team!*
- *Dein Einsatz. Unsere Mission: Verlässlichkeit.*
- *Planbare Dienste. Starke Perspektiven.*

Integration der EVP

Die Integration der EVP in die internen und externen Kommunikationskanäle ist entscheidend, um die Vorteile sichtbar zu machen und Mitarbeitende langfristig zu binden.

1. **Kommunikation nach außen**
    - Karrierewebseite:
        - Die EVP sollte prominent und ansprechend auf der Karrierewebseite dargestellt werden.
        - Erfahrungsberichte und konkrete Beispiele machen die Inhalte greifbar.

- Stellenausschreibungen:
  - Nutzen Sie die EVP, um die wichtigsten Vorteile zu betonen.
  - Formulieren Sie die Sprache zielgruppengerecht und authentisch.
- Social Media:
  - Kampagnen auf Plattformen wie Instagram, LinkedIn, TikTok oder Facebook können Einblicke in den Arbeitsalltag geben.
  - Zeigen Sie authentische und emotionale Inhalte, um Ihre EVP zu unterstreichen.

2. **Kommunikation nach innen**
   - Onboarding-Prozess:
     - Neue Mitarbeitende sollten vom ersten Tag an die Vorteile und Werte des Unternehmens erleben. Näheres wird in Abschn. 4.5.3 beschrieben.
   - Interne Kommunikation:
     - Regelmäßige Updates in Newslettern oder im Intranet halten die EVP lebendig.
     - Workshops und Schulungen, z. B. in der Führungskräfteentwicklung, vermitteln die Werte nachhaltig.

3. **Regelmäßige Evaluation und Weiterentwicklung**

Die EVP sollte regelmäßig auf Aktualität und Wirksamkeit überprüft werden. Fragen Sie Mitarbeitende in Feedbackgesprächen:
- Spiegelt die EVP die Stärken unseres Unternehmens wider?
- Werden die Bedürfnisse und Erwartungen der wichtigsten Zielgruppen erfasst?

Passen Sie die EVP bei Bedarf an, um veränderten Rahmenbedingungen gerecht zu werden. Durch eine gelungene Integration und kontinuierliche Anpassung wird die EVP nicht nur ein Instrument zur Rekrutierung, sondern ein langfristiger Bestandteil der Unternehmenskultur.

3.3 Kommunikation und Sichtbarkeit

Kommen wir nach der Analyse und Strategieentwicklung (Abschn. 3.1) und der Definition der Employee Value Proposition (EVP) (Abschn. 3.2) nun zum dritten Kernelement – der authentischen Kommunikation und der Sichtbarmachung der Employer Brand.

In dieser Phase liegt der Fokus darauf, die Kommunikationsmaßnahmen zu gestalten und umzusetzen. Ziel ist es, die Arbeitgebermarke bei der Zielgruppe wahrnehmbar zu machen und zu stärken (DGFP, 2012, S. 53). Dieses kann mittels ei-

3.3 Kommunikation und Sichtbarkeit

gens zur Stärkung der Arbeitgebermarke entwickelten Kampagnen, als auch durch Bespielung vorhandener Kontaktpunkte (Karrierewebsite, Social-Media-Kanäle, Stellenanzeigen) mit den Inhalten der Arbeitgebermarke passieren. Das Kommunikationsprogramm sollte jährlich neu geplant und auf Basis von Erfahrungen des Vorjahres angepasst werden (Kremmel et al., 2016, S. 170).

Damit Employer Branding funktioniert, ist es unabdingbar, widerspruchsfreie Aussagen zu treffen und diese mit allen Auftritten der Unternehmensmarke zu verzahnen. Geschieht dies nicht, entstehen Reibungsverluste bei der Zielgruppe, und Synergieeffekte durch wirkungsverstärkende Maßnahmen können ausbleiben (Immerschmidt & Stumpf, 2019, S. 92).

Was auf den ersten Blick einleuchtend klingt, scheitert in der Praxis häufig an der fehlenden Abstimmung zwischen Abteilungen. Nehmen wir als Beispiel einen großen Wohlfahrtsverband oder eine Kreisverwaltung als Arbeitgeber im Rettungsdienst. Hier existieren oft eine Marketingabteilung, eine Abteilung für Öffentlichkeitsarbeit und eine Recruiting-Abteilung. Alle geben ihr Bestes, um die Markenbotschaft zu verbreiten – sei es in Newslettern, Stellenausschreibungen, auf Social Media oder in Presseberichten. Doch wie gut sind diese Botschaften abgestimmt? Sind sie im schlechtesten Fall sogar widersprüchlich? Wie gut kennt jede Abteilung den Rettungsdienst und seinen spezifischen Sprachjargon? Und welche Schlüsselelemente müssen überhaupt kommuniziert werden? Hier bedarf es klarer Absprachen und festgelegter Verantwortlichkeiten.

Wie sollten Sie die Botschaften der Employer Brand verbreiten?
Immerschmidt & Stumpf (2019, S. 94) geben hierzu vorweg drei wesentliche Anmerkungen:

1. *Fokussieren Sie sich auf die wichtigsten Themen:* Wählen Sie nur die entscheidenden Botschaften aus und nutzen Sie gezielt die Kanäle, mit denen Sie die entsprechenden Zielgruppen am besten erreichen. Zu viele Informationen können nicht aufgenommen werden. Es wird empfohlen, nicht mehr als vier Kernbotschaften zu verwenden und diese in unterschiedlichen Varianten laufend zu wiederholen.
2. *Nutzen Sie die Gelegenheit für Erneuerung:* Überdenken Sie alte Kommunikationsmuster und wagen Sie es, neue Botschaften zu senden, die frischen Wind in Ihre Marke bringen.
3. *Bleiben Sie authentisch:* Die Employer Brand sollte auf der aktuellen Realität und zukünftigen Perspektiven basieren. Wenn jedoch die Zukunftsvisionen die gegenwärtige Realität zu stark überdehnen, können Bruchstellen entstehen. Diese Diskrepanz zwischen erlebter Realität und kommunizierter Employer Brand führt unweigerlich zu Glaubwürdigkeitsverlusten.

Die Verbreitung der Employer Brand lässt sich in interne und externe Maßnahmen unterscheiden. Während die internen Maßnahmen darauf abzielen, bestehende Mitarbeitende zu binden, zu motivieren und sie idealerweise zu Markenbotschaftern zu machen, richten sich die externen Maßnahmen an potenzielle neue Mitarbeitende, um diese für das Unternehmen zu gewinnen.

Interne Maßnahmen
Die internen Maßnahmen konzentrieren sich auf transparente Kommunikation und die aktive Einbindung der Mitarbeitenden. Folgende Ansätze haben sich bewährt:

1. **Kommunikation:** Vermitteln Sie die Inhalte Ihrer Employer Brand regelmäßig und transparent an Ihre Mitarbeitenden. Nutzen Sie Plattformen wie das Intranet, Newsletter oder andere interne Kommunikationsmedien, um über Erfolge und erzielte Verbesserungen zu informieren. Ein Rückblick auf positive Entwicklungen trägt dazu bei, die Employer Brand nachhaltig zu verankern und das Vertrauen der Mitarbeitenden zu stärken.
2. **Onboarding optimieren:** Bereits im Onboarding-Prozess sollten neue Mitarbeitende die Elemente Ihrer Employer Brand kennenlernen. Dies kann beispielsweise durch Präsentationen oder Paten-Programme geschehen. Solche Maßnahmen fördern von Anfang an die Identifikation mit Ihrem Unternehmen.
3. **Mitarbeitende zu Markenbotschaftern machen:** Präsentieren Sie die Erfolge Ihrer Mitarbeitenden, wie Karrieren, Weiterbildungen oder eingereichte Verbesserungsvorschläge. Zeigen Sie, dass Sie stolz auf deren Leistungen sind. Lassen Sie die Mitarbeitenden aktiv einbringen, warum sie gerne für Ihren Rettungsdienst arbeiten. Dies fördert das Empfehlungsmarketing, das insbesondere im Rettungsdienst eine wichtige Rolle spielt.
4. **Unternehmenskultur stärken:** Veranstalten Sie Teambuilding-Events, die die Employer Brand erlebbar machen. Beispiele dafür finden sich in Abschn. 3.1.6, etwa durch die Teilnahme an Spendenläufen oder am World Cleanup Day. Auch wenn der Schichtdienst eine Herausforderung darstellt, ist es nicht unmöglich, solche Aktivitäten zu planen und umzusetzen.
5. **Inhalte in Programmen verankern:** Einzelne Elemente der Employer Brand sollten durch gezielte Programme umgesetzt werden. Dazu gehören Mitarbeiterempfehlungsprogramme oder Programme zur Persönlichkeitsentwicklung. Vermitteln Sie Ihren Mitarbeitenden klar, wie sie ihre Karriereziele innerhalb des Unternehmens erreichen können. Dies signalisiert, dass Sie die Employer Brand ernst nehmen und in die Weiterentwicklung Ihrer Mitarbeitenden investieren.

3.3 Kommunikation und Sichtbarkeit

6. **Regelmäßige Evaluation und Optimierung:** Messen Sie die Wirksamkeit Ihrer Employer Brand durch regelmäßige Mitarbeiterbefragungen und sogenannte „*Pulse Checks*". Diese kurzen, regelmäßigen Umfragen helfen, die Wahrnehmung und Akzeptanz der Employer Brand zu überprüfen und gegebenenfalls Anpassungen vorzunehmen.

▶ **Praxistipp** Employer Branding kann intern durch verschiedene Maßnahmen gestärkt werden: Nutzen Sie Employer-Brand-Botschaften in der täglichen Kommunikation, z. B. durch Slogans oder Kernwerte auf Plakaten, in Aufenthaltsräumen oder Newslettern. Initiieren Sie Kampagnen wie „*Das macht uns besonders*", bei denen Mitarbeitende aktiv mitwirken. Erzählen Sie inspirierende Geschichten von Teammitgliedern, die Ihre Werte verkörpern, und teilen Sie diese über interne Kanäle wie das Intranet oder in Besprechungen.

Externe Maßnahmen

Externe Kommunikationsmaßnahmen sind entscheidend, um die Employer Brand nach außen zu tragen und potenzielle Mitarbeitende anzuziehen. Folgende Ansätze haben sich bewährt und helfen, die Arbeitgebermarke wirkungsvoll zu verbreiten:

1. **Karriere-Webseite:** Die eigene Karrierewebseite ist oft der erste Kontaktpunkt für potenzielle Bewerbende. Sie sollte daher klar und überzeugend die Werte und Vorteile der Employer Brand präsentieren. **Vor allem eine Optimierung für mobile Endgeräte inkl. Bewerbungsoptionen sind besonders wichtig geworden.** Passende Inhalte sind:
   - Erfahrungsberichte von Mitarbeitenden.
   - Transparente Informationen zu Gehalt, Weiterentwicklung und Arbeitsbedingungen.
   - Einblicke in die Unternehmenskultur (z. B. Videos oder Fotos aus dem Arbeitsalltag, von der Rettungswachen, den Fahrzeugen und der Ausstattung). Hier können auch virtuelle Rundgänge die Aufmerksamkeit erhöhen.
2. **Spezifische Karriere-Website:** Prüfen Sie, ob die Anzahl und Priorität der Auszubildenden eine eigene Karriere-Website als sinnvoll erscheinen lässt. Ein Vorteil liegt in den passenden Möglichkeiten der Ansprache, das Layout und dem klaren Fokus auf die Ausbildung. Im Rahmen der Karriere-Website für Auszubildende haben Sie viele Möglichkeiten, die explizit in Kap. 5 beschreiben werden.

3. **Social Media:** Soziale Medien sind unverzichtbar, um eine große Reichweite zu erzielen und die Employer Brand zielgruppenspezifisch zu kommunizieren. Dabei ist es entscheidend, die passende Plattform für die jeweilige Zielgruppe zu wählen. Ältere Menschen sind beispielsweise seltener auf TikTok aktiv, während Auszubildende Facebook kaum nutzen.

Ein hilfreicher Ansatz ist, die eigenen Mitarbeitenden zu befragen, welche Plattformen sie bevorzugen und welcher Content ihrer Meinung nach die größte Aufmerksamkeit erzeugt.

Zusätzlich liefert die ARD/ZDF-Medienstudie (2024) interessante Einblicke: Sie befragte 2500 Menschen zu ihrer Social-Media-Nutzung, insbesondere dazu, welches Netzwerk sie mindestens einmal wöchentlich verwenden. Abb. 3.5 zeigt die Ergebnisse dieser Befragung.

Die Ergebnisse zeigen, dass **Auszubildende und junge Fachkräfte** im Alter von 14 bis 29 Jahren besonders gut über Instagram (82 %) erreicht werden können. Etwas abgeschlagen folgen TikTok und Snapchat, die jeweils von knapp über 50 % dieser Altersgruppe genutzt werden.

In der **Altersgruppe der 30- bis 49-Jährigen** wandelt sich das Nutzerverhalten: Hier liegt Facebook mit 51 % knapp vor Instagram (50 %). TikTok und Snapchat spielen mit 21 beziehungsweise 9 % eine deutlich geringere Rolle.

Ab einem Alter von 50 Jahren dominiert Facebook mit 33 % als meistgenutzte Plattform, gefolgt von Instagram mit 18 %. TikTok und Snapchat werden in dieser Altersgruppe kaum genutzt.

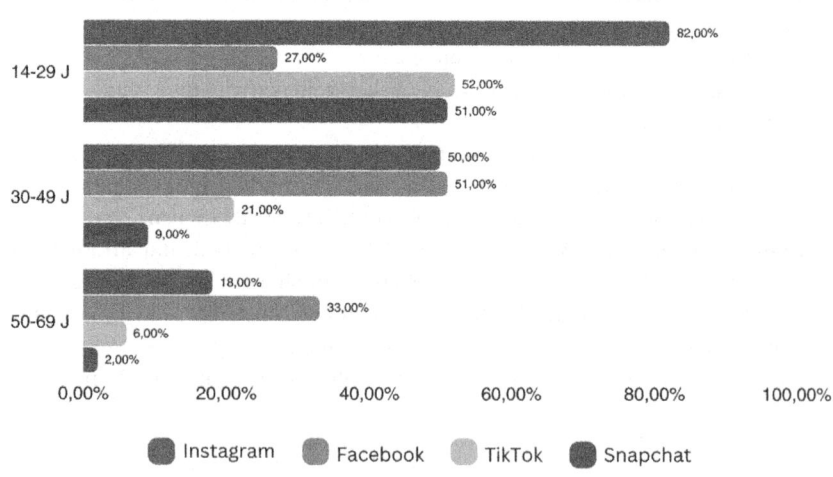

Abb. 3.5 Social-Media-Nutzung nach Altersgruppen. (Eigene Erstellung)

3.3 Kommunikation und Sichtbarkeit

1. **Online-Stellenanzeigen:** Nutzen Sie etablierte Jobplattformen wie *StepStone*, *Indeed* oder auch spezialisierte Portale für Fachkräfte aus dem Rettungsdienst, um Ihre Stellenanzeigen gezielt zu platzieren. Achten Sie darauf, dass Ihre Anzeigen sich durch die Employer Brand deutlich von denen der Wettbewerber abheben. Präsentieren Sie die wichtigsten Merkmale Ihrer Employer Brand klar und ansprechend, um potenzielle Bewerbende auf einen Blick zu überzeugen. Nutzen Sie dabei prägnante Formulierungen, starke Visuals und ein ansprechendes Design, das Ihre Werte und Vorzüge als Arbeitgeber hervorhebt.
2. **Employer Branding Kampagnen:** Gezielte Kampagnen, die die Werte und Vorteile Ihrer Employer Brand hervorheben, können über verschiedene Kanäle ausgespielt werden. Hier sind einige Beispiele:
   - *Kooperation mit internen „Influencern":* Nutzen Sie Mitarbeitende aus den eigenen Reihen, die in den sozialen Medien aktiv sind. Sie können authentisch über ihre Tätigkeit, die Ausbildung oder besondere Erlebnisse berichten. Dies schafft Nähe zur Zielgruppe und stärkt Ihre Glaubwürdigkeit. Analysieren Sie in den sozialen Medien, welche Inhalte besonders häufig geliked und geteilt werden, und lassen Sie sich davon inspirieren.
   - *Video-Kampagnen:* Kurze Videos eignen sich hervorragend, um einzelne Mitarbeitende zu Wort kommen zu lassen. Lassen Sie sie beispielsweise beantworten: „Warum arbeite ich gerne beim Rettungsdienst XYZ?" oder „Was macht das Arbeiten hier besonders?". Diese persönlichen Geschichten verleihen Ihrer Employer Brand ein Gesicht und steigern deren Authentizität. Die Videos können nicht nur in sozialen Medien, sondern auch auf Ihren Karriereseiten integriert werden.
3. **Karrieremessen und Schulmarketing:** Präsenzveranstaltungen wie Karrieremessen und Schulbesuche bieten hervorragende Möglichkeiten, um persönliche Kontakte zu knüpfen und potenzielle Auszubildende direkt anzusprechen. Diese Form der Ansprache ist vor allem für Schülerinnen und Schüler geeignet, die über eine Ausbildung nachdenken. Erfahrene Fachkräfte aus dem Rettungsdienst nutzen hingegen solche Kanäle in der Regel weniger.
   Wie Sie Karrieremessen und das Schulmarketing optimal einsetzen, um Nachwuchskräfte gezielt zu erreichen, erfahren Sie ausführlich in Abschn. 5.2.1.
4. **Arbeitgeberbewertungen aktiv steuern:** Portale wie kununu und Glassdoor gewinnen zunehmend an Bedeutung, da viele Bewerbende diese nutzen, um sich ein Bild von potenziellen Arbeitgebern zu machen. Auch Google-Bewertungen spielen hierbei eine wichtige Rolle.
   - *Positive Bewertungen fördern:* Ermutigen Sie Ihre Mitarbeitenden, ehrliche und positive Bewertungen zu hinterlassen, um ein authentisches Bild Ihres Unternehmens zu vermitteln.

- *Kritik konstruktiv begegnen:* Reagieren Sie auf negative Bewertungen transparent und konstruktiv. Dies zeigt potenziellen Bewerbenden, dass Sie Feedback ernst nehmen und aktiv an Verbesserungen arbeiten.
- *Eigene Präsenz überprüfen:* Werfen Sie einen Blick auf die Einträge Ihres Unternehmens in den entsprechenden Portalen und bei Google-Bewertungen. Analysieren Sie die vorhandenen Bewertungen und nutzen Sie diese als Basis, um Ihre Arbeitgebermarke zu stärken.

Weitere Kanäle und Trends im Employer Branding
Neben den klassischen Ansätzen gibt es zahlreiche weitere Kanäle und Möglichkeiten, um Ihre Employer Brand authentisch zu positionieren.

- *Neue Trends nutzen:* Podcasts gewinnen zunehmend an Beliebtheit und bieten durch Storytelling eine interessante Möglichkeit, Ihre Marke emotional und glaubwürdig zu präsentieren.
- *Bezahlte Werbung:* Je nach Budget können Sie auch bezahlte Kampagnen in Betracht ziehen. In einigen Fällen wird dies bereits auf überregionaler Ebene von Hilfsorganisationen durchgeführt, um Rettungsdienste deutschlandweit zu fördern.
- *Kontinuierliche Optimierung:* Seien Sie nah an Ihren Mitarbeitenden und aktuellen Trends. Überprüfen Sie Ihre genutzten Kanäle regelmäßig, um sicherzustellen, dass diese effektiv und zeitgemäß bleiben.

Da die Entwicklung und Kommunikation einer **Employer Brand** einschließlich einer **Employee Value Proposition** ein umfangreiches und strategisch wichtiges Unterfangen ist, sollten Inhalte, Zielgruppen und Kanäle sorgfältig abgestimmt werden. *Ebenso ist es entscheidend, die Wirkung der Employer Branding-Strategie zu messen.*

Hierfür nutzen wir geeignete **Kennzahlen**, die in Abschn. 3.4 ausführlich erläutert werden.

3.4 Erfolgsmessung und Optimierung

Die Erfolgsmessung Ihrer Employer Branding Strategie ist entscheidend, um die Wirksamkeit der Maßnahmen zu bewerten und bei Bedarf gezielt nachzusteuern. Je größer Ihr Rettungsdienst ist und je umfassender entsprechende Kennzahlen bereits erhoben werden, desto einfacher wird diese Analyse.

3.4 Erfolgsmessung und Optimierung

Aber auch kleinere Rettungsdienste können einzelne Kennzahlen definieren und auswerten, um die Effizienz ihrer Employer Branding Strategie zu überprüfen. Entscheidend ist, dass die Messung auf Ihre spezifischen Ziele abgestimmt wird.

In vielen Rettungsdiensten wird der Erfolg von Employer Branding Maßnahmen häufig nur anhand von sichtbaren Rekrutierungskennzahlen gemessen. Dazu zählen beispielsweise:

- Eingegangene Initiativbewerbungen
- Anzahl qualifizierter Bewerbungen je ausgeschriebener Stelle
- Geschwindigkeit der Stellenbesetzung (Time to fill)
- Kosten der Stellenbesetzung (Cost per hire)

Diese Herangehensweise ist jedoch **nicht ausreichend**, da solche Kennzahlen die *psychografischen Ziele der Employer Brand* außer Acht lassen. Psychografische Ziele beziehen sich auf die Wahrnehmung und Bewertung eines Arbeitgebers und sind essenziell für ein umfassendes Employer Branding Controlling.

Psychografische Ziele im Überblick
1. Arbeitgeberattraktivität
   - Wie attraktiv ist Ihr Rettungsdienst als Arbeitgeber?
   - Ist es eher prestigeträchtig, für Ihren Rettungsdienst zu arbeiten, oder werden Sie als weniger attraktiver Arbeitgeber wahrgenommen?
2. Arbeitgeberimage
   - Welches Image hat Ihr Rettungsdienst im Vergleich zu anderen Rettungsdiensten?
   - Werden Sie als modern, zuverlässig oder innovativ wahrgenommen?
3. Arbeitgeberbekanntheit
   - Kennt man Ihren Rettungsdienst vor Ort als potenziellen Arbeitgeber?
   - *(Im Rettungsdienst oft weniger relevant, da lokale Arbeitgeber in der Regel gut bekannt sind.)*

Handlungsempfehlung:
Integrieren Sie auch diese psychografischen Ziele in Ihr Employer Branding Controlling und definieren Sie relevante Kennzahlen, um die Wahrnehmung Ihres Rettungsdienstes als Arbeitgeber gezielt zu bewerten und zu verbessern.

Ich gebe Ihnen hier einige **Beispiele für Kennzahlen**, die Sie je nach Ihren Zielen und den vorhandenen Ressourcen auswählen und anpassen können. Wichtig ist es, eine sinnvolle **Aufwand-Nutzen-Balance** zu finden und sich auf die Indikatoren zu konzentrieren, die Ihre strategischen Ziele am besten abbilden.

Beispiele für Kennzahlen

Attraktivität der Arbeitgebermarke

Diese Kennzahlen messen, wie ansprechend die Arbeitgebermarke auf potenzielle Bewerber:innen wirkt:

- Bewerbungsrate: Anzahl der eingegangenen Bewerbungen pro ausgeschriebene Stelle.
  - Berechnungsweg: Bewerbungsrate = Anzahl der Bewerbungen/Anzahl der ausgeschriebenen Stellen
- Qualität der Bewerber:innen: Anteil der Bewerbungen, die die Mindestanforderungen erfüllen (z. B. Qualifikationen, Berufserfahrung).
  - Berechnungsweg: *Qualität der Bewerbenden (%) = (Anzahl geeigneter Bewerbungen/Gesamtzahl der Bewerbungen) * 100*
- Karriere-Website-Besucher: Anzahl der Besuche auf der Karriereseite des Unternehmens pro Monat.
  - Berechnungsweg: *Besuche pro Monat = Gesamtanzahl der Besuche/Anzahl der Monate*
- Anzahl der Empfehlungen: Anzahl der Bewerbungen, die durch Empfehlungen von bestehenden Mitarbeitenden erfolgen.
  - Berechnungsweg: *Empfehlungsquote (%) = (Anzahl der Bewerbungen durch Empfehlungen/Gesamtzahl der Bewerbungen) * 100*
- Wahrnehmung in Arbeitgeberbewertungsportalen: Durchschnittliche Bewertung auf Plattformen wie Kununu oder Glassdoor.
  - Berechnungsweg: *Durchschnittsbewertung = Summe aller Bewertungen/Anzahl der Bewertungen*

Mitarbeitergewinnung

Diese KPIs fokussieren sich auf die Effizienz und Effektivität des Rekrutierungsprozesses:

- Time-to-Hire: Durchschnittliche Zeit, die vom Start des Auswahlprozesses bis zur Einstellung vergeht.
  - Berechnungsweg: Time-to-Hire (Tage) = Summe der Zeitspannen für alle Einstellungen/Anzahl der Einstellungen
- Anteil interner Besetzungen: Prozentsatz der Stellen, die mit internen Bewerbenden besetzt wurden.
  - Berechnungsweg: *Anteil interner Besetzungen (%) = (Anzahl intern besetzter Stellen/Gesamtzahl der Besetzungen) * 100*

3.4 Erfolgsmessung und Optimierung

- Anzahl der Bewerbungsgespräche pro Einstellung: Durchschnittliche Anzahl an Gesprächen, die geführt werden, um eine Stelle zu besetzen.
  - Berechnungsweg: *Gespräche pro Einstellung = Gesamtzahl der Bewerbungsgespräche/Anzahl der Einstellungen*
- Dauer der offenen Stellen: Durchschnittliche Zeit, die eine Position unbesetzt bleibt.
  - Berechnungsweg: *Dauer (Tage) = Summe der Tage, die Stellen unbesetzt sind/Anzahl der offenen Stellen*
- Anzahl der Initiativbewerbungen: Anzahl der Bewerbungen, die ohne konkrete Stellenausschreibung eingehen.
  - Berechnungsweg: *Initiativbewerbungsquote (%) = (Anzahl der Initiativbewerbungen/Gesamtzahl der Bewerbungen) * 100*

Mitarbeiterzufriedenheit und -bindung

Eine hohe Mitarbeiterzufriedenheit ist essenziell, um eine starke Arbeitgebermarke aufzubauen und Fluktuationen zu minimieren:

- Fluktuationsrate: Prozentsatz der Mitarbeitenden, die das Unternehmen innerhalb eines bestimmten Zeitraums verlassen.
  - Berechnungsweg: *Fluktuationsrate (%) = (Anzahl der Abgänge/durchschnittliche Mitarbeiteranzahl) * 100*
- Zufriedenheitsrate: Ergebnisse aus regelmäßigen Mitarbeiterumfragen.
  - Berechnungsweg: *Durchschnittliche Zufriedenheit = Summe der Zufriedenheitswerte/Anzahl der Befragten*
- Weiterempfehlungsquote: Anteil der Mitarbeitenden, die das Unternehmen als Arbeitgeber weiterempfehlen würden.
  - Berechnungsweg: *Weiterempfehlungsquote (%) = (Anzahl positiver Empfehlungen/Gesamtzahl der Antworten) * 100*
- Engagement-Index: Kennzahl, die das Engagement der Mitarbeitenden misst (z. B. durch Fragen zu Motivation, Identifikation mit dem Unternehmen, und Arbeitsfreude).
  - Berechnungsweg: *Engagement-Index = Durchschnitt aller Bewertungen zu Engagement-bezogenen Fragen*
- Krankenquote: Anteil der Krankheitstage im Verhältnis zu den Arbeitstagen insgesamt.
  - Berechnungsweg: *Krankenquote (%) = (Gesamte Krankentage/Gesamtanzahl der Soll-Arbeitstage) * 100*

- Feedbackquote: Prozentsatz der Mitarbeitenden, die aktiv an Feedback- oder Bewertungsgesprächen teilnehmen.
  - Berechnungsweg: *Feedbackquote (%) = (Anzahl der teilnehmenden Mitarbeitenden/Gesamtzahl der Mitarbeitenden) * 100*
- Länge der Betriebszugehörigkeit: Durchschnittliche Dauer, die Mitarbeitende im Unternehmen verbleiben.
  - Berechnungsweg: *Durchschnittliche Zugehörigkeit = Summe der Betriebszugehörigkeitsjahre*/Anzahl *der Mitarbeitenden*

Wahrnehmung der Arbeitgebermarke in der Öffentlichkeit
Diese Kennzahlen erfassen die Reichweite und den Erfolg der Employer-Branding-Maßnahmen in der Öffentlichkeit:

- Social-Media-Engagement: Anzahl der Likes, Shares und Kommentare auf Employer-Branding-Inhalten.
  - Berechnungsweg: *Engagement-Rate (%) = (Summe der Interaktionen/ Anzahl der erreichten Personen) * 100*
- Reichweite von Kampagnen: Anzahl der Personen, die durch Employer-Branding-Maßnahmen erreicht wurden.
  - Berechnungsweg: *Reichweite = Gesamtanzahl der Impressionen einer Kampagne*
- Presseberichte: Anzahl und Tonalität von Erwähnungen in lokalen oder überregionalen Medien.
  - Berechnungsweg: *Tonalität = (Anzahl positiver Erwähnungen/Gesamtanzahl der Erwähnungen) * 100*

Diversität und Inklusion
Vielfalt und Inklusion sind wichtige Elemente moderner Employer-Branding-Strategien:

- Anteil von Frauen in Führungspositionen: Prozentsatz der weiblichen Führungskräfte.
  - Berechnungsweg: *Anteil (%) = (Anzahl weiblicher Führungskräfte/ Gesamtzahl der Führungskräfte) * 100*

3.4 Erfolgsmessung und Optimierung

- Vielfalt im Team: Anteil der Mitarbeitenden mit unterschiedlichen kulturellen Hintergründen, Altersgruppen oder Geschlechtern.
  - Berechnungsweg: *Vielfalt (%) = (Anzahl diverser Mitarbeitender/ Gesamtzahl der Mitarbeitenden) * 100*

Dieser Überblick stellt nur eine Auswahl möglicher Kennzahlen dar. Zur Messung der Employer Brand existieren zahlreiche weitere Kennzahlen. Wählen Sie die Kennzahlen aus, die am besten zu Ihren strategischen Zielen passen, und messen Sie dabei nur so viele wie unbedingt notwendig. So vermeiden Sie eine Überfrachtung mit zu vielen Datenpunkten und behalten den Fokus auf die wirklich entscheidenden Kennzahlen, die Ihre Entscheidungen unterstützen. ◄

Erhebungsplan zur Erfolgsmessung
Nachdem Sie die für Ihre Strategie relevanten Kennzahlen ausgewählt haben, empfiehlt es sich, einen *Erhebungsplan* zu entwickeln. Dieser Plan legt fest, wie, wann und für welche Zielgruppen die einzelnen Kennzahlen erhoben werden.

Es ist wichtig zu beachten, dass nicht jede Kennzahl für alle Zielgruppen gleichermaßen relevant ist (von Walter & Kremmel, 2016, S. 28). Möchten Sie beispielsweise die Arbeitgebermarke anhand der Qualität Ihres Preboardings (Abschn. 4.5) bewerten, könnte dies insbesondere für die Zielgruppen Freiwilligendienstleistende und Auszubildende sinnvoll sein. Diese Gruppen durchlaufen oft eine längere Preboarding-Phase.

Dagegen könnte für ausgebildete Fachkräfte im Rettungsdienst eine Messung der Preboarding-Qualität weniger relevant sein, da ihre Preboarding-Phase häufig nur wenige Wochen umfasst. Hier sollten Sie den Fokus auf andere, für diese Zielgruppe relevante Kennzahlen legen.

Der folgende **Auszug eines Erhebungsplanes** (siehe Abb. 3.6) für einen Rettungsdienst mit ca. 200 Vollzeitkräften zeigt exemplarisch, wie ein solcher Plan strukturiert werden kann.

Nachdem Sie nun über die Bedeutung des Employer Brand Controllings, potenzielle Kennzahlen und die Erstellung eines Erhebungsplans informiert sind, können Sie die für Ihren Rettungsdienst relevanten Kennzahlen auswählen. Diese Kennzahlen dienen als Grundlage, um die Effektivität Ihrer Employer Branding Strategie zu bewerten und gezielt weiterzuentwickeln.

Nutzen Sie die gewonnenen Erkenntnisse, um Ihre Employer Brand erfolgreich zu stärken und sich als attraktiver Arbeitgeber zu positionieren.

3 Employer Branding im Rettungsdienst

Ziel	Zielgruppen der Erhebung	Umsetzung	Datenquelle und Sample	Erhebung
Recruiting				
Anteil qualitativer Bewerbungen	Bewerbende für NFS-Ausbildungen Berufserfahrene NFS / RS	Anzahl qualifizierter Bewerbungen ÷ Anzahl Bewerbungen ×100 (%)	Rekrutierungsdaten aus dem internen Bewerbermanagementsystem	Jährlich im November für den Zeitraum Oktober Vorjahr bis Oktober laufendes Jahr
...	...	...	...	...
Arbeitgeberattraktivität				
		Mittelwerte folgender Punkte (gesamt):		
Arbeitgeberattraktivität	Freiwilligendienstleistende Auszubildende NFS Berufserfahrene NFS / RA / RS	Der Rettungsdienst XYZ ist ein attraktiver Arbeitgeber. Ich kann mir vorstellen, längerfristig hier zu arbeiten. Ich würde den Rettungsdienst XYZ als Arbeitgeber weiterempfehlen. **Skala:** 1 (stimme gar nicht zu) bis 5 (stimme voll zu).	Standardisierte Befragung, Stichprobe mit mindestens 50 Personen pro Zielgruppe.	Jährlich im Zeitraum April bis Mai
...	...	...	...	...
Preboarding				
		Mittelwerte folgender Punkte (gesamt):		
Qualität des Preboarding	Freiwilligendienstleistende Auszubildende NFS	Die Informationen vor meinem ersten Arbeitstag waren vollständig und hilfreich. Ich fühlte mich während der Einarbeitungszeit gut begleitet. Das Preboarding hat meine Erwartungen an den Rettungsdienst XYZ erfüllt. **Skala:** 1 (stimme gar nicht zu) bis 5 (stimme voll zu).	Standardisierte Befragung der Zielgruppe, die innerhalb der letzten sechs Monate begonnen haben.	Halbjährlich im Januar und Juli.
...	...	...	...	...

Abb. 3.6 Beispiel Erhebungsplan Rettungsdienst. (Eigene Erstellung)

Zusammenfassung

Employer Branding ist mehr als eine moderne Personalmarketing-Methode – es ist ein strategischer Ansatz, der langfristig über den Erfolg eines Rettungsdienstes entscheidet. Eine starke Arbeitgebermarke hilft nicht nur, offene Stellen schneller und effizienter zu besetzen, sondern schafft auch die Grundlage für eine motivierte, loyale und engagierte Belegschaft.

In diesem Kapitel wurde verdeutlicht, dass eine authentische und glaubwürdige Arbeitgebermarke sowohl extern als auch intern wirken muss. Nur wenn Mitarbeitende die Werte und Versprechen eines Arbeitgebers erleben und leben können, entfaltet das Employer Branding seine volle Wirkung. Gleichzeitig wurde aufgezeigt, dass eine effektive Strategie die Bedürfnisse unterschiedlicher Zielgruppen berücksichtigt und gezielt adressiert – von Auszubildenden bis hin zu erfahrenen Fachkräften.

Besonderer Wert wurde auf die Bedeutung einer klaren Employee Value Proposition gelegt, die die Alleinstellungsmerkmale des Rettungsdienstes herausstellt und sich an den Erwartungen der Zielgruppen orientiert. Die vorgestellten Instrumente, von der Analyse der Ist-Situation über die strategische Kommunikation bis hin zur Erfolgsmessung, bieten einen praxisnahen Leitfaden, um Employer Branding gezielt und wirkungsvoll umzusetzen.

Letztendlich zeigt sich, dass Employer Branding kein kurzfristiges Projekt, sondern ein fortlaufender Prozess ist, der auf allen Ebenen des Unternehmens verankert sein sollte. Mit einer gut durchdachten und konsequent umgesetzten Strategie kann der Rettungsdienst nicht nur als attraktiver Arbeitgeber wahrgenommen werden, sondern sich auch nachhaltig im Wettbewerb behaupten und langfristig Fachkräfte sichern.

Literatur

ARD & ZDF. (2024). Anteil der Nutzer von Social-Media-Plattformen nach Altersgruppen in Deutschland im Jahr 2024 [Graph]. In *Statista*. https://de.statista.com/statistik/daten/studie/543605/umfrage/verteilung-der-nutzer-von-social-media-plattformen-nach-altersgruppen-in-deutschland/. Zugegriffen am 03.01.2025.

Deutsche Gesellschaft für Personalführung e. V. (DGFP). (2012). *Employer Branding. Die Arbeitgebermarke gestalten und im Personalmarketing umsetzen* (2. Aufl.). Bertelsmann.

Immerschitt, W., & Stumpf, M. (2019). *Employer Branding für KMU – Der Mittelstand als attraktiver Arbeitgeber* (2. Aufl.). Springer Gabler. https://doi.org/10.1007/978-3-658-23133-0

Karutz, H., Overhagen, M., & Stum, J. (2013). Psychische Belastungen im Wachalltag von Rettungsdienstmitarbeitern und Feuerwehrleuten. *Prävention und Gesundheitsförderung, 8*, 204–211.

Kremmel, D., Hofer-Fischer, S., & von Walter, B. (2016). Kommunikationsprogramm: Arbeitgebermarke kommunikativ umsetzen. In D. Kremmel (Hrsg.), *Employer Brand Management. Arbeitgebermarken aufbauen und steuern* (S. 169–199). Springer Gabler.

Lehweß-Litzmann, R., & Hofmann, T. (2022). *Fachkräftenachwuchs für den Rettungsdienst? Wie auszubildende Notfallsanitäter:innen ihre berufliche Zukunft sehen* (SOFI Working Paper 2022-24). Soziologisches Forschungsinstitut.

Müller, A. (2023). Employer Branding und Personalmarketing. In *Personalpsychologie für das Human Resource Management*. Springer. https://doi.org/10.1007/978-3-662-65308-1

Schmal, J. (2015). Gesundheitliche Belastungen durch den Schichtdienst. In J. Schmal (Hrsg.), *Ausgeschlafen? Gesund bleiben im Schichtdienst für Gesundheitsberufe*. Springer.

Sieber, F., Kotulla, R., Urban, B., et al. (2020). Entwicklung der Frequenz und des Spektrums von Rettungsdiensteinsätzen in Deutschland. *Notfall Rettungsmed, 23*, 490–496. https://doi.org/10.1007/s10049-020-00752-1

Statistisches Bundesamt. (14. Juni 2024). Anzahl der Einwohner in Deutschland nach Generationen am 31. Dezember 2023 (in Millionen) [Graph]. In *Statista*. https://de.statista.com/statistik/daten/studie/1130193/umfrage/bevoelkerung-in-deutschland-nach-generationen/. Zugegriffen am 19.12.2024.

Tanwar, K., & Prasad, A. (2016). Exploring the relationship between employer branding and employee retention. *Global Business Review, 17*(3), 186S–206S.

Trost, A. (2013). *Employer Branding: Arbeitgeber positionieren und präsentieren* (2. Aufl.). Luchterhand.

von Walter, B., & Kremmel, D. (Hrsg.). (2016). *Employer Brand Management. Arbeitgebermarken aufbauen und steuern*. Springer Gabler.

Personalmarketing im Rettungsdienst 4

> **Zusammenfassung**
>
> Der Rettungsdienst steht im Wettbewerb um Fachkräfte. Erfolgreiches Personalmarketing ist essenziell – nicht nur für die Gewinnung neuer Mitarbeitender, sondern auch für ihre langfristige Bindung. Dazu gehören professionelles Recruiting, optimierte Bewerbungsprozesse und eine strukturierte Boarding-Phase zur nachhaltigen Integration. Wie wird der Rettungsdienst als attraktiver Arbeitgeber positioniert? Welche Trends beeinflussen die Personalgewinnung? Entscheidend sind eine starke digitale Präsenz und gezielte Ansprache potenzieller Bewerber. Nach der Einstellung folgt das interne Personalmarketing: Strukturiertes Onboarding und Patensysteme erleichtern den Einstieg. Ebenso sind Mitarbeiterbindung, Motivation und Entwicklung zentral – das GSW-Anreizsystem nach Heine bietet wertvolle Impulse. Auch Offboarding spielt eine Rolle, denn Ehemalige können als Botschafter oder Rückkehrende eine Ressource sein. Dieses Kapitel zeigt zentrale Strategien für eine nachhaltige Personalstrategie im Rettungsdienst.

Im einleitenden Vergleich zu den Themen Employer Branding und Personalmarketing konnte bereits dargestellt werden, dass sich das Personalmarketing nicht nur mit Maßnahmen zur kurzfristigen Personalbeschaffung befasst, sondern grundsätzlich neben der Personalgewinnung auch die Bereiche Bindung, Motivation und Entwicklung von Mitarbeitenden umfasst. Beck (2012) hat das Personalmarketing in drei Ebenen unterteilt:

- Personalmarketing als Instrument zur **Personalgewinnung**
- Personalmarketing als Instrument zur **Bindung, Motivation** und **Entwicklung** von vorhandenem Personal
- Personalmarketing als **Denk- und Handlungskonzept** zur konsequenten Umsetzung des Marketinggedankens im Personalmanagement

Übertragen auf den Rettungsdienst haben wir Personalmarketing in diesem Buch folgendermaßen definiert.

▶ **Definition Personalmarketing** Personalmarketing ist die konsequente Umsetzung des Marketinggedankens im Personalmanagement. Es beinhaltet Instrumente zur Gewinnung, Bindung, Motivation und zur Entwicklung von Mitarbeitenden.

In diesem Kapitel zeige ich in Abschn. 4.1 die Ziele und Funktionen des Personalmarketings auf. Abschn. 4.2 beschäftigt sich mit den aktuellen Herausforderungen und Trends des Personalmarketings im Kontext des Rettungsdienstes. Ab Abschn. 4.3 folgen wir, angelehnt an den Mitarbeiterlebenszyklus, verschiedenen Stationen – von der ersten Aufmerksamkeit auf den Arbeitgeber bis zum Ausscheiden aus dem Unternehmen – sowie den entsprechenden Aspekten des Personalmarketings in diesen Stationen.

Abb. 4.1 gibt einen Überblick über den angepassten Mitarbeiterlebenszyklus, welcher auch als Orientierung für dieses Kapitel dient. Viele Rettungsdienste, die ich zu einzelnen Stationen beraten habe, nutzen diese Abbildung als Vorlage und roten Faden für ihre Vorhaben im Bereich Personalmarketing. Probieren Sie es doch auch einmal aus, entlang dieser Vorlage ein erstes Brainstorming zum aktuellen Stand bei Ihnen durchzuführen und mögliche Ziele für die Zukunft zu definieren.

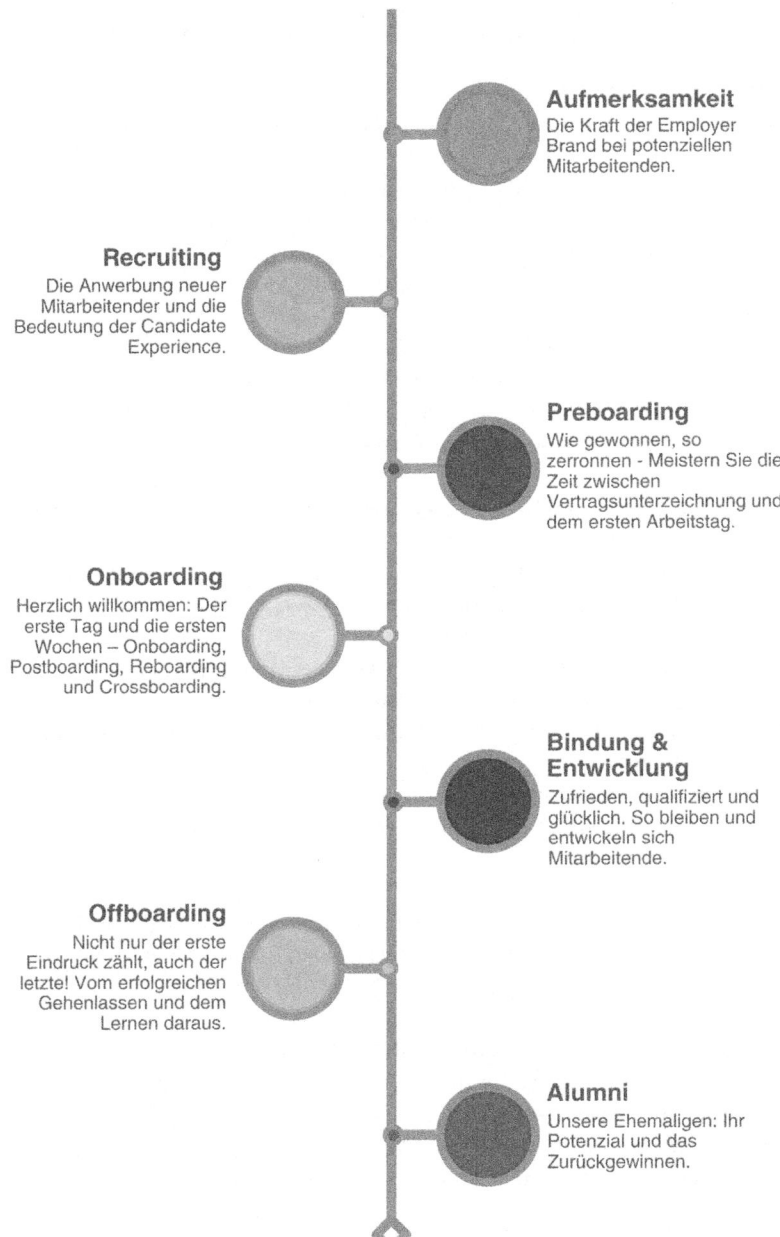

Abb. 4.1 Der angepasste Mitarbeiterlebenszyklus – Ein roter Faden für das Personalmarketing. (Eigene Erstellung)

4.1 Ziele und Funktionen des Personalmarketing

Das Personalmarketing leitet sich aus den Austauschbeziehungen des Marketings ab, in denen es um den Austausch von Produkten und Dienstleistungen geht. Während im klassischen Marketing beispielsweise Krankentransporte, medizinische Transportdienste, Hausnotrufsysteme oder andere Dienstleistungen vertrieben werden, konzentriert sich das Personalmarketing auf die erfolgreiche Stellenbesetzung durch Personalbeschaffung und die Vermeidung von Fluktuation durch Mitarbeiterbindung. Ergänzt wird dieses Feld durch die Motivation bestehender Mitarbeitender (Christa, 2019, S. 26); (Beck, 2012)[1].

Im Rettungsdienst verfolgen wir die Ziele, ein attraktiver Arbeitgeber zu werden (Employer Branding), uns von Wettbewerbern abzugrenzen und die passenden Mitarbeitenden für uns zu gewinnen. Der Nutzen des Personalmarketings im Rettungsdienst liegt insbesondere in folgenden Aspekten:

- **Gewinnung von qualifiziertem Personal und Reduzierung der Personalgewinnungskosten,**
- **Reduzierung der Fluktuation** und dadurch zusätzliche Kostensenkung,
- **Optimierte Prozesse durch Erfahrungswissen** langjähriger Mitarbeitender und gezielte Personalentwicklung,
- **Positive Beeinflussung des Arbeitgeberimages** (Employer Branding),
- **Erhöhung der Mitarbeiterzufriedenheit und -loyalität,** einschließlich besserem Teamplay und verbesserter Einsatzqualität durch motivierte und eingespielte Teams,
- **Verringerung von krankheitsbedingten Abwesenheitszeiten,**
- **Höhere Produktivität und Engagement,** beispielsweise durch die Übernahme von Zusatzaufgaben.

Eine Investition in ein durchdachtes Personalmarketing hilft Ihnen, Kosten zu senken und gleichzeitig die Akquise, Motivation und Bindung Ihrer Mitarbeitenden nachhaltig zu verbessern.

Internes und externes Personalmarketing

Das Personalmarketing unterteilt sich in eine externe und eine interne Perspektive. Das externe Personalmarketing richtet sich primär an potenzielle Mitarbeitende, die für das Unternehmen gewonnen werden sollen. Im Gegensatz dazu konzentriert sich das interne Personalmarketing auf die bestehenden Mitarbeitenden.

4.2 Herausforderungen und Trends

Abb. 4.2 Externes und internes Personalmarketing. (Eigene Erstellung)

Damit das externe Personalmarketing optimal gestaltet werden kann – was stark von einer guten Employer Brand profitiert –, ist ein effektives internes Personalmarketing erforderlich, da dieses einen maßgeblichen Einfluss auf die Employer Brand hat (Vgl. Kap. 3). Externes und internes Personalmarketing wirken somit synergetisch zusammen und tragen gemeinsam zum Erfolg bei.

In diesem Buch werden die externen und internen Personalmarketingmaßnahmen wie folgt gegliedert (Abb. 4.2). Zum externen Personalmarketing werden die Bereiche Employer Branding (Kap. 3), Aufmerksamkeit (Abschn. 4.3) und Recruiting (Abschn. 4.4) gezählt. Zum internen Personalmarketing beschäftigen wir uns mit den Themen Preboarding (Abschn. 4.5.1), Onboarding (Abschn. 4.5.3), Mitarbeiterbindung & Mitarbeitermotivation (Abschn. 4.6), Personalentwicklung (Abschn. 4.7), Offboarding und Alumni (Abschn. 4.8).

4.2 Herausforderungen und Trends

Das Personalmarketing im Rettungsdienst steht vor besonderen Herausforderungen und Trends, die es von anderen Branchen unterscheidet.

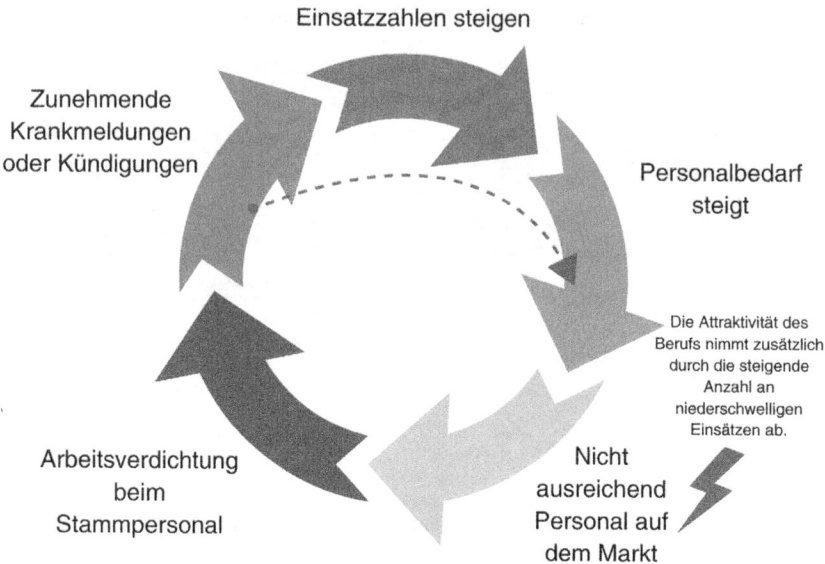

Abb. 4.3 Teufelskreis des Fachkräftemangels im Rettungsdienst. (Eigene Erstellung)

Herausforderungen im Rettungsdienst

Abb. 4.3 verdeutlicht den Teufelskreis des Fachkräftemangels im Rettungsdienst, der einen erheblichen Einfluss auf die zukünftigen Herausforderungen im Personalmarketing hat.

Durch den demografischen Wandel und eine geringere Hemmschwelle, den Notruf zu wählen, steigen die Einsatzzahlen im Rettungsdienst stark an. Dies führt zu einem zunehmenden Personalbedarf, der jedoch aufgrund des Fachkräftemangels oft nur schwer gedeckt werden kann. Die Folge ist eine Arbeitsverdichtung bei den vorhandenen Mitarbeitenden, die schnell zu Überlastung führt. Diese Überlastung resultiert häufig in steigenden Krankheitsausfällen bis hin zu Kündigungen, wodurch der Fachkräftemangel weiter verstärkt wird – und der Kreislauf beginnt von vorn.

Die Situation wird zusätzlich durch die erwähnte niedrigere Hemmschwelle verschärft, den Rettungsdienst auch für niederschwellige Einsätze in Anspruch zu nehmen. Dies sorgt bei vielen Mitarbeitenden für Frustration und kann langfristig zur Abkehr vom Berufsfeld führen.

4.2 Herausforderungen und Trends

Weitere Herausforderungen für das Personalmarketing liegen in:

- **Hohe Fluktuation**
  - Arbeitsbedingungen wie Schichtarbeit, physische und psychische Belastung sowie fehlende Wertschätzung führen zu einer erhöhten Mitarbeiterfluktuation.
- **Geringe Berufswahrnehmung**
  - Das vielseitige und gesellschaftlich relevante Berufsbild des Rettungsdienstes ist vielen Menschen nicht ausreichend bekannt.
  - Vorurteile wie geringe Entwicklungsperspektiven und niedrige Bezahlung schrecken potenzielle Bewerbende ab.
- **Wettbewerb um Fachkräfte**
  - Der Rettungsdienst konkurriert mit anderen Branchen wie Pflege, Polizei oder Feuerwehr, die oft attraktivere Arbeitsbedingungen bieten.
- **Regionale Herausforderungen**
  - In ländlichen Regionen ist die Rekrutierung besonders schwierig, da es weniger potenzielle Bewerbende gibt und oft lange Arbeitswege erforderlich sind.
- **Digitalisierungslücke**
  - Während digitale Tools im Recruiting und Onboarding zunehmend an Bedeutung gewinnen, sind viele Rettungsdienste technisch und organisatorisch noch nicht ausreichend darauf vorbereitet und müssen nachbessern.
- **Vielfalt der Zielgruppen und Generationen**
  - Unterschiedliche Zielgruppen, z. B. junge Berufseinsteigende oder erfahrene Fachkräfte, erfordern maßgeschneiderte Ansätze.
  - Der Generationenmix stellt zudem die Leitungskräfte vor große Herausforderungen diesem Generationenmix zu begegnen.
- **Reputationsmanagement**
  - Der Umgang die negativen Bewertungen als Arbeitgeber zu meistern und positive Bewertungen zu generieren

Trends im Rettungsdienst
Die folgenden Trends verdeutlichen, wie der Rettungsdienst im Kontext des Personalmarketings zukunftsfähig bleibt und welche Auswirkungen diese Veränderungen auf den Arbeitsalltag haben.

- **Employer Branding**
  - Aufbau einer starken Arbeitgebermarke, die den Rettungsdienst als attraktiven, sinnstiftenden Arbeitgeber positioniert.
  - Maßnahmen: Kap. 3

- **Zielgruppenspezifische Ansprache**
  - Personalisierte Kommunikation wird immer wichtiger, um unterschiedliche Bedürfnisse anzusprechen.
  - Individuelle Recruiting-Kampagnen: Nutzung von TikTok oder Instagram für junge Menschen und Facebook, XING, LinkedIn, Karrieremessen für erfahrene Fachkräfte.
- **Digitalisierung im Personalmarketing**
  - Automatisierte Bewerbungsprozesse (z. B. One-Click-Bewerbungen) werden bedeutender: Die jungen Bewerbenden möchten eine einfache, schnelle und unkomplizierte Bewerbung mit einem schnellen Feedback.
  - Video-Interviews und Kommunikation via WhatsApp setzen sich zunehmend als Standard im Bewerbungsprozess durch.
- **Flexibilität im Arbeitsmodell**
  - Einführung flexibler Arbeitszeiten und Teilzeitmöglichkeiten, um die Vereinbarkeit von Beruf und Familie zu verbessern.
  - Attraktive Schichtmodelle zur Reduzierung der Belastung. Von Rettungswachen/Teams unabhängige Flex Pools einführen.
  - Viele Möglichkeiten und weitere Informationen (Abschn. 3.1.2)
- **Mitarbeiterbindung**
  - Angebote wie Weiterbildungen, Gesundheitsförderung und psychologische Betreuung zur langfristigen Bindung von Mitarbeitenden. Insbesondere die Förderung der Resilienz durch regelmäßige Supervisionsangebote werden im Rettungsdienst zunehmen.
  - Mentorenprogramme und Team-Building-Maßnahmen fördern den Zusammenhalt.
- **Ausbildung stärken**
  - Investition in die Ausbildung eigener Fachkräfte, z. B. durch duale Studiengänge, moderne Ausbildungsprogramme und Kooperationen mit Schulen.
  - Duale Studiengänge mit Schwerpunkten wie Development-Management und Projektmanagement.
  - Stärkung von Praxisanleitungen und Ausbildungsbeauftragten.
  - Zunehmende digitale Vernetzung mit Rettungsdienstschulen.
- **Datengetriebenes Personalmarketing**
  - Analyse von Bewerbungsprozessen, Fluktuationsraten und Zufriedenheit, um gezielte Maßnahmen zu entwickeln.
  - Identifikation von Schlüsselpositionen, um gezielt in deren Bindung zu investieren.

4.3 Aufmerksamkeit

- **Mitarbeiterwohlbefinden**
  - Angebote wie Sportprogramme, Resilienz Trainings und Burnout-Prävention: Der reine Kollegiale Austausch reicht mit zunehmendem Einzug der Generation Z in die Belegschaft nicht mehr aus. Es braucht bereits im Vorfeld Möglichkeiten der regelmäßigen Supervision, um die Mitarbeitenden stark zu halten.
  - Förderung einer positiven Unternehmenskultur, die auf Wertschätzung und Anerkennung basiert.
- **Nachhaltigkeit und soziale Verantwortung**
  - CSR-Maßnahmen (Corporate Social Responsibility) betonen, um potenzielle Bewerbende der Generationen Z und zukünftig auch der Generation Alpha anzusprechen (Abschn. 3.1.6)

Die moderne Welt wird von einer Vielzahl neuer Trends und Herausforderungen geprägt, die unser Arbeits- und Privatleben nachhaltig beeinflussen. Megatrends wie New Work, Digitalisierung, der demografische Wandel, Gesundheit und Wellbeing oder kulturelle Diversität sind nur einige Beispiele für Entwicklungen, die bereits heute enorme Auswirkungen auf den Rettungsdienst haben. Diese Trends bringen nicht nur Chancen, sondern auch komplexe Herausforderungen mit sich, auf die wir reagieren müssen, um langfristig erfolgreich zu sein.

Um mit diesen dynamischen Veränderungen Schritt zu halten, ist es entscheidend, gut informiert zu bleiben und sich regelmäßig mit den relevanten Themen auseinanderzusetzen. Dies kann besonders im stressigen Alltag schwierig sein, da oft die Zeit für eine intensive Auseinandersetzung fehlt. Hier können spezialisierte Newsletter von Instituten und Fachorganisationen eine wertvolle Unterstützung bieten. Sie ermöglichen es, sich schnell und gezielt über aktuelle Entwicklungen, neue Erkenntnisse und Best Practices zu informieren.

Solche regelmäßigen Updates helfen dabei, die Megatrends im Blick zu behalten und trotz eines vollen Terminkalenders den Anschluss nicht zu verlieren. Gleichzeitig bieten sie die Möglichkeit, frühzeitig auf neue Herausforderungen zu reagieren und eigene Strategien oder Prozesse entsprechend anzupassen. Wer hier am Ball bleibt, sichert sich langfristig wichtige Wettbewerbsvorteile und bleibt in einer sich stetig wandelnden Welt zukunftsfähig.

4.3 Aufmerksamkeit

Aufmerksamkeit erzeugen und Initiativbewerbungen fördern

Bevor Sie gezielt mittels Recruiting konkrete Stellen ausschreiben, ist es wichtig, eine positive Aufmerksamkeit für Ihren Rettungsdienst zu erzeugen. Hierzu wurde bereits in Kap. 3 die Schaffung und Kommunikation der Arbeitgebermarke (Employer Brand) thematisiert. An dieser Stelle folgt ein kompakter Überblick mit Fokus auf den Rettungsdienst.

Das Ziel in diesem Teilbereich des Personalmarketings ist es, Ihren Rettungsdienst als attraktiven Arbeitgeber in den Fokus Ihrer Zielgruppe zu rücken. Sollte diese irgendwann einen Wechsel des Arbeitgebers in Betracht ziehen, sollen sie zuerst an Ihren Rettungsdienst denken und sich idealerweise initiativ bewerben.

Viele Mitarbeitende im Rettungsdienst sind nicht aktiv auf der Suche nach einem neuen Arbeitgeber und bewerben sich entsprechend auch nicht. Der Wechselbereitschaft liegt jedoch ein Prozess zugrunde, der sich in mehrere Phasen unterteilen lässt. Abb. 4.4 verdeutlicht, dass die aktiv Suchenden lediglich die Spitze des Eisbergs darstellen.

Davor liegt eine Phase der inneren Kündigung und Unzufriedenheit, in der Mitarbeitende zwar unzufrieden sind, jedoch noch keine aktiven Schritte zur Neuorientierung unternehmen. Eine weitere vorgelagerte Phase beschreibt Mitarbeitende, die nicht aktiv auf der Suche sind und keine Unzufriedenheit empfinden, jedoch bei attraktiven Angeboten interessiert reagieren könnten.

Besonders Mitarbeitende, die sich noch in diesen Phasen „unterhalb der Wasseroberfläche" befinden, können durch die Inhalte dieses Abschnitts angesprochen werden. Ihnen wird verdeutlicht, dass Ihr Unternehmen attraktive Perspektiven

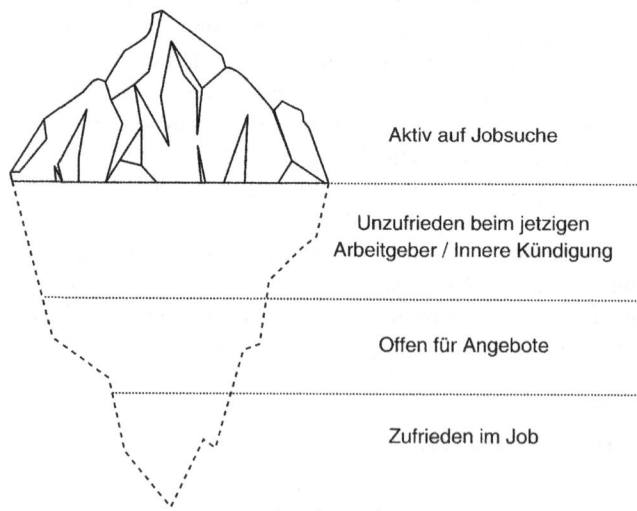

Abb. 4.4 Phasen bis zum Arbeitgeberwechsel. (Eigene Erstellung)

4.3 Aufmerksamkeit

bietet („das Gras ist bei Ihnen grüner") und ein Wechsel zu Ihnen eine lohnenswerte Option darstellen kann. Dadurch können Initiativbewerbungen entstehen und Sie sichern sich einen Bewerberpool, reduzieren die Kosten für das Recruiting und erhöhen die Auswahlmöglichkeiten bei der Stellenbesetzung. Um dies zu erreichen, sollten in Kombination mit den Inhalten aus Kap. 3 mehrere Aspekte berücksichtigt werden:

Zielgruppenanalyse
Der erste Schritt besteht darin, die Zielgruppen genau zu analysieren. Klären Sie folgende Fragen:

- *Wo möchten Sie Aufmerksamkeit erzeugen?*
- *Wer sind die Zielgruppen, die Sie ansprechen möchten (z. B. ausgebildete Fachkräfte im Rettungsdienst, Auszubildende, studentische Aushilfen)?*
- *Welche demografischen Merkmale liegen vor? Was motiviert die Zielgruppe und welche Bedürfnisse haben sie?*
- *Welche Informationskanäle nutzt die Zielgruppe, und wie können Sie sich ihr präsentieren?*

Kommunikationskanäle
Basierend auf der Zielgruppenanalyse sollten geeignete Kommunikationskanäle ausgewählt werden, um Aufmerksamkeit zu erzeugen. Im Rettungsdienst bieten sich hier verschiedene Ansätze an:

- *Soziale Medien:* Plattformen wie Instagram, TikTok, Facebook, LinkedIn oder XING sind ideale Kanäle, um unterschiedliche Zielgruppen anzusprechen. Weitere Hinweise hierzu finden Sie in Abschn. 3.3 und in Abb. 3.5.
- *Eigene Homepage:* Diese sollte umfassend über Wachen, Fahrzeuge, Einsatzaufkommen und Ansprechpersonen informieren. Auch Erfolgsgeschichten und Einblicke in den Berufsalltag können hier dargestellt werden.
- *Events und Messen:* Veranstaltungen wie Karrieremessen, Infoveranstaltungen, Tage der offenen Tür oder Blaulichttage bieten Gelegenheiten, direkt mit potenziellen Bewerbenden ins Gespräch zu kommen.
- *Schulkooperationen:* Projekttage, Informationsveranstaltungen oder die Schulsanitätsdienste können langfristig Interesse wecken und den Nachwuchs sichern (Abschn. 5.2.1).

Weitere Aspekte der Aufmerksamkeit sind
Öffentliche Präsenz:
Die Wahrnehmung Ihrer Mitarbeitenden in der Öffentlichkeit, sei es bei regionalen Medienberichten, auf Veranstaltungen oder im täglichen Leben, hat großen Einfluss auf das Image Ihres Rettungsdienstes. Das Verhalten an Einsatzorten oder im Dienstalltag – ob in Einsatzkleidung im Supermarkt oder an der Imbissbude – hinterlässt immer einen bleibenden Eindruck. Ein freundliches, hilfsbereites Auftreten und ein gepflegtes Erscheinungsbild sind daher essenziell.

Stellen Sie sich vor: Möchten Sie mit einem „miesepetrigen Kollegen", der unfreundlich wirkt und dessen Kleidung ungepflegt oder verschmutzt ist, zusammenarbeiten? Genauso empfinden es potenzielle Bewerbende oder die Öffentlichkeit, wenn sie solche Eindrücke von Ihrem Team gewinnen. Die Ausstrahlung Ihrer Mitarbeitenden ist ein wichtiger Baustein für eine positive öffentliche Wahrnehmung.

Wahrnehmung bei Mitarbeitenden anderer Rettungsdienste:
Im Dienstleistungsmarketing spricht man vom "*physischen Beweis*". Dieser Begriff beschreibt, dass Menschen aus sichtbaren Elementen eines Unternehmens Rückschlüsse auf dessen Qualität und Professionalität ziehen. Im Rettungsdienst sind solche physischen Beweise besonders relevant, da sie das Image des Arbeitgebers stark beeinflussen. Beispiele dafür sind:

- *Fahrzeuge:* Der Zustand und das Design der Fahrzeuge spielen eine zentrale Rolle. Moderne, gepflegte Fahrzeuge mit einem ansprechenden Design, die zugleich hochwertig sind (z. B. Fahrzeugtyp, Hersteller und Ausbauer), vermitteln Professionalität und Kompetenz.
- *Ausstattung:* Hochwertige medizinische Geräte und Hilfsmittel unterstreichen den Anspruch an Qualität und zeigen, dass die Mitarbeitenden bestmöglich für ihre Einsätze ausgestattet sind.
- *Einsatzkleidung:* Moderne, funktionale und optisch ansprechende Einsatzkleidung hinterlässt einen positiven Eindruck. Ungepflegte oder veraltete Kleidung hingegen kann als unattraktiv wahrgenommen werden und das Bild des Unternehmens negativ beeinflussen.

Mitarbeiterempfehlungen:
Bestehende Mitarbeitende sind wertvolle Botschafter für Ihren Rettungsdienst. Ermutigen Sie sie, in ihrem Umfeld Kontakte herzustellen und ihre positiven Erfahrungen zu teilen. Auch im Gespräch mit Mitarbeitenden anderer Rettungswachen an der Notaufnahme oder bei Fort- und Weiterbildungen kann zu Ihren Gunsten oder Gegenteilig verlaufen. Beachten Sie hierzu Kap. 3.

4.3 Aufmerksamkeit

Diese sichtbaren Elemente tragen dazu bei, wie andere Rettungsdienstmitarbeitende und potenzielle Bewerbende Ihr Unternehmen wahrnehmen. Ein professioneller Auftritt auf allen Ebenen ist daher entscheidend, um als attraktiver Arbeitgeber wahrgenommen zu werden.

Inhalte: Authentizität und Storytelling
Eine der effektivsten Möglichkeiten, Aufmerksamkeit zu erzeugen, ist die Nutzung authentischer Inhalte. Beispiele dafür sind:
Mitarbeiterportraits:
Mitarbeiterportraits sind ein effektives Mittel, um authentische Einblicke in den Arbeitsalltag, die Herausforderungen und die Erfolgserlebnisse Ihrer Mitarbeitenden zu vermitteln. Um die besten Ergebnisse zu erzielen, sollten Sie Mitarbeitende gezielt aus der jeweiligen Zielgruppe einsetzen, die Sie ansprechen möchten. Beispielsweise können Auszubildende potenzielle Auszubildende besser ansprechen, da sie ihre Erfahrungen und Perspektiven auf Augenhöhe teilen. Ebenso eignen sich Leitungskräfte besonders, um potenzielle Führungskräfte zu erreichen. Diese zielgruppenspezifische Ansprache schafft Identifikation und Vertrauen, wodurch die Wirkung der Portraits deutlich verstärkt wird.
Behind-the-Scenes-Inhalte:
Behind-the-Scenes-Inhalte sind eine hervorragende Möglichkeit, Ihren Rettungsdienst authentisch und nahbar zu präsentieren. Videos oder Fotos, die einen Blick hinter die Kulissen gewähren, machen den Beruf greifbarer und ermöglichen potenziellen Bewerbenden ein realistisches Bild vom Arbeitsalltag zu erhalten.
Ziele von Behind-the-Scenes-Inhalten:

- Transparenz schaffen: Zeigen Sie die Abläufe, Herausforderungen und Highlights Ihres Rettungsdienstes, um ein realistisches und positives Bild des Berufs zu vermitteln.
- Identifikation fördern: Interessierte können sich besser mit dem Arbeitsumfeld, den Mitarbeitenden und den Werten Ihres Rettungsdienstes identifizieren.
- Vertrauen aufbauen: Offenheit über Arbeitsbedingungen und den Teamalltag schafft Vertrauen und stärkt das Employer Branding.

Beispiele für Behind-the-Scenes-Inhalte:

- **Einsatzvorbereitung:** Dokumentieren Sie, wie ein Fahrzeug ausgerüstet wird oder welche Schritte vor einem Einsatz durchgeführt werden.

- **Einblicke in die Ausbildung:** Einblicke in die Ausbildung sind eine hervorragende Möglichkeit, potenzielle Auszubildende für den Beruf der Notfallsanitäterinnen und Notfallsanitäterzu begeistern. Indem Sie Trainingseinheiten und Übungen auf der Wache präsentieren, können Sie zeigen, wie spannend, abwechslungsreich und praxisnah die Ausbildung in Ihrem Rettungsdienst ist. Gleichzeitig lässt sich vermitteln, wieviel Freude und Teamgeist während der Ausbildung entstehen.
- **Teamarbeit:** Highlighten Sie die Zusammenarbeit Ihrer Mitarbeitenden bei Einsätzen oder während der Schicht.
- **Alltägliche Momente:** Szenen wie die Fahrzeugpflege, der Austausch im Pausenraum oder humorvolle Anekdoten aus dem Arbeitsalltag schaffen Nähe und Sympathie.
- **Technische Ausrüstung:** Präsentieren Sie die moderne Ausstattung Ihrer Fahrzeuge und Einsatzmittel, um Ihre Professionalität hervorzuheben.

Testimonials:

Erfahrungsberichte von Auszubildenden und langjährigen Mitarbeitenden sind ein effektives Mittel, um Vertrauen aufzubauen und einen authentischen Einblick in den Berufsalltag in Ihrem Rettungsdienst zu geben. Testimonials können potenzielle Bewerbende inspirieren, sie überzeugen und ihnen eine klare Vorstellung davon vermitteln, was sie in Ihrem Rettungsdienst erwarten können.

Ziele von Testimonials:

- **Vertrauen aufbauen:** Durch persönliche Geschichten vermitteln Testimonials Glaubwürdigkeit und Transparenz. Sie zeigen, dass die Tätigkeit bei Ihnen mehr ist als eine Stellenbeschreibung.
- **Realistische Erwartungen schaffen:** Erfahrungsberichte helfen, ein echtes Bild von den Herausforderungen und Erfolgserlebnissen der Mitarbeitenden zu zeichnen, sodass Interessierte besser einschätzen können, ob Ihr Rettungsdienst zu ihnen passt.
- **Identifikation fördern:** Bewerbende können sich mit den erzählenden Personen identifizieren, vor allem wenn sie ähnliche Ziele, Herausforderungen oder Hintergründe haben.

Arten von Testimonials:

- **Auszubildende:** Berichte von Auszubildenden können vor allem junge Menschen ansprechen, die ähnliche Fragen oder Zweifel haben. Zum Beispiel:

4.3 Aufmerksamkeit

„Warum habe ich mich für diesen Beruf entschieden?", „Wie sieht die Ausbildung aus?" oder „Was waren meine persönlichen Höhepunkte bisher?"
- **Langjährige Mitarbeitende:** Erfahrungsberichte von erfahrenen Notfallsanitäterinnen und Notfallsanitätern können zeigen, wie die Tätigkeit in Ihrem Rettungsdienst langfristig Perspektiven bietet, welche Entwicklungsmöglichkeiten bestehen und warum es sich lohnt, Teil Ihres Teams zu sein.
- **Führungskräfte und Funktionsträger:** Perspektiven von Leitungskräften und Funktionsträgern, wie z. B. Teamleitung, Rettungswachenleitungen, Praxisanleitungen, Desinfektoren etc. können vermitteln, wie Ihr Rettungsdienst Mitarbeitende in ihrer Entwicklung unterstützt und wie Zusammenarbeit, Entwicklung und Innovation in Ihrem Rettungsdienst gelebt werden.

Inhaltliche Schwerpunkte:

- **Persönliche Motivation:** Warum haben sie sich für den Beruf (Auszubildende)/ den Rettungsdienstanbieter (Erfahrene) entschieden, und was bedeutet er ihnen?
- **Herausforderungen:** Welche Schwierigkeiten haben sie erlebt, und wie wurden diese gemeistert?
- **Erfolgserlebnisse:** Welche besonderen Momente haben sie bestärkt und motiviert?
- **Unternehmenskultur:** Wie haben sie das Arbeitsumfeld, die Zusammenarbeit und die Unterstützung durch das Team erlebt?
- **Zukunftsperspektiven:** Welche Entwicklungsmöglichkeiten sehen sie bei ihrem Arbeitgeber?

Tipps zur Erstellung von Testimonials:

- **Authentizität vor Perfektion:** Die Berichte sollten echt und ungeschönt sein, um Glaubwürdigkeit zu vermitteln. *An passender Stelle* können manchmal auch lustige *Outtakes* eingebaut werden.
- **Vielfalt berücksichtigen:** Stimmen aus verschiedenen Bereichen und Positionen schaffen ein umfassendes Bild.
- **Visuelle Unterstützung:** Kombinieren Sie schriftliche Berichte mit Fotos oder Videos, um die Geschichten lebendiger zu gestalten.

Nutzung:
Die genannten Elemente lassen sich auf vielfältige Weise einsetzen, um Ihre Zielgruppen effektiv anzusprechen und Ihr Employer Branding zu stärken. Insbesondere bieten sich folgende Kanäle und Formate an:

- **Homepage:** Präsentieren Sie die Inhalte prominent auf Ihrer Website, um Interessierte direkt bei ihrem ersten Kontakt mit Ihrem Rettungsdienst zu informieren und zu begeistern. Eine klare Struktur mit spezifischen Bereichen für Karriere und Einblicke in den Arbeitsalltag erhöht die Nutzerfreundlichkeit.
- **Karriere-Website:** Eine dedizierte Plattform für potenzielle Bewerbende ermöglicht es, alle relevanten Informationen und authentischen Einblicke an einem zentralen Ort bereitzustellen. Verlinkungen zu Bewerbungsformularen oder Stellenanzeigen erleichtern die Kontaktaufnahme.
- **Social Media Plattformen:** Nutzen Sie zielgruppenspezifische Kanäle wie Instagram, TikTok, Facebook oder LinkedIn, um Ihre Inhalte zu teilen. Kurze, emotionale Videos, Story-Formate oder Mitarbeiterberichte eignen sich besonders, um Reichweite und Engagement zu steigern.
- **Informationsmaterialien:** Binden Sie die Elemente in Broschüren, Flyer oder Newsletter ein, die Sie bei Veranstaltungen, Messen oder an Schulen verteilen. Diese Materialien können zusätzlich QR-Codes enthalten, die auf Ihre Homepage oder Social-Media-Kanäle verweisen. Bei Veranstaltungen an Schulen können Sie z. B. mittlerweile problemlos *multimedial* Interesse für den Schulsanitätsdienst und eine spätere Ausbildung bei Ihnen im Rettungsdienst wecken.
- **Veranstaltungen:** Nutzen Sie die Inhalte, um bei Infoveranstaltungen, Tagen der offenen Tür oder Karrieremessen eine multimediale Präsentation zu gestalten, die Besuchende begeistert und informiert.

Anwendung zur Gewinnung studentischer Aushilfen

Gewinnen Sie einen Großteil Ihrer Rettungssanitäterinnen und Rettungssanitäter aus dem Kreis der Studierenden und stehen Sie vor zunehmenden Herausforderungen bei der Besetzung, sollten Sie dieser Zielgruppe besondere Aufmerksamkeit schenken.

Studierende gehören überwiegend zur Generation Z (siehe Abschn. 5.2), deren Merkmale Sie als Grundlage nutzen können. Darüber hinaus gibt es Besonderheiten bei studentischen Aushilfen, wie den direkten Kontakt zu Hochschulen, die Nutzung bestehender Kontakte zu Ihren studentischen Mitarbeitenden sowie die gut planbaren Zeitpunkte zu Semesterbeginn, die ideal sind, um neue Studierende zu gewinnen.

Besonders bei Erstsemestern, die möglicherweise neu in die Stadt ziehen, bieten sich gezielte Maßnahmen an:

- **Aktivieren Sie Ihre bestehenden studentischen Aushilfen:** Bitten Sie sie, Werbung an ihrer Hochschule zu machen, z. B. durch persönliche Ansprache oder Aushänge.

4.3 Aufmerksamkeit

- **Kooperationen mit Hochschulen:** Nehmen Sie frühzeitig Kontakt zu Hochschulen auf, um sowohl digital (E-Mail, Social-Media-Kanäle der Hochschule) als auch vor Ort (z. B. durch Aushänge) auf Ihre Stellenangebote hinzuweisen.
- **Karriere-Website einrichten:** Eine eigene Website speziell für studentische Aushilfen kann folgende Vorteile bieten:
  - Übersichtliche Darstellung der Jobmöglichkeiten und Vorteile für Studierende.
  - Betonung der Vereinbarkeit von Studium und Tätigkeit.
  - Unterstützung durch gezielte (Werbe-)Aktionen bei Google und in sozialen Medien, insbesondere in den Wochen vor Semesterbeginn.
- **Informationsveranstaltungen zu Semesterbeginn:** Organisieren Sie Veranstaltungen vor der Hochschule, um direkt vor Ort Studierende anzusprechen. Beispiele: Fahrzeugschauen, Informationsstände oder Gewinnspiele. Dies bietet Hilfsorganisationen auch die Möglichkeit, ehrenamtliche Kräfte für Ihre Organisation zu gewinnen.

Nutzen Sie Ihre Mitarbeitenden als Botschafterinnen und Botschafter: Setzen Sie gezielt auf Ihre bestehenden studentischen Mitarbeitenden, um Authentizität und Glaubwürdigkeit zu vermitteln. Diese können:

- In ihrem Umfeld sowie an der Hochschule für Ihr Unternehmen werben.
- Über Storytelling auf der Karriere-Website und in sozialen Medien potenzielle Interessent:innen ansprechen.

Mit diesen Maßnahmen können Sie gezielt und nachhaltig Studierende für eine mehrjährige Tätigkeit im Rettungsdienst gewinnen. ◄

Reflexion und Erfolgsmessung
Überlegen Sie, wo und wie Sie selbst andere Rettungsdienste oder Unternehmen wahrnehmen. Was fällt Ihnen positiv auf, und welche Maßnahmen wirken besonders ansprechend? Fragen Sie auch Ihre Mitarbeitenden nach deren Eindrücken und Ideen. Oft entstehen durch den Austausch mit dem Team zusätzliche Impulse, die zur Verbesserung Ihrer eigenen Maßnahmen beitragen können. Analysieren Sie dabei gezielt: Welche Strategien nutzen andere, um Aufmerksamkeit zu erzeugen, und wie erfolgreich wirken diese?
Am Ende ist es wichtig zu berücksichtigen, dass Ressourcen wie Zeit und Geld begrenzt sind. Daher sollte der Fokus darauf liegen, Maßnahmen umzusetzen, die sowohl finanziell als auch zeitlich realisierbar sind und gleichzeitig den größten Nutzen bieten.

Um in die richtigen Maßnahmen zu investieren, ist eine **systematische Erfolgsmessung** unverzichtbar. Befragen Sie Interessierte und Bewerbende, um wertvolles Feedback zu erhalten und deren Perspektive besser zu verstehen. Ergänzend dazu können Sie **Kennzahlen** wie die Reichweite und Interaktionen Ihrer Social-Media-Beiträge, die Aufrufe und Verweildauer auf Ihrer Homepage oder Karriere-Website sowie Absprungraten analysieren. Diese Daten helfen Ihnen, die Wirkung Ihrer Kampagnen zu bewerten und notwendige Optimierungen vorzunehmen.

4.4 Recruiting

In einer zunehmend wettbewerbsorientierten Arbeitswelt ist Recruiting längst nicht mehr nur die bloße Besetzung offener Stellen. Es ist ein strategischer Prozess, der darauf abzielt, die richtigen Mitarbeitenden für das Unternehmen zu gewinnen, zu begeistern und langfristig zu binden. Dabei hat sich das Recruiting in den letzten Jahren grundlegend verändert: Vom passiven Warten auf Bewerbungen hin zu einer proaktiven und zielgerichteten Ansprache potenzieller Mitarbeitender.

Insbesondere im Rettungsdienst, wo qualifizierte Fachkräfte knapp sind und der Bedarf an engagierten Mitarbeitenden stetig steigt, ist ein durchdachter und moderner Recruiting-Ansatz unverzichtbar. Es geht nicht nur darum, Aufmerksamkeit zu erzeugen, sondern auch darum, sich als attraktiver Arbeitgeber zu positionieren und den Bewerbungsprozess so zu gestalten, dass die besten Mitarbeitenden nicht nur gefunden, sondern auch überzeugt werden.

Recruiting im Wandel der Zeit
Wo früher eine freie Stelle im Rettungsdienst zu besetzen war, hat man eine Stellenanzeige in der Lokalzeitung geschaltet, eventuell noch einen Aushang an passenden Rettungsdienstschulen ausgehängt und wartete ab, bis die ersten Bewerbungen per Post eingetroffen sind. Diese wurden gesichtet und den Bewerbenden wurde per Post geantwortet. Es hat teilweise Wochen gedauert, bis Bewerber:innen eine erste Rückmeldung erhalten haben. Durch den technischen Fortschritt und den zunehmenden Fachkräftemangel haben sich diese Verhältnisse geändert.

Insbesondere das E-Recruiting – das Recruiting mit Unterstützung von elektronischen Mitteln – hat sich entwickelt. Weniger als 20 % des Budgets entfallen inzwischen auf Print-Stellenanzeigen, während Online-Stellenanzeigen, Social-Media-Recruiting und die eigene Karriereseite die wichtigste Rolle spielen. (Bastam et al., 2020, S. 241).

4.4 Recruiting

Durch die Veränderungen erwarten auch die potenziellen Bewerbenden heute aufgrund ihrer Erfahrungen deutlich mehr:

- *Eine authentische Darstellung des Arbeitgebers.*
- *Einen klaren, transparenten und wertschätzenden Bewerbungsprozess.*
- *Flexible und individuell angepasste Arbeitsmodelle.*
- *Und vor allem: das Gefühl, dass sie Teil eines Teams werden, das ihre Werte teilt und ihre berufliche Entwicklung fördert.*

Recruiting ist somit nicht nur eine Aufgabe der Personalabteilung, sondern ein zentraler Bestandteil der strategischen Ausrichtung eines Unternehmens.

Die Bedeutung eines strukturierten Ansatzes
Ein erfolgreiches Recruiting im Rettungsdienst beginnt nicht erst mit der Ausschreibung einer offenen Stelle. Vielmehr setzt es eine langfristige Planung voraus, die die gesamte „Reise" der potenziellen Mitarbeitenden berücksichtigt – von der ersten Wahrnehmung eines Arbeitgebers bis hin zur erfolgreichen Einstellung (*Candidate Experience*). Hier kommt der *Recruiting Funnel* (Abb. 4.5) ins Spiel: ein Modell, das den Prozess strukturiert und hilft, gezielt auf die unterschiedlichen Phasen einzugehen, die potenzielle Bewerbende durchlaufen.

Im weiteren Verlauf dieses Kapitels wird der Recruiting Funnel als roter Faden dienen, um die verschiedenen Phasen des Prozesses näher zu beleuchten – von der ersten Aufmerksamkeit über die Bewerbung bis hin zur Einstellung. Dabei werden konkrete Maßnahmen und Strategien vorgestellt, die dabei helfen können, qualifizierte Fachkräfte zu gewinnen und langfristig an Ihren Rettungsdienst zu binden.

4.4.1 Aufmerksamkeit/Wahrnehmung erzeugen

Ein entscheidender Schritt im Recruiting Funnel ist die Schaffung von Aufmerksamkeit und einer positiven Wahrnehmung Ihres Rettungsdienstes als Arbeitgeber. Dies gelingt insbesondere durch ein starkes Employer Branding (siehe Kap. 3). Ein gut gestaltetes Employer Branding vermittelt potenziellen Mitarbeitenden ein klares Bild davon, wofür Ihr Unternehmen steht, und positioniert es als attraktiven Arbeitgeber.

Die Bedeutung von Employer Branding für die erste Phase
Employer Branding zielt darauf ab, Ihr Unternehmen authentisch zu präsentieren und durch gezielte Maßnahmen einen positiven Eindruck zu hinterlassen. Damit

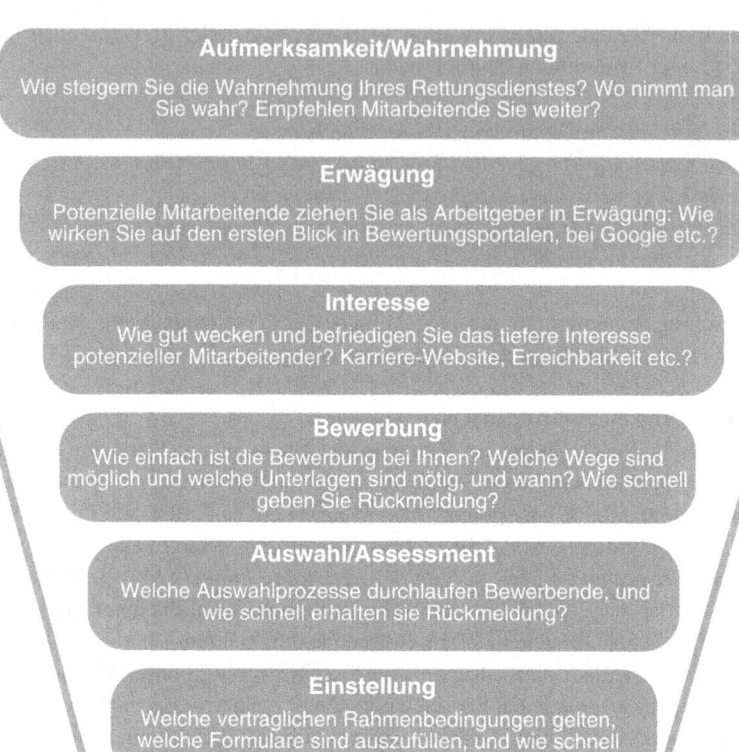

Abb. 4.5 Recruiting Funnel Rettungsdienst. (Eigene Erstellung)

erreichen Sie nicht nur aktiv suchende Bewerbende, sondern auch diejenigen, die bislang nicht aktiv über einen Wechsel nachgedacht haben. Wichtige Kanäle, um Ihr Employer Branding effektiv zu kommunizieren, sind:

- **Ihre Karriere Webseite:** Eine informative und ansprechende Karriereseite auf Ihrer Website kann Interessierte mit Einblicken in die Unternehmenskultur, offenen Stellen und Vorteilen überzeugen. Weiteres in Abschn. 4.4.4.

4.4 Recruiting

- **Social-Media-Plattformen:** Durch die Nutzung von Instagram, TikTok, LinkedIn, XING oder Facebook können Sie Geschichten aus dem Arbeitsalltag erzählen, Erfolge teilen und eine persönliche Verbindung zu Ihrer Zielgruppe aufbauen.
- **Mitarbeitendenberichte:** Authentische Testimonials oder kurze Videos von Mitarbeitenden schaffen Transparenz und stärken das Vertrauen potenzieller Bewerbender.

Eine ausführliche Übersicht zu den genannten Punkten finden Sie in Abschn. 4.3.

Von passiver Wahrnehmung zur aktiven Beschäftigung mit Ihrem Unternehmen

Durch ein überzeugendes Employer Branding können Sie die Aufmerksamkeit von **Personen gewinnen, die noch nicht aktiv auf Jobsuche sind**, aber offen für neue Möglichkeiten. Sobald diese Zielgruppe im nächsten Schritt auf Ihre Stellenanzeigen stößt, wird ein bereits positives Bild Ihres Rettungsdienstes mit den konkreten Jobangeboten verknüpft. Dies erhöht die Wahrscheinlichkeit, dass Interesse entsteht und erste Schritte zur Kontaktaufnahme erfolgen.

Wie Aufmerksamkeit in Interesse umgewandelt wird

Ein gut durchdachtes Employer Branding dient als Grundlage, um Ihre Zielgruppe nachhaltig anzusprechen. Sobald potenzielle Mitarbeitende beispielsweise eine Stellenanzeige lesen, greifen die vorherigen positiven Eindrücke. Ihr Unternehmen wird als moderner und attraktiver Arbeitgeber wahrgenommen, der die Bedürfnisse seiner Mitarbeitenden versteht und wertschätzt.

Konkrete Maßnahmen zur Umsetzung

- Visuelle Authentizität: Setzen Sie auf Fotos und Videos aus dem Arbeitsalltag, die echte Eindrücke aus Ihrem Rettungsdienst vermitteln, anstatt auf gestellte Stockfotos.
- Werte hervorheben: Kommunizieren Sie, welche Werte Ihr Unternehmen auszeichnen, etwa Teamarbeit, Weiterentwicklungsmöglichkeiten oder ein wertschätzendes Arbeitsklima.
- Echte Geschichten erzählen: Berichte von Mitarbeitenden können starke emotionale Verbindungen schaffen.

Durch diese gezielten Maßnahmen können Sie sicherstellen, dass Ihr Rettungsdienst nicht nur sichtbar wird, sondern auch als attraktiver und potenziell bevorzugter Arbeitgeber wahrgenommen wird. Auf diese Weise legen Sie die Basis für die weiteren Schritte im Recruiting Funnel – den Schritt Sie als potenziellen Arbeitgeber ernsthaft in Erwägung zu ziehen.

4.4.2 In Erwägung ziehen

Nachdem Sie durch gezielte Maßnahmen erfolgreich Aufmerksamkeit erzeugt und einen positiven Eindruck hinterlassen haben, beginnt die nächste Phase im Recruiting Funnel: Die potenziellen Mitarbeitenden ziehen Sie nun als möglichen Arbeitgeber in Betracht. Sie befinden sich in einem entscheidenden Moment, in dem sie beginnen, aktiv über einen Arbeitgeberwechsel nachzudenken und verschiedene Rettungsdienste miteinander zu vergleichen. In dieser Phase entscheidet sich, ob die erste Aufmerksamkeit in echtes Interesse und schließlich in eine Bewerbung umgewandelt wird.

Der erste Eindruck zählt – und muss vertieft werden. Wenn potenzielle Bewerbende beginnen, Ihren Rettungsdienst genauer zu betrachten, stellen sie sich automatisch folgende Fragen:

- Wie attraktiv erscheint mir dieser Arbeitgeber auf den ersten Blick?
- Welche Informationen stehen mir direkt zur Verfügung?
- Wie leicht ist es, weitere Einblicke zu erhalten oder Kontakt aufzunehmen?

In dieser Phase ist es entscheidend, dass Sie sich klar und überzeugend präsentieren. Potenzielle Mitarbeitende erwarten nicht nur Informationen zu offenen Stellen, sondern auch Einblicke in Ihre Werte, Ihre Unternehmenskultur und Ihre Arbeitsbedingungen. Nur wenn sie auf Anhieb einen positiven und zugänglichen Eindruck erhalten, werden sie den nächsten Schritt machen und ernsthaftes Interesse entwickeln.

4.4.3 Das Interesse wecken

Damit der Übergang von der allgemeinen Wahrnehmung hin zum konkreten Interesse gelingt, sollten Sie folgende Maßnahmen berücksichtigen:

Attraktive und gut strukturierte Karriere-Website
- Sorgen Sie dafür, dass Ihre Karriereseite leicht auffindbar, klar strukturiert und benutzerfreundlich ist.

4.4 Recruiting

- Präsentieren Sie nicht nur offene Stellen, sondern auch Informationen zu den Vorteilen, die Sie als Arbeitgeber bieten, wie z. B. Fortbildungsmöglichkeiten, flexible Arbeitszeiten oder besondere Sozialleistungen.
- Zeigen Sie auch eine Möglichkeit zur Initiativbewerbung auf.
- Nutzen Sie visuelle Elemente wie Fotos oder Videos, die authentische Einblicke in den Arbeitsalltag bei Ihnen bieten.
- Alles zur Karriere Webseite finden Sie in Abschn. 4.4.4.

Authentizität durch konsistentes Employer Branding
- Interessiert erwarten, dass die Werte und Versprechen, die Sie in der ersten Phase vermittelt haben, auch in den nächsten Schritten sichtbar sind.
- Zeigen Sie, wie Sie als Arbeitgeber in der Praxis handeln – beispielsweise durch Geschichten von Mitarbeitenden, die Entwicklungsmöglichkeiten genutzt haben, oder durch Erfolgserlebnisse Ihres Teams.

Einfacher und schneller Zugang zu Informationen
- Stellen Sie sicher, dass Interessierte schnell und unkompliziert weitere Informationen finden können. Dazu gehören z. B.:
  - Häufig gestellte Fragen (FAQs) zur Bewerbung und zum Arbeitsalltag.
  - Ein klar erkennbarer Kontakt für Rückfragen.
  - Transparente Informationen über den Bewerbungsprozess und die nächsten Schritte.

Die Bedeutung von Vertrauen und Transparenz
In dieser Phase ist es entscheidend, Vertrauen aufzubauen. Interessierte möchten sicher sein, dass der positive Eindruck, den sie gewonnen haben, auch durch konkrete Informationen und Erlebnisse bestätigt wird. Transparenz spielt hier eine zentrale Rolle: Zeigen Sie klar und nachvollziehbar, was Sie als Arbeitgeber auszeichnet und wie der Einstieg in Ihr Unternehmen aussieht.

Leichter Zugang zum nächsten Schritt
Die Hürde, den nächsten Schritt von allgemeinem Interesse hin zu einer ernsthaften Bewerbung zu machen, sollte so niedrig wie möglich sein. Das bedeutet:

- *Klare und transparente Kommunikation:* Interessierte sollten genau wissen, was sie erwartet und wie sie mit Ihnen in Kontakt treten können.
- *Niedrigschwellige Kontaktmöglichkeiten:* Ein einfaches Bewerbungsformular, Bewerbung über WhatsApp, schnelle Antworten auf Anfragen oder die Möglichkeit, einen ersten unverbindlichen Austausch zu vereinbaren, können den Unterschied machen.

- *Positives Nutzererlebnis:* Vom ersten Klick auf Ihre Karriereseite bis hin zur Kontaktaufnahme sollte der gesamte Prozess reibungslos und angenehm gestaltet sein.

Diese Phase im Recruiting Funnel ist entscheidend, um den positiven Eindruck, den Sie in der ersten Stufe geschaffen haben, in echtes Interesse umzuwandeln. Die Interessierten, die Sie nun als Arbeitgeber in Betracht ziehen, möchten mehr über Sie erfahren und bewerten, ob ein Wechsel tatsächlich infrage kommt. Indem Sie in dieser Phase klare, überzeugende und leicht zugängliche Informationen bereitstellen, schaffen Sie die Grundlage für den nächsten Schritt: eine ernsthafte Bewerbung.

4.4.4 Exkurs Karriere-Website

Die Karriere-Website bleibt trotz aller anderen Medien das Herzstück Ihres Recruitings. Egal, ob Sie potenzielle Mitarbeitende durch Social Media, Stellenanzeigen oder gezielte Kampagnen auf Ihr Unternehmen aufmerksam machen – früher oder später landen sie alle auf Ihrer Karriere-Website (Buckmann, 2017, S. 128). Hier entscheidet sich, ob Sie überzeugen oder Ihre Chance verspielen.

Aufgrund ihrer zentralen Bedeutung wird die **Karriere-Website** häufig **von der eigentlichen Unternehmenswebsite getrennt** und als **eigenständige Plattform** betrieben. Dies bietet die Möglichkeit, zielgruppenspezifische Inhalte übersichtlich und fokussiert zu präsentieren. Ein Beispiel wäre eine eigene URL wie karriere.rettungsdienst-musterstadt.de, oder eine moderne, ansprechende Variante wie rettungsheld.de.

Auffindbarkeit

Die beste Karriere-Website nützt nichts, wenn sie nicht gefunden wird. Es ist daher essenziell, sich mit ihrer Auffindbarkeit auseinanderzusetzen. Dabei stellt sich die Frage: Wie gelangen Interessierte auf Ihre Website? Die wichtigsten Wege sind:

- Internetrecherche (z. B. Google-Suche).
- Über die Unternehmens-Homepage.
- Erwähnung in Stellenanzeigen.
- Werbung auf RTW, KTW, NEF etc.
- Printmaterialien wie Broschüren und Flyer.
- Social-Media-Plattformen.

Suchmaschinenoptimierung (SEO)
Ein entscheidender Aspekt für die Auffindbarkeit über die Internetrecherche ist die Suchmaschinenoptimierung (SEO). Dabei geht es nicht nur darum, Menschen zu erreichen, die gezielt nach Ihrem Unternehmen und dem Zusatz „Jobs" suchen – diese kennen Sie bereits und haben Interesse an Ihnen als Arbeitgeber. **Viel wichtiger ist es, in den Suchergebnissen derjenigen zu erscheinen, die noch gar nicht wissen, dass sie bei Ihnen arbeiten möchten.** Für eine erfolgreiche SEO-Strategie sollten Sie:

- Relevante Keywords verwenden, die potenzielle Bewerber:innen bei der Suche verwenden könnten (z. B. „Jobs Rettungsdienst Musterstadt" oder „Ausbildung Notfallsanitäter Musterstadt").
- Optimierte Meta-Beschreibungen und Titel verwenden, um in den Suchergebnissen herauszustechen.
- Mobilfreundliche und schnelle Ladezeiten Ihrer Website sicherstellen.

Da SEO ein komplexes und fortlaufendes Thema ist, empfiehlt es sich, Fachleute hinzuzuziehen – sei es aus Ihrem Team oder extern.

Verlinkung auf der Unternehmens-Homepage
Menschen, die bereits auf Ihren Rettungsdienst aufmerksam geworden sind, möchten häufig mehr erfahren. Hier ist es entscheidend, den Karrierebereich gut sichtbar auf Ihrer Unternehmens-Homepage zu platzieren. Dieser sollte leicht zu finden sein und beispielsweise als „Karriere", „Jobs" oder „Wir suchen Sie" beschriftet sein. Von dort kann dann auf zielgruppenspezifische Inhalte Ihrer Karriere-Website weitergeleitet werden.

Erwähnung in Stellenanzeigen und Printmedien
Die Nennung der Website in Stellenanzeigen, Flyern, Broschüren oder Printwerbung ist ein weiterer wichtiger Weg, um Interessierte direkt auf Ihre Karriere-Website zu lenken. Besonders im Rettungsdienst hat sich auch die Werbung auf Fahrzeugen bewährt. Hierbei ist es wichtig, dass die URL:

- *Einprägsam* ist (z. B. kurz und leicht verständlich).
- *Einfach zu merken* ist, damit Interessierte sie im Gedächtnis behalten.
- Gegebenenfalls kann sie mit einem *QR-Code* ergänzt werden.

Social-Media-Kampagnen
Social Media bietet eine ideale Möglichkeit, Ihre Karriere-Website durch gezielte Employer-Branding-Kampagnen oder die Schaltung von Stellenanzeigen bekannter zu machen. Nutzen Sie Plattformen wie Instagram, Facebook oder LinkedIn, um auf Ihre Website aufmerksam zu machen und Traffic zu generieren. Details hierzu finden Sie in Abschn. 3.3.

Sie sehen, am Ende landen alle auf der Karriere-Website. Aus diesem Grund sind nach der Auffindbarkeit natürlich Inhalt und Struktur von entscheidender Bedeutung.

Inhalt und Struktur
Die Karriereseite Ihres Unternehmens sollte **direkt und gut sichtbar von der Hauptseite Ihrer Unternehmenswebsite aus erreichbar** sein. Verstecken Sie diesen wichtigen Bereich nicht in einem Unterpunkt eines Menüs, sondern platzieren Sie ihn prominent, beispielsweise mit einem optisch ansprechenden Button oder einer klaren Verlinkung direkt auf der Homepage. Eine bewusste visuelle Hervorhebung dieses Bereichs erleichtert Interessierten den Zugang und erhöht die Wahrscheinlichkeit, dass sie sich intensiver mit Ihren Angeboten beschäftigen.

Auf der Karriereseite selbst ist es essenziell, nicht nur eine leichte Navigation und Auffindbarkeit der Inhalte sicherzustellen, sondern auch auf eine durchdachte Suchmaschinenoptimierung (SEO) zu achten. Wenn Sie zum Beispiel eine Notfallsanitäterausbildung anbieten, sollte dieser Begriff klar und verständlich im Menüpunkt benannt werden, um sowohl Besuchern als auch Suchmaschinen eine einfache Orientierung zu ermöglichen.

Abtrennung der Karriereseite von der Hauptseite
Es lohnt sich, zu überlegen, wie und ob Sie die Karriereseite von der restlichen Homepage abtrennen. Abb. 4.6 zeigt mögliche Ansätze, wie dies gestaltet werden kann. Große Unternehmen, wie Hilfsorganisationen, Landkreise, Städte und Gemeinden, führen oft eine zentrale Karriereseite, die alle Stellenangebote – einschließlich Ausbildungsplätze – übersichtlich bündelt (**Variante A**). Dies bietet Interessierten eine zentrale Anlaufstelle, um alle Optionen, vom Freiwilligendienst bis hin zu Festanstellungen, zu überblicken.

Sollte der Rettungsdienst einen besonders großen Bereich im Unternehmen einnehmen und aufgrund des Fachkräftemangels eine hohe Priorität bei der Personalgewinnung haben, kann es sinnvoll sein, diesen Bereich separat zu gestalten (**Variante B**). Hier könnte eine eigenständige Karriereseite für den Rettungsdienst erstellt werden, die in Design, Tonalität und Inhalt passgenau auf die Zielgruppe zugeschnitten ist. So erhält der Rettungsdienst ausreichend Raum, um seine **Emp-**

4.4 Recruiting

Variante A
Karriere-Website für das gesamte Unternehmen (Beispiel Hilfsorganisation)

Auszubildende und Mitarbeitende für alle Bereiche:

- Verwaltung
- Fahrdienst
- Rettungsdienst
- Ambulante Pflege
- Kindertagesstätten
- Heilpädagogen
- Soziale Arbeit
- Haustechnik
- ...

Variante B
Karriere-Website für den Bereich Rettungsdienst

Wir suchen:

- Notfallsanitäter:innen
- Rettungssanitäter:innen
- Rettungswachenleitung
- Bundesfreiwilligendienst
- Freiwilliges Soziales Jahr
- Ausbildung als Notfallsanitäter:in

Variante C
Getrennte *Karriere-Website* für den Bereich Rettungsdienst und Ausbildung

Komm ins Team ↘ Werde Notfallsanitäter:in

- Notfallsanitäter:innen
- Rettungssanitäter:innen
- Rettungswachenleitung
- Bundesfreiwilligendienst
- Freiwilliges Soziales Jahr

- Ausbildungsplätze Notfallsanitäter:in

Abb. 4.6 Strukturierungsmöglichkeiten der Karriere-Website. (eigene Erstellung)

loyer Brand zu präsentieren, zum Beispiel durch authentische Einblicke in den Arbeitsalltag, Videos und Erfahrungsberichte.

Falls der Rettungsdienst zusätzlich eine hohe Zahl an Auszubildenden beschäftigt, könnte es sinnvoll sein, den Bereich Ausbildung nochmals separat abzubilden (**Variante C**). Diese Struktur bringt mehrere Vorteile mit sich: Zum einen wird die Suchmaschinenoptimierung verbessert, da spezifische Schlagworte gezielt eingesetzt werden können. Zum anderen haben potenzielle Auszubildende oft andere Informationsbedürfnisse als Fachkräfte.

Zielgruppenorientierte Gestaltung

Eine *Ausbildungs-Karriereseite* könnte speziell auf die junge Zielgruppe zugeschnitten werden. Inhalte wie:

- der Ablauf der Ausbildung,
- mögliche Auswahlverfahren,
- der Arbeitsalltag im Wachenleben

können hier ausführlich dargestellt werden. Zusätzlich könnten Elemente wie Gamification, interaktive Storys von aktuellen oder ehemaligen Auszubildenden sowie Bilder und Videos integriert werden, um die Zielgruppe emotional abzuholen. Die Wahl der Struktur hängt letztlich von der Unternehmensgröße, der Vielfalt der Stellenangebote und den verfügbaren Ressourcen ab. Für kleinere Organisationen oder solche mit einem überschaubaren Angebot, wie der Rettungsdienst, bietet sich die klare Trennung nach Kategorien an, um die Inhalte für die Interessierten möglichst übersichtlich zu gestalten.

Beispiel für eine klare Struktur
Am Beispiel der Variante B könnte die Karriereseite mittels Kacheln und Bildern in folgende Kategorien unterteilt werden:

- NFS
- RS
- Ausbildungsplätze im Rettungsdienst
- Freiwilligendienste
- Verwaltungsmitarbeitende

Eine optische Gestaltung mit klaren, ansprechenden Bildern und farblich hervorgehobenen Kacheln ermöglicht den Interessierten, schnell die für sie relevanten Informationen zu finden. Beispielsweise könnte jede Kategorie durch ein Symbol oder ein Bild repräsentiert werden – etwa ein älterer Mitarbeiter für erfahrene Fachkräfte/NFS oder ein freundliches Teamfoto junger Mitarbeitender für Freiwilligendienste.

Eine durchdachte Karriereseite ist nicht nur ein Instrument der Personalgewinnung, sondern auch ein wichtiger Bestandteil Ihrer Außendarstellung. Sie zeigt, wie professionell und einladend Ihr Unternehmen potenziellen Mitarbeitenden gegenübertritt. Überlegen Sie daher genau, welche Struktur, Inhalte und visuelle Gestaltung Ihre Zielgruppe am besten anspricht, und schaffen Sie so eine Plattform, die nicht nur funktional, sondern auch überzeugend ist.

▶ Das schnelle Auffinden Ihrer Karriereseite ermöglicht es auch Menschen, die Sie bislang nicht als potenziellen Arbeitgeber wahrgenommen haben, auf Sie aufmerksam zu werden. Eine einfache und intuitive Navigation erleichtert im nächsten Schritt das Auffinden passender Angebote für die jeweilige Zielgruppe und verringert die Absprungrate. Je besser Sie Ihre Karriereseite von der allgemeinen Homepage abgrenzen können, desto gezielter und spezifischer können Sie diese auf Ihre Zielgruppen ausrichten.

4.4.5 Der Bewerbungsablauf

Nachdem potenziell Bewerbende ein ernsthaftes Interesse an Ihrem Rettungsdienst entwickelt haben, ist der nächste logische Schritt die Bewerbung. In dieser Phase geht es darum, den Übergang von Interesse zu konkreter Aktion so einfach, angenehm und motivierend wie möglich zu gestalten. Ein klar definierter, transparenter und professionell gestalteter Bewerbungsprozess ist entscheidend, um die Hürde zur Bewerbung niedrig zu halten und potenzielle Mitarbeitende nicht zu verlieren.

Der Bewerbungsprozess aus Sicht der Bewerber:innen
Ein Bewerbungsprozess sollte stets aus der Perspektive der Interessenten betrachtet werden. Fragen, die sich Interessierte in dieser Phase stellen, sind beispielsweise:

- *Wie kompliziert ist der Bewerbungsprozess?*
- *Welche Unterlagen werden benötigt?*
- *Wie lange dauert es, bis ich eine Rückmeldung erhalte?*
- *Was erwartet mich im Auswahlprozess?*

Indem Sie diese Fragen frühzeitig beantworten und den Ablauf transparent gestalten, schaffen Sie Vertrauen und motivieren Bewerbende, den Prozess bis zum Ende durchzuführen. Eine klar strukturierte Darstellung des Ablaufs, beispielsweise auf Ihrer Karriereseite, kann dabei helfen. Zielgruppenspezifische Ansätze sind hier besonders wichtig – die Anforderungen und Erwartungen für NFS-Auszubildende unterscheiden sich oft erheblich von denen für bereits ausgebildete Fachkräfte.

Gestaltung eines effektiven Bewerbungsprozesses
Ein effizienter Bewerbungsprozess sollte die folgenden Elemente beinhalten:
Niedrigschwellige Bewerbungsmöglichkeiten:

- *Vermeiden Sie komplizierte Anforderungen:* Ein einfaches Online-Formular oder die Möglichkeit, sich mit wenigen Klicks zu bewerben (z. B. per What-

sApp), senkt die Einstiegshürde. Überlegen Sie, ob in einem ersten Schritt bereits alle Unterlagen erforderlich sind oder ob diese später nachgereicht werden können.
- *Minimaler Aufwand:* Reduzieren Sie die benötigten Unterlagen auf das Wesentliche. So viel wie nötig, so wenig wie möglich.
- *Flexible Prozesse:* Überlegen Sie, ob Sie z. B. nur Lebensläufe oder berufliche Qualifikationen in der ersten Phase benötigen. Der Verzicht auf Bewerbungsschreiben kann ebenfalls den Prozess erleichtern.

Klare Kommunikation der Anforderungen:

- *Eindeutige Stellenanzeigen:* Beschreiben Sie die Anforderungen, Erwartungen und Qualifikationen klar und verständlich. Differenzieren Sie zwischen zwingenden und optionalen Voraussetzungen.
- *Beispiel für präzise Kommunikation:* Wenn Sie eine Leitung für eine Rettungswache suchen, geben Sie an, ob Führungserfahrung oder Qualifikationen wie die Weiterbildung zur Rettungswachenleitung erforderlich sind. So vermeiden Sie Missverständnisse und Enttäuschungen.

Transparenz im Bewerbungsablauf:

- *Kommunizieren Sie alle Schritte klar:*
  – Senden Sie eine automatische Eingangsbestätigung, um den Erhalt der Bewerbung zu bestätigen.
  – Geben Sie einen realistischen Zeitrahmen für Rückmeldungen an (z. B. „Wir melden uns innerhalb von 4 Werktagen").
  – Beschreiben Sie den weiteren Prozess, z. B. Vorstellungsgespräche (telefonisch, online oder vor Ort), Probetage oder Testverfahren.
- *Visuelle Darstellung des Ablaufs:* Ein einfaches Diagramm oder eine Schritt-für-Schritt-Anleitung auf der Karriereseite kann die Transparenz erhöhen.

Zeitnahe und wertschätzende Kommunikation:

- *Halten Sie die Bewerberinnen und Bewerber informiert:* Regelmäßige Updates während des Prozesses schaffen Vertrauen und verhindern Unsicherheiten.
- *Persönlicher Kontakt:* Bewerberinnen und Bewerber schätzen es, wenn sie spüren, dass ihr Interesse ernst genommen wird. Ein Anruf durch die Leitung der Rettungswache kann einen besonders positiven Eindruck hinterlassen.

4.4 Recruiting

Benutzerfreundliche Tools:

- *Mobile Optimierung:* Viele Bewerberinnen und Bewerber nutzen Smartphones für die Jobsuche – tatsächlich die meisten. Stellen Sie sicher, dass Ihre Bewerbungsplattform auch mobil einfach zugänglich ist.
- *Vermeiden Sie technische Hürden:* Ein kompliziertes oder fehleranfälliges System kann den Eindruck eines unprofessionellen Arbeitgebers erwecken.

Personalisierung und Wertschätzung:

- *Individuelle Ansprache:* Zeigen Sie, dass Sie die Bewerbung aufmerksam gelesen haben, und betonen Sie, was Ihnen daran besonders gefallen hat.
- *Positive Erlebnisse schaffen:* Kleine Gesten wie ein freundlicher Anruf oder ein herzliches „Danke" können Bewerber:innen langfristig an Ihr Unternehmen binden.

Ein professionell gestalteter Bewerbungsprozess ist der Schlüssel, um Interesse in konkrete Bewerbungen umzuwandeln. Er sollte einfach, transparent und wertschätzend gestaltet sein, um potenzielle Mitarbeitende nicht durch unnötige Hürden zu verlieren. Gleichzeitig stärkt ein positiver Bewerbungsprozess die Wahrnehmung Ihres Rettungsdienstes als attraktiver Arbeitgeber – auch bei Bewerberinne und Bewerber, die sich möglicherweise erst zu einem späteren Zeitpunkt entscheiden.

Candidate Experience – Der Schlüssel zu einem erfolgreichen Bewerbungsprozess

Die Candidate Experience umfasst die gesamte Erfahrung, die Bewerbende während des Bewerbungsprozesses sammeln – von der ersten Kontaktaufnahme bis hin zur finalen Entscheidung. Sie ist ein zentraler Baustein, um nicht nur Talente zu gewinnen, sondern auch die Reputation Ihres Rettungsdienstes als Arbeitgeber nachhaltig zu stärken. Selbst Personen, die nicht eingestellt werden, können durch eine positive Erfahrung zu Markenbotschafter Ihres Unternehmens werden.

Warum ist die Candidate Experience so wichtig?
Eine herausragende Candidate Experience bringt mehrere Vorteile:

- Stärkung des Employer Brandings: Bewerbende, die positive Erfahrungen machen, teilen diese häufig in ihrem Umfeld
- Wettbewerbsvorteil: In einem umkämpften Arbeitsmarkt kann eine gute Candidate Experience den Unterschied machen, um die besten Mitarbeitenden zu gewinnen.
- Minimierung von Absprüngen: Ein klarer und wertschätzender Prozess reduziert die Wahrscheinlichkeit, dass Bewerbende den Prozess abbrechen.
- Nachhaltige Bindung: Selbst, wenn Bewerbende aktuell nicht eingestellt werden, könnte eine positive Erfahrung sie dazu motivieren, sich zu einem späteren Zeitpunkt erneut zu bewerben.

4.4.6 Die Auswahl/Das Assessment

Nachdem die Aufmerksamkeit potenzieller Bewerbender geweckt, das Interesse für eine Karriere im Rettungsdienst befriedigt und ein ansprechender Bewerbungsprozess gestaltet wurde, liegt der Fokus nun auf der Auswahl geeigneter Kandidatinnen und Kandidaten.Die folgenden Abschnitte beleuchten moderne Ansätze, die Candidate Experience, konkrete Assessmentmethoden sowie Strategien zur Steigerung der Attraktivität des Arbeitgebers, die auch kleinere Rettungsdienste umsetzen können.

Candidate Experience während des Auswahlprozesses Eine positive Candidate Experience ist ein entscheidender Faktor für die Gewinnung und Bindung geeigneter Mitarbeitender. Im Rettungsdienst, der oft mit Nachwuchsproblemen kämpft, kann eine wertschätzende und effiziente Gestaltung des Auswahlprozesses den Unterschied machen. Wichtig sind hierbei:

1. **Transparenz und Kommunikation:** Bewerbende sollten zu jedem Zeitpunkt über den aktuellen Stand ihres Bewerbungsverfahrens informiert sein. Automatisierte E-Mails und persönliche Ansprechpartner:innen können hier entscheidend sein.
2. **Wertschätzung:** Selbst Absagen sollten professionell und empathisch kommuniziert werden, um den positiven Eindruck des Unternehmens zu wahren. Dies kann durch detailliertes Feedback und eine konstruktive Haltung unterstützt werden.
3. **Effizienz:** Ein zeitnahes Feedback nach den einzelnen Stufen des Auswahlprozesses vermittelt Professionalität und vermeidet Frustration.
4. **Erlebnisorientierung:** Eine Candidate Journey, die spannend und interaktiv gestaltet ist, bleibt nachhaltig in Erinnerung.

Einsatz moderner Technologien Moderne Technologien bieten Rettungsdiensten die Möglichkeit, den Auswahlprozess effizienter und attraktiver zu gestalten. Besonders kleinere Rettungsdienste profitieren von kostengünstigen, skalierbaren Lösungen:

1. **Videointerviews:** Videointerviews ermöglichen es, schnell und unkompliziert einen ersten persönlichen Eindruck zu gewinnen, ohne dass Bewerbende lange Anfahrtswege in Kauf nehmen müssen. Dies erhöht die Flexibilität für beide Seiten und verkürzt den Auswahlprozess. Außerdem können mehrere

Mitglieder der Auswahlkommission problemlos teilnehmen, unabhängig von deren Standort, was die Entscheidungsqualität verbessert. So kann z. B. die Leitung des gesamten Rettungsdienstes zusammen mit der entsprechenden Wachleitung und jemandem aus dem Team ein Erstgespräch führen. Diese ermöglichen persönliche Gespräche über Distanz und sparen Anreisezeit. Sie eignen sich besonders, um erste Eindrücke der Persönlichkeit und Motivation zu gewinnen.

- *Asynchrone Videointerviews:* Bewerbende beantworten vorab festgelegte Fragen, die von der „Auswahlkommission" bewertet werden können. Dies spart Zeit und bietet Flexibilität.
- *Live-Videointerviews:* Diese ermöglichen persönliche Gespräche über Distanz und sparen Anreisezeit. Sie eignen sich besonders, um erste Eindrücke der Persönlichkeit und Motivation zu gewinnen.
- *Mögliche Inhalte:* Stellen Sie gezielt offene Fragen, die potenzielle Mitarbeitende ansprechen und zur Reflexion anregen. Fragen wie „Was treibt Sie an, im Rettungsdienst tätig zu sein?", „Warum möchten Sie bei uns arbeiten?", „Wie gehen Sie mit herausfordernden Situationen um?" oder „Welches positive Erlebnis hat Sie besonders geprägt?" können dazu beitragen, eine emotionale Verbindung aufzubauen.
- *Vorbereitung:* Um ein Videointerview zu nutzen, können Sie dies bereits in der Einladung zum Erstgespräch erwähnen. Beschreiben Sie dabei klar, wie die technischen Anforderungen aussehen und welche Plattform genutzt wird (z. B. Zoom, MS Teams oder eine spezielle Recruiting-Software). Geben Sie den Bewerbenden ausreichend Zeit zur Vorbereitung und stellen Sie bei Bedarf technische Unterstützung bereit.

2. **Gamifizierte Auswahltests:** Gamification bezeichnet die Integration spielerischer Elemente in Auswahlverfahren, um Tests interessanter und gleichzeitig aussagekräftiger zu gestalten. Im Rettungsdienst können gamifizierte Tests verschiedene Kompetenzen bewerten:
   - *Reaktionsfähigkeit:* Simulationen, bei denen schnelle Entscheidungen in kritischen Situationen gefragt sind, wie z. B. das korrekte Beurteilen einer plötzlich eintretenden Verschlechterung eines Patienten in einem Notfall.
   - *Stressresistenz:* Szenarien, in denen Teilnehmer unter Zeitdruck Priorisierungen vornehmen müssen, wie z. B. die Entscheidung, welche von mehreren Aufgaben zuerst bearbeitet werden soll oder die *Postkorbübung*. Letztere wird häufig bei Assessments von Auszubilden bis zu Leitungspositionen eingesetzt.

- *Problemlösungskompetenz:* Logikspiele oder virtuelle Einsatzszenarien, die strategisches Denken und Entscheidungsfreude erfordern, wie z. B. das Planen einer Rettungsaktion mit begrenzten Ressourcen.
- *Teamfähigkeit:* Tests vor Ort, bei denen Teilnehmer gemeinsam Aufgaben lösen müssen, wie z. B. das koordinierte Heben und Tragen eines Patienten auf einer Trage über Hindernisse hinweg oder das strukturierte Planen einer Rettungsaktion im Team. Solche Tests fördern die Beobachtung von Kommunikations- und Kooperationsfähigkeiten.

Besonders kleinere Rettungsdienste, die oft nicht über die Ressourcen zur Entwicklung eigener digitaler Tools verfügen, können Gamification direkt in vor Ort durchgeführte Auswahltests integrieren. Beispiele sind Aufgaben, bei denen Teilnehmer spielerisch auf Zeit reagieren müssen, wie das Sortieren von Aufgaben nach Priorität oder das Bewältigen kleinerer, praxisnaher Szenarien.

Diese Methoden sprechen insbesondere jüngere Teilnehmer an, die mit digitalen Medien aufgewachsen sind. Durch den spielerischen Ansatz kann auch die Motivation zur Teilnahme erhöht werden.

3. **Automatisierte Vorauswahl:** KI-gestützte Tools können Lebensläufe, Zeugnisse und Bewerbungsschreiben vorselektieren, um den Arbeitsaufwand für Personalfachkräfte zu reduzieren. Dies ermöglicht eine effizientere Fokussierung auf vielversprechende Bewerbende. Dieses findet sich jedoch häufig eher bei großen Rettungsdiensten und lohnt sich vor allem, wenn Sie sehr viele Bewerbende haben. Für viele Rettungsdienst leider vorerst ein Zukunftsthema.

Steigerung der Attraktivität durch anspruchsvolle Auswahltests
Besonders für erfahrene Fachkräfte aus dem Rettungsdienst können Auswahltests eine zusätzliche Motivation darstellen. *Indem der Eindruck vermittelt wird, dass der Arbeitgeber hohe Standards setzt und nur die Besten der Besten einstellt,* wird die Attraktivität und Begehrlichkeit des Arbeitgebers gesteigert.

Auf den ersten Blick mag dies im Kontext des Fachkräftemangels utopisch erscheinen, da viele Rettungsdienste froh sind, überhaupt Bewerbungen zu erhalten. Doch dieser Ansatz ist als nachhaltige Strategie zu verstehen. **Es ist nicht das erste Mal, dass schlechte Fachkräfte im Rettungsdienst aus der Not heraus eingestellt wurden**, was oft zu Unruhe im Team führt. Aussagen wie: „Die nehmen ja jeden … Hier kann man sich alles erlauben" schaden der Unternehmenskultur. Dieses Vorgehen führt beim Stammpersonal zu Frustration, Unsicherheit und fördert die Bereitschaft, zu anderen Arbeitgebern zu wechseln. Entscheiden Sie: Möchten Sie die guten Kräfte behalten und motivieren oder jeden einstellen und

4.4 Recruiting

dabei das Risiko eingehen, ein instabiles Team zu schaffen? Die Erfahrung zeigt, dass sich ein durchdachter, qualitativ hochwertiger Auswahlprozess lohnt. **Gute Bewerbungen kommen schneller, als Sie denken!**

Ein anspruchsvoller Auswahlprozess, der beispielsweise komplexe Einsatzsimulationen oder spezialisierte Fachfragen beinhaltet, hebt das Unternehmen von anderen ab und signalisiert Professionalität. **Es entsteht ein Prestigeeffekt: Nicht alle können hier arbeiten – nur diejenigen, die den hohen Anforderungen entsprechen.** Dies unterstützt auch die langfristige Bindung von Spitzenkräften.

Ablauf der Auswahl im Rettungsdienst

1. *Erstgespräch:* Das Erstgespräch dient dazu, die Motivation und Persönlichkeit der Teilnehmer kennenzulernen. Es kann entweder vor Ort oder – wie vorab beschrieben – in Form eines Videointerviews durchgeführt werden. Um sicherzustellen, dass alle relevanten Themen abgedeckt werden, sollten strukturierte Leitfäden verwendet werden.
2. *Schnupperarbeiten:* Ein Probearbeitstag gibt Einblicke in den Alltag des Rettungsdienstes. Sie können erste praktische Erfahrungen sammeln, während gleichzeitig die Soft Skills wie Teamfähigkeit, Belastbarkeit und Kommunikationsfähigkeit beobachtet werden. Dies bietet auch die Möglichkeit, Bewerber:innen realistisch über die Herausforderungen des Berufs aufzuklären.
3. *Auswahltests für Auszubildende:*
   - Tests mit Gamification-Elementen zur Bewertung von kognitiven Fähigkeiten, Stressresistenz und Entscheidungsfreude. Diese Tests können z. B. durch digitale Plattformen wie Apps oder Online-Tools umgesetzt werden. Kleinere Rettungsdienste können auch vor Ort spielerische Tests durchführen, wie z. B. das Lösen praxisbezogener Aufgaben in Teamarbeit oder das Nachstellen von Szenarien aus dem Rettungsdienstalltag.
   - Praxisorientierte Szenarien wie Erste-Hilfe-Simulationen oder Fallbeispiele, bei denen die praktische Umsetzung bewertet wird.
   - Sporttest: Ein einfacher Test, der Kraft und Ausdauer misst, wie z. B. ein 12-Minuten-Lauf, Liegestütze oder das Tragen von Gewichten über eine kurze Distanz, kann die körperliche Eignung überprüfen.
4. Auswahltests Für Berufserfahrene:
   - Simulation realer Einsatzsituationen, um Fachwissen und Handlungskompetenz zu evaluieren. Dazu können komplexe medizinische Notfälle simuliert werden, bei denen eine Reihe von Entscheidungen getroffen werden müssen.

- Fachspezifische Fragen und Tests, die die Tiefe der Kenntnisse prüfen, unterstreichen den hohen Standard des Arbeitgebers.
5. *Feedbackgespräch:* Nach Abschluss des Auswahlprozesses sollte ein strukturiertes Feedbackgespräch erfolgen. Dies zeigt nicht nur Professionalität, sondern bietet auch die Möglichkeit, Teilnehmende für zukünftige Positionen zu motivieren, selbst wenn sie aktuell nicht ausgewählt werden.

Ein moderner, technologiegestützter und wertschätzender Auswahlprozess kann nicht nur die Qualität der Bewerbenden verbessern, sondern auch die Attraktivität des Rettungsdienstes als Arbeitgeber steigern. Insbesondere kleinere Rettungsdienste profitieren von niederschwelligen Lösungen wie Videointerviews und gamifizierten Auswahltests, die kostengünstig und effektiv zugleich sind. Anspruchsvolle Auswahlverfahren für erfahrene Fachkräfte schaffen ein Prestige, das den Arbeitgeber von der Konkurrenz abhebt. Der Fokus auf Candidate Experience, innovative Technologien und praxisnahe Auswahlmethoden bildet eine solide Grundlage für die erfolgreiche Rekrutierung im Rettungsdienst.

> **Hinweis** Viele Rettungsdienste bevorzugen es, die **Besten der Besten** einzustellen – solange die Auswahl dies zulässt. Wenn Sie jedoch ausschließlich Mitarbeitende mit dem Motto **„höher, schneller, weiter"** einstellen, müssen Sie auch deren spezifischen Entwicklungsbedürfnisse berücksichtigen. Diese Mitarbeitenden streben nach Karrierechancen als Wachleitung, Sonderfunktionen wie **Praxisanleitung, OrgL oder Hygienebeauftragte**.
>
> Können Sie solche Entwicklungsmöglichkeiten nicht bieten, kann dies zu Unzufriedenheit führen – im schlimmsten Fall verlassen diese Mitarbeitenden den Rettungsdienst wieder. Dadurch verlieren Sie nicht nur hoch qualifizierte Kräfte, sondern es fehlen Ihnen möglicherweise auch wichtige Mitarbeitende, wie z. B. Fachkräfte, die den Beruf aus Leidenschaft und mit langfristiger Perspektive ausüben und damit auch zufrieden sind.
>
> Achten Sie daher bei der Auswahl auf eine ausgewogene Mischung aus potenziellen Stammkräften, die langfristig bleiben, und engagierten Mitarbeitenden, die sich weiterentwickeln möchten.

4.4.7 Die Einstellung

Nach Abschluss des Auswahlverfahrens und der Entscheidung für geeignete Teilnehmende ist der nächste Schritt die Einstellung. Dieser Prozess ist ein entscheidender Teil des Recruiting Funnels und sollte ebenso durchdacht und wertschätzend gestaltet sein wie die vorherigen Phasen. **Eine positive Candidate Experience ist auch hier von großer Bedeutung**, da sie die Grundlage für eine langfristige Mitarbeiterbindung und Motivation legt. Dabei spielt eine reibungslose Organisation und klare Kommunikation eine zentrale Rolle, um Unsicherheiten bei den Bewerber:innen zu vermeiden und Vertrauen in den Arbeitgeber zu stärken.

Bedeutung einer guten Candidate Experience bei der Einstellung
Die Art und Weise, wie neue Mitarbeitende empfangen und in das Unternehmen integriert werden, hat erhebliche Auswirkungen auf die Wahrnehmung des Arbeitgebers und die Zufriedenheit der neuen Mitarbeitenden. **Es sollte darauf geachtet werden, unnötige bürokratische Belastungen für die potenziellen neuen Mitarbeitenden zu vermeiden.** Beispielsweise ist sicherzustellen, dass Unterlagen wie Personalfragebögen nicht mehrfach von verschiedenen Stellen (z. B. der Abteilung Rettungsdienst, dem Arbeitgeber selbst und einem externen Personaldienstleister für die Lohnabrechnung) angefordert werden. Ein abgestimmter Prozess, bei dem klar kommuniziert wird, welche Dokumente benötigt werden und wer diese erhält, trägt wesentlich dazu bei, den Aufwand für die Bewerbenden zu minimieren.

Ebenso wichtig ist es, das weitere Vorgehen klar zu kommunizieren. Bewerbende sollten genau wissen, welche nächsten Schritte folgen und was von ihnen erwartet wird. Dies umfasst die Planung für den ersten Arbeitstag sowie erste Details zu Themen wie dem Preboarding (Abschn. 4.5.1) , dem Onboarding-Prozess (Abschn. 4.5.3) und einem möglichen Patenmodell Abschn. 4.5.7). Klare Kommunikation hilft dabei, Unsicherheiten zu vermeiden und signalisiert Professionalität.

Eine positive Candidate Experience bei der Einstellung bietet zudem **langfristige Vorteile**: Sie stärkt die Motivation neuer Mitarbeitender bereits zu Beginn und kann dazu beitragen, die Frühfluktuation zu verringern. Mitarbeitende, die sich gut aufgenommen und wertgeschätzt fühlen, sind eher geneigt, sich langfristig mit dem Unternehmen zu identifizieren.

Umsetzung einer guten Candidate Experience

Folgende Aspekte können in der Umsetzung den entscheidenden Unterschied machen:

1. Wertschätzende Kommunikation:
   - Nach der Zusage sollte zeitnah ein persönlicher Anruf erfolgen, um die Entscheidung mitzuteilen und die Freude über die zukünftige Zusammenarbeit auszudrücken. Solche persönlichen Gesten schaffen Vertrauen und stärken die Bindung.
   - Schriftliche Unterlagen wie Arbeitsvertrag und Willkommensschreiben sollten klar und professionell gestaltet sein. Ein freundlicher und motivierender Ton zeigt, die Wertschätzung und Freude auf. In Abschn. 4.5.1 zum Thema Preboarding finden Sie noch weiter Aspekte zum Willkommensschreiben und erweiterten Möglichkeiten.
2. Klarheit und Struktur:
   - Der erste Arbeitstag sowie die ersten Wochen sollten detailliert geplant und kommuniziert werden. Eine transparente Struktur zeigt, dass der Arbeitgeber gut organisiert ist.
   - Eine Checkliste für die neuen Mitarbeitenden, die alle wichtigen Informationen und To-dos enthält, kann Unsicherheiten vermeiden. Diese Checkliste könnte z. B. folgende Punkte umfassen:
     a. *Benötigte Unterlagen (Arbeitsvertrag, Nachweise)*
     b. *Ansprechpersonen für spezifische Themen*
     c. *Geplante Termine und Schulungen*
   - Es sollte sichergestellt werden, dass alle Details zur Einarbeitung klar verständlich sind, um Verwirrung oder Unsicherheiten zu vermeiden.
3. Individuelle Betreuung:
   - Mentoren oder Paten sollte benannt werden, um als direkte Ansprechpersonen für Fragen und Anliegen zur Verfügung zu stehen. Diese Unterstützung erleichtert nicht nur die fachliche Einarbeitung, sondern trägt auch dazu bei, soziale Bindungen innerhalb des Teams aufzubauen (Abschn. 4.5.7).

Die Phase der Einstellung ist ebenfalls entscheidend, um neue Mitarbeitende erfolgreich in Ihren Rettungsdienst aufzunehmen und eine langfristige Bindung zu fördern. Eine positive Candidate Experience, die von klarer Kommunikation, strukturierter Planung und persönlicher Betreuung geprägt ist, sorgt dafür, dass neue Mitarbeitende sich schnell wohl und wertgeschätzt fühlen. Dies bildet die Grundlage für ein produktives und motiviertes Team. Durch die Vermeidung unnötiger Bürokratie, eine transparente Kommunikation und individuelle Betreuung wird nicht nur der Einstieg erleichtert, sondern auch das Vertrauen in Sie als Arbeitgeber gestärkt. Rettungsdienste, die diese Aspekte gezielt umsetzen, können sich als attraktive und professionelle Organisation positionieren und dadurch langfristig profitieren.

4.5 Boarding-Time

Ein gut durchdachter Onboarding-Prozess ist ein entscheidender Faktor für den Erfolg eines Unternehmens. Er umfasst die systematische Integration neuer Mitarbeiter in die Organisation und deren Einarbeitung in die Arbeitsprozesse. Doch Onboarding ist mehr als nur eine Phase: **Es ist eine ganzheitliche Strategie**, die dazu beiträgt, dass neue Mitarbeitende sich schnell einleben, produktiv werden und sich langfristig mit dem Unternehmen verbunden fühlen. Gleichzeitig ist Onboarding eine Chance, die Werte, die Kultur und die Ziele des Unternehmens zu kommunizieren und somit eine starke Grundlage für die Zusammenarbeit zu schaffen.

Eine professionelle Einarbeitung hat nicht nur **Auswirkungen auf die Zufriedenheit und Produktivität** der neuen Mitarbeiter, sondern auch **auf die gesamte Unternehmenskultur**. Mitarbeiter, die sich von Anfang an willkommen und wertgeschätzt fühlen, entwickeln in der Regel eine stärkere Bindung an das Unternehmen. Dies reduziert nicht nur die Fluktuation, sondern steigert auch die Motivation und das Engagement. Studien zeigen, dass Unternehmen mit einem effektiven Onboarding-Prozess eine bis zu 50 % höhere Wahrscheinlichkeit haben, dass neue Mitarbeitende langfristig im Unternehmen verbleiben.

Bedeutung des Onboardings
- Es fördert engagierte Mitarbeitende, die gerne Zusatzaufgaben übernehmen (MPG-Beauftragte, Hygienefachkräfte, Praxisanleitungen etc.) und – wie im Rettungsdienst oft üblich – auch als Krankheitsvertretung kurzfristig eine Rettungsmittel besetzen.
- Es minimiert die Frühfluktuation und somit die Unruhe durch ständigen Personalmangel – daraus resultierende Mehrarbeit des verbliebenen Personals und ständig wechselnde Teams.
- Durch eine gute Einbindung ins Team werden interne Spannungen reduziert und das Betriebsklima verbessert sich. Die neuen Mitarbeitenden fühlen sich deutlich wohler.
- Gute fachliche Einarbeitung gibt Sicherheit in Bezug auf die Arbeitsabläufe und reduziert Fehler.
- Die Identifikation der neuen Mitarbeitenden mit dem Unternehmenswerten wird gefördert.
- Frühfluktuation kostet Geld. Die Stellen sind Vakant und führen zu Überstunden und Mehrbelastung der Mitarbeitenden. Es muss kostenintensives Recruiting betrieben werden. Dieses führt zu Wettbewerbsnachteilen durch hohe Kosten (Brenner, 2020. S. 3).

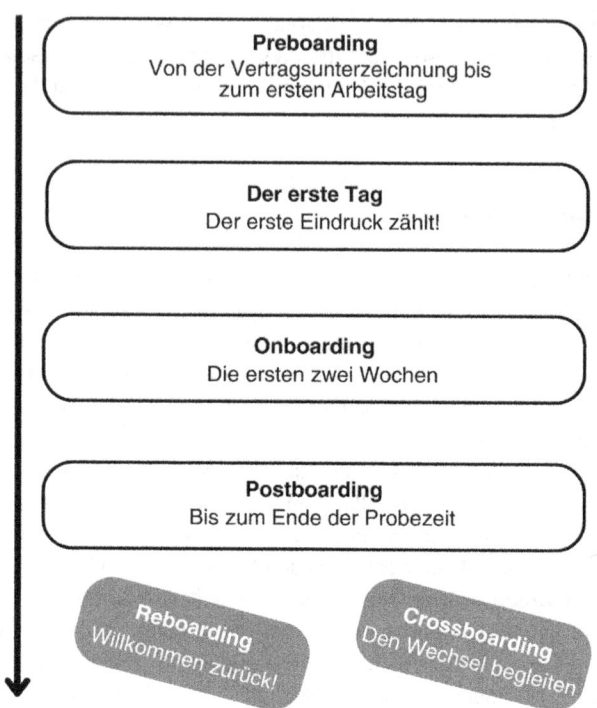

Abb. 4.7 Onboarding Phasen im Überblick. (Eigene Erstellung)

Die Gestaltung eines effektiven Onboarding-Prozesses umfasst **verschiedene Phasen** (Abb. 4.7) **und Ebenen** (Abb. 4.8), die nahtlos ineinandergreifen. Diese Phasen erstrecken sich von der ersten Kontaktaufnahme mit dem neuen Mitarbeitenden über die gesamte Zeit der Einarbeitung hinweg bis hin zu einer eventuell notwendigen Wiedereingliederung oder Umstrukturierung innerhalb des Unternehmens. Jede dieser Phasen erfüllt eine spezifische Funktion, um die Integration der Mitarbeiter zu erleichtern. Dabei ist es entscheidend, die Prozesse individuell auf die Bedürfnisse der jeweiligen Position und Person abzustimmen.

Die wesentlichen Elemente eines umfassenden Onboarding-Prozesses sind:

1. **Preboarding:** Vorbereitung vor dem ersten Arbeitstag.
2. **Erster Arbeitstag:** Der erste Eindruck, der zählt.
3. **Onboarding:** Die intensive Einarbeitungsphase und Integration ins Team

4.5 Boarding-Time

Abb. 4.8 Drei Ebenen des Onboarding. (Eigene Erstellung)

4. **Postboarding:** Langfristige Begleitung und Evaluation.
5. **Reboarding:** Wiedereingliederung nach Abwesenheit, die jedoch *nicht mit der klassischen Wiedereingliederung nach dem Hamburger Modell verwechselt werden* darf.
6. **Crossboarding:** Integration bei internen Wechseln.

Jede dieser Phasen erfordert spezifische Maßnahmen und Strategien, die individuell auf die Bedürfnisse der Mitarbeitenden und die Anforderungen der Positionen abgestimmt werden müssen. Beispielsweise spielt das Preboarding eine entscheidende Rolle, um Unsicherheiten vor dem ersten Arbeitstag zu minimieren und die neuen Mitarbeitenden optimal vorzubereiten. Gerade bei Stellenbesetzungen, die eine längere Phase von der Vertragsunterschrift bis zum ersten Arbeitstag haben (beispielsweise Auszubildende und Freiwilligendienstleistende), spielt das Preboarding eine große Rolle, um Kündigungen noch vor dem ersten Arbeitstag zu vermeiden. Der erste Arbeitstag wiederum ist prägend für den weiteren Verlauf der Zusammenarbeit und sollte entsprechend gut geplant und durchgeführt werden.

Ein strukturierter Ansatz in diesen und den folgenden Phasen bietet nicht nur für die neuen Mitarbeitenden Vorteile, sondern wirkt sich auch positiv auf die Unternehmenskultur, die Mitarbeiterbindung und die allgemeine Effizienz aus.

Studien zeigen, dass ein professionelles Onboarding die Produktivität neuer Mitarbeitender erheblich steigern und die Fluktuation deutlich reduzieren kann. Gleichzeitig wird durch ein erfolgreiches Onboarding ein klares Signal an alle Mitarbeitenden gesendet, dass das Unternehmen Wert auf eine positive und professionelle Zusammenarbeit legt.

Abb. 4.8 zeigt die **Ebenen des Onboardings**. Diese beziehen sich auf die **fachliche Einarbeitung**, die **soziale Integration** und die **Vermittlung von Werten** des Unternehmens.

Im Folgenden werden die einzelnen Elemente des Onboarding-Prozesses detailliert betrachtet, um praxisnahe Empfehlungen und konkrete Handlungsanweisungen für eine erfolgreiche Umsetzung zu geben. Dabei wird deutlich, dass ein durchdachter Onboarding-Prozess weit mehr ist als ein administrativer Akt: Er ist eine strategische Investition in die Zukunft Ihres Rettungsdienstes und in die Mitarbeitenden.

4.5.1 Preboarding

Der **Zeitraum zwischen der Vertragsunterzeichnung und dem ersten Arbeitstag**, die sogenannte Preboarding-Phase, spielt eine entscheidende Rolle im Onboarding-Prozess neuer Mitarbeitender. Im Rettungsdienst ist diese Phase oft vergleichsweise kurz, besonders bei der Einstellung erfahrener Fachkräfte (NFS), deren Preboarding-Zeit häufig nur wenige Wochen oder sogar Tage beträgt. Während für bestimmte Zielgruppen, wie Auszubildende und Freiwilligendienstleistende (Bufdis und FSJ´ler), die Preboarding-Phase aufgrund ihrer längeren Dauer (teilweise zehn Monate) von besonderer Bedeutung ist, gibt es spezifische Herausforderungen und Potenziale bei verkürzten Preboarding-Phasen für ausgebildetes Personal.

Preboarding für erfahrene Fachkräfte
Erfahrene Fachkräfte, wie NFS oder RS, verfügen in der Regel über fundierte Fachkenntnisse und praktische Erfahrung, der Alltag auf den Rettungswachen ist bekannt und oftmals kennt man die Teammitglieder der Wachen schon. Daher muss sich das Preboarding für diese Zielgruppe stärker auf die Integration in die spezifischen Gegebenheiten der neuen Organisation konzentrieren. Folgende Maßnahmen und Beispiele haben sich in verkürzten Preboarding-Phasen bewährt:

1. *Digitale Willkommenspakete:* Bereits kurz nach der Vertragsunterzeichnung können digitale Informationspakete versendet werden, die einen schnellen

4.5 Boarding-Time

Überblick über die Organisation geben. Diese können folgende Inhalte umfassen:
- Eine Übersicht über die Struktur und Abläufe der Wache,
- Informationen zu Einsatzmitteln und technischer Ausstattung,
- Kontaktlisten von Ansprechpartner:innen (z. B. Wachleitung, Teammitglieder und Paten).

2. *Schnelle Verknüpfung mit dem Team:* Um die Integration zu erleichtern, können kurze persönliche Besuche vor dem ersten offiziellen Arbeitstag organisiert werden. Dies gibt der neuen Fachkraft die Möglichkeit, das Team und die Atmosphäre an der Wache vorab kennenzulernen.

3. *Zugriff auf interne Ressourcen:* Ein frühzeitiger Zugang zu internen Systemen wie dem Intranet und einer E-Mailadresse inkl. Aufnahme in den Verteiler und anderen organisatorischen Plattformen (z. B. Dienstplanzugriff, Urlaubsplanung, Wunschfreiplan, Dienstanweisungen, Fortbildungsportale) ermöglicht es neuen Mitarbeitenden, sich eigenständig zu informieren und sich auf die neuen Abläufe vorzubereiten.

4. *Ergänzende Schulungen:* In Fällen, in denen Sie spezielle technische Geräte oder Abläufe nutzen, können kurze Schulungsvideos oder Manuals bereitgestellt werden, die die fachliche Einarbeitung gezielt unterstützen. Beispiel: Ein kurzes Video zur Bedienung eines besonderen Monitors oder Beatmungsgeräts. Dieses ist jedoch eine Besonderheit, die nicht in vielen Fällen zu tragen kommt. Haben Sie aber z. B. Intensivtransportwagen (ITW) oder Besonderheiten wie ein Inkubator-Fahrzeug, kann ein solches Video (auch im Nachhinein) sehr nützlich sein.

▶ **Praxistipp** Die Erstellung von Schulungsvideos oder Informationsmaterialien eignet sich hervorragend als motivierendes Projekt für Ihre Auszubildenden. Es bietet ihnen die Chance, ihre Kreativität und digitalen Kompetenzen einzubringen, während sie praxisnah an einem sinnvollen Thema arbeiten. Gleichzeitig kann ein solches Projekt die Teamarbeit fördern, indem die jungen Auszubildenden gemeinsam Lösungen entwickeln und umsetzen. Der Mehrwert zeigt sich nicht nur in der Qualität der Materialien, sondern auch in der Stärkung der Eigenverantwortung und des Zugehörigkeitsgefühls der Auszubildenden. Herausforderungen bei verkürztem Preboarding Obwohl erfahrene Fachkräfte in der Regel schnell einsatzbereit sind, birgt ein zu kurzer Preboarding-Prozess gewisse Risiken:

- Fehlende Klarheit über interne Abläufe kann zu anfänglichen Unsicherheiten führen.
- Die Integration ins Team bleibt möglicherweise oberflächlich, wenn vor dem ersten Arbeitstag keine Kontakte aufgebaut wurden.
- Unterschiede in der Handhabung von Einsatzmitteln oder EDV-Systemen können zu Verzögerungen bei der Eingewöhnung führen.

Effizienz durch gezielte Maßnahmen

Eine gut durchdachte, wenn auch kurze Preboarding-Phase kann dazu beitragen, die Effizienz und Zufriedenheit der neuen Mitarbeitenden erheblich zu steigern. Die Maßnahmen sollten darauf abzielen, die fachliche Einarbeitung zu ergänzen, die Integration zu fördern und eine schnelle Orientierung zu ermöglichen. *Dabei gilt es, die Balance zwischen Informationsdichte und der Verfügbarkeit der Fachkraft zu wahren, da erfahrene Mitarbeitende in dieser Phase oft berufliche oder private Verpflichtungen parallel organisieren müssen.*

Vertiefung und Übertragbarkeit

Eine ausführliche Betrachtung der Preboarding-Phase findet sich in Abschn. 5.2.3. Hier werden spezifische Maßnahmen beschrieben, die sich auf Auszubildende und Freiwilligendienstleistende der Generation Z beziehen. Die Inhalte sind zusätzlich auch auf andere Zielgruppen wie erfahrene Mitarbeitende übertragbar.

Im weiteren Verlauf kann ein Azubi-Treffen auf der Wache stattfinden. Legen Sie das am besten in die Zeit, wenn die Abschlussprüfungen hinter den Schülern legen und der Kopf wieder frei ist. Hier lernen sich die Auszubildenden kennen, sie lernen die Praxisanleiterinnen und Praxisanleiter kennen und erleben einen spaßigen Tag auf der Wache. So kann bereits Kleidung anprobiert werden (auch wenn es später Poolwäsche gibt) und erste Fotos in der neuen Uniform kommen immer gut an. Posten die zukünftigen Auszubildenden es dann noch in ihren sozialen Kanälen, profitiert auch ihr Employer Branding davon.

4.5.2 Der erste Tag

Können Sie sich noch an Ihren ersten Arbeitstag erinnern? Wie Sie angekommen sind, aus dem Auto gestiegen sind? Was ging Ihnen durch den Kopf? Wie wurden Sie begrüßt? Hat jemand am Eingang auf Sie gewartet oder mussten Sie die Wache alleine betreten und erst einmal schauen, wo Sie hinmüssen? Sind Ihnen direkt übernächtigte Kollegen begegnet, die nach den Einsätzen der Nacht ein wenig griesgrämig wirkten? Wie war der erste Kontakt mit der Wachleitung? War sie

4.5 Boarding-Time

schon da oder kam sie erst später? Mussten Sie mitten in der Übergabe in einem neuen Team planlos herumstehen und warten, wie bestellt und nicht abgeholt? Ich hoffe nicht, erfahre aber häufig, dass dies oftmals die Realität ist.

Ein gelungener erster Tag beginnt bereits im Preboarding mit Transparenz und klaren Informationen zu Abläufen und Erwartungen. Dies schafft Sicherheit und Vorfreude. Die Begrüßung sollte nicht erst auf der Wache stattfinden, sondern idealerweise bereits davor – durch Führungskräfte, Paten oder bei Auszubildenden durch die Praxisanleiterinnen und Praxisanleiter. Alternativ können Auszubildende auch von erfahrenen Auszubildenden als Paten betreut werden Abschn. 4.5.7).

Nach einer herzlichen Begrüßung durch die Führungskraft erhalten die neuen Mitarbeitenden erste wichtige Informationen, bevor sie an ihren Paten oder Praxisanleiterinnen und Praxisanleiter übergeben werden. Der Fokus des ersten Tages liegt auf dem kulturellen Ankommen und der Orientierung innerhalb des Teams, der Strukturen und Abläufe des Wachenalltags. Nicht alles muss durch die Paten erfolgen, aber es ist schön, wenn die Paten zu den nächsten Ansprechpartnern begleiten.

Entscheidend ist der erste Eindruck Wie fühlt sich das neue Teammitglied nach Tag 1? Was wird es ihrer Familie und ihren Freunden erzählen? Sicherlich nicht, wie viele Formulare sie unterschrieben hat, sondern vielmehr, wie herzlich sie empfangen wurde, wie unterstützend das Team war und wie willkommen sie sich gefühlt hat. Kleine Gesten können dabei einen großen Unterschied machen, etwa Namensschilder für die Einsatzstiefel oder eine vorbereitete Karte mit der Aufschrift „Schön, dass du da bist", auf der alle unterschrieben haben. Die eigene Kaffeetasse mit Namen darauf.

Ich habe letztens einen Rettungsdienst zum Onboarding beraten, die Gruppe fand die Idee so gut, dass der Leiter Rettungsdienst noch in der Pause bei einem großen Onlineversandhändler eine Plottermaschine für Kaffeetassen bestellt hat. Ab jetzt bekommt jeder neue Mitarbeiter zum ersten Tag eine Kaffeetasse mit eigenen Namen. Dieses lässt sich natürlich problemlos erweitern – Sie haben einen Wasserspender, warum nicht anstatt der Kaffeetasse eine entsprechend personalisierte Wasserflasche?

Ein weiterer wichtiger Aspekt des ersten Tages ist die Ausstattung: Sind Einsatzjacke, Stiefel und sonstige Utensilien vorhanden? Funktionieren alle Zugänge? Auch wenn dies selbstverständlich sein sollte, ist eine Überprüfung sinnvoll. Ebenso kann das Intranet und entsprechende Software zur Dienstplanung, Urlaubsplanung, Einsatzdokumentation etc. gemeinsam erkundet werden.

Zur Orientierung gehört eine Führung durch die Wache, die Vorstellung wichtiger Ansprechpersonen sowie das gemeinsame Mittagessen oder ein Kaffee zwischendurch, um in das Team integriert zu werden. Die Besichtigung der Fahrzeuge und Technik sowie – je nach Bedarf – ein Besuch von Außenstandorten, der Zentrale oder wichtigen Krankenhäusern tragen zur besseren Einbindung und räumlichen Orientierung bei.

Grundsätzlich gilt das Credo *Ankommen lassen, ins Team kommen lassen, Orientierung verschaffen und nicht mit zu vielen Informationen überfrachten.*
Natürlich gibt es Situationen, in denen der erste Tag anders verläuft als geplant, etwa wenn eine Einsatzkraft direkt ein Fahrzeug besetzen muss und eine schnelle MPG-Einweisung beim Fahrzeugcheck erfolgt. Alles andere läuft irgendwie zwischen den Einsätzen. Doch dieses Szenario sollte vermieden werden, da es die denkbar ungünstigste Erfahrung für einen ersten Arbeitstag darstellt. Planen Sie den ersten Tag so, dass sich neue Mitarbeitende willkommen fühlen und sich bereits in der neuen Umgebung gut aufgehoben fühlen können. Vermitteln Sie Transparenz zur restlichen Onboarding-Phase und sorgen Sie dafür, dass die neuen Mitarbeitenden mit dem Gefühl nach Hause gehen, eine gute Wahl mit Ihnen als Arbeitgeber getroffen zu haben.

▶ **Checkliste** Erarbeiten Sie unbedingt eine Checkliste, was an Tag 1 alles vorhanden sein muss und wie der Tag abläuft. Verteilen Sie Verantwortlichkeiten (IT, Leitung, Praxisanleitung, Paten etc.). Erinnern Sie sich zwei Wochen vor Dienstantritt (vielleicht mit einem Kalendereintrag) daran, die Checkliste zu prüfen – noch können Sie reagieren, wenn etwas fehlt. Im Tagesalltag gerät es sonst schnell in Vergessenheit und auf einmal stehen die neuen Mitarbeitenden in Ihrer Bürotür. Vertrauen bauen Sie am besten auf, wenn hier keine peinlichen Fehler passieren und alles gut klappt.

4.5.3 Onboarding – die ersten zwei Wochen

Die Onboarding-Phase im Rettungsdienst erstreckt sich über etwa zwei Wochen und spielt eine entscheidende Rolle für die Integration der neuen Mitarbeitenden. In dieser Zeit werden sie mit den Abläufen, Strukturen und Werten des Rettungsdienstes vertraut gemacht. Neben den klassischen Schulungen und organisatorischen Einführungen sollte der Fokus darauf liegen, die neuen Teammitglieder schnell in das bestehende Team zu integrieren und ihnen ein sicheres Gefühl in ihrer neuen Umgebung zu vermitteln.

4.5 Boarding-Time

Ein strukturierter Onboarding-Prozess hat klare Vorteile: Er reduziert die Unsicherheit, erleichtert die Einarbeitung und trägt dazu bei, dass neue Mitarbeitende schneller eigenständig arbeiten können. Indem sie frühzeitig verstehen, welche Aufgaben und Verantwortlichkeiten sie erwarten, gewinnen sie schneller Sicherheit im Arbeitsalltag (Kraft, 2024, S. 10).

Die **erste Woche ist entscheidend für das kulturelle Ankommen** im Team und in der Organisation. Eine durchdachte Zeitinvestition lohnt sich: Je besser neue Mitarbeitende im Team ankommen, die Organisationsstrukturen verstehen und bereits erste Standorte wie die Zentrale, andere Wachen und wichtige Ansprechpersonen kennengelernt haben, desto wohler und sicherer fühlen sie sich. Gleichzeitig beginnt parallel die Einarbeitung in fachliche Inhalte.

Beispiel

Lassen Sie die Paten (Abschn. 4.5.7) innerhalb der ersten zwei Arbeitstage mit den neuen Mitarbeitenden eine Tour zu den verschiedenen Wachen sowie weiteren wichtigen Örtlichkeiten unternehmen. Dabei sollte ein kurzer Austausch mit den dort arbeitenden Teammitgliedern ermöglicht werden.

Diese Maßnahme verfolgt mehrere Ziele:

- Die neue Mitarbeitenden gewinnen frühzeitig einen Überblick über die verschiedenen Einsatzorte und deren Gegebenheiten.
- Durch den persönlichen Austausch mit den Teammitgliedern entsteht ein erstes Netzwerk, das Hemmschwellen abbaut und die Integration erleichtert.
- Falls später ein Einsatz auf einer fremden Wache erforderlich ist, kennen die neuen Mitarbeitenden bereits die wichtigsten Ansprechpersonen und Gegebenheiten.
- Die gemeinsame Zeit mit den Paten fördert den Aufbau eines vertrauensvollen Arbeitsverhältnisses und erleichtert die Orientierung im neuen Umfeld.

Diese Rundfahrt sollte fest in das Einarbeitungskonzept integriert und mit den Einsatzplanungen abgestimmt werden. Falls erforderlich, kann sie mit anderen Einarbeitungsmaßnahmen kombiniert oder auf zwei kürzere Touren aufgeteilt werden. ◄

Für den Arbeitgeber besteht in der ersten Woche zudem die Möglichkeit, Vertrauen aufzubauen – oder es zu verspielen. Wenn neueMitarbeitende ankommen und nicht gut begrüßt werden, wenn zuvor kommunizierte Abläufe nicht eingehalten werden („Wir wollten uns eigentlich mehr Zeit nehmen, aber es sind so viele krank, könntest du Freitag direkt einspringen?"), wenn die Zugangsdaten fehlen, die Mitarbeitenden noch nicht im System angelegt sind (z. B. im NIDApad) oder wenn sich einfach niemand wirklich Zeit nimmt, dann wird Vertrauen in den Arbeitgeber und dessen Verlässlichkeit verspielt.

Versuchen Sie alles, um dieses Vertrauen nicht zu verspielen! Wenn in der ersten Woche alles gut funktioniert hat, entsteht eine erste solide Integration ins Team und ein stabiles Vertrauensverhältnis zum Arbeitgeber. Falls später Fragen auftauchen oder einmal etwas nicht reibungslos läuft – was völlig normal ist –, werden neue Mitarbeitende dann deutlich resilienter sein. Sie werden sich wohler fühlen, ohne Bedenken einspringen und sich trauen, andere Teammitglieder um Hilfe zu bitten.

Investieren Sie in die erste Woche – es zahlt sich aus!

▶ **In der zweiten Woche kann sich der Fokus stärker auf noch fehlende fachliche Einarbeitung** verschieben. Während in der ersten Woche das Ankommen und die Integration im Vordergrund stehen, wird nun das Wissen und die Routine im Arbeitsalltag vertieft.

Onboarding-Plan
Ein strukturierter Onboarding-Plan hilft Ihnen, den Einstieg neuer Mitarbeitender optimal zu gestalten. Er zeigt, dass Ihnen die Integration neuer Teammitglieder wichtig ist, gibt allen Beteiligten Orientierung und schafft Verbindlichkeit.

1. **Erstellung eines Onboarding-Plans:** Erstellen Sie zunächst eine Übersicht, welche Inhalte in den ersten zwei Wochen vermittelt werden sollen. Dazu gehören:
   - Begrüßung und Einführung
   - Wachenrundgang mit Vorstellung der Teammitglieder sowie wichtiger Ansprechpersonen
   - Einweisungen in Abläufe, Systeme und Prozesse (inklusive Verantwortlichkeiten)
   - Festlegung von Feedback-Gesprächen (z. B. nach der ersten Woche)
2. **Zeitliche Planung und Abstimmung:** Im nächsten Schritt schätzen Sie die Dauer jeder Maßnahme und legen sinnvolle Zeitpunkte fest. Berücksichtigen Sie hierbei sowohl den Arbeitsalltag als auch die Verfügbarkeit der Ansprechpersonen.
3. **Erstellung des finalen Ablaufplans:** Der fertige Plan sollte klare Strukturen enthalten:

- Tage & Uhrzeiten: Wann findet welche Maßnahme statt?
- Inhalte & Maßnahmen: Was wird vermittelt?
- Verantwortlichkeiten: Wer ist zuständig?

Ich empfehle, diesen Plan spätestens zwei Wochen vor dem ersten Arbeitstag durch die Vorgesetzten und Paten individuell anzupassen. Danach sollte er in der Preboarding-Phase an die neuen Mitarbeitenden gesendet werden, um Transparenz zu schaffen.

4. **Evaluation und Optimierung:** Nach den ersten zwei Wochen setzen sich Paten, Leitung und die neuen Mitarbeitenden zusammen, um das Onboarding zu reflektieren. Welche Maßnahmen waren hilfreich? Wo gibt es Verbesserungsbedarf?

Gerade am Anfang ist es herausfordernd, einen idealen Onboarding-Prozess zu gestalten. Doch mit jeder weiteren Einarbeitung wird der Plan optimiert und irgendwann läuft der Prozess nahezu von selbst. Es lohnt sich, hier dranzubleiben!

4.5.4 Postboarding

Das Onboarding erstreckt sich über die ersten zwei Wochen und legt den Grundstein für eine erfolgreiche Einarbeitung. Das Postboarding hingegen umfasst die Zeit zwischen dem Ende des Onboardings und dem Abschluss der Probezeit bzw. Befristung. Beide Phasen gehen nahtlos ineinander über und haben erheblichen Einfluss auf die langfristige Bindung neuer Mitarbeitender. Eine strukturierte Umsetzung fördert die Integration und reduziert die Frühfluktuation – eine vernachlässigte oder unzureichende Umsetzung hingegen kann genau das Gegenteil bewirken (Kraft, 2024, S. 16).

Ziele des Postboardings

Das Postboarding dient der vertieften sozialen, kulturellen und fachlichen Integration neuer Mitarbeitender. Ziel ist es, dass sich die neuen Teammitglieder:

- wohlfühlen und emotional in das Unternehmen eingebunden werden,
- die Unternehmenskultur nicht nur kennenlernen, sondern aktiv leben,
- fachlich vollständig eingearbeitet werden und sich sicher in ihrem Aufgabenbereich fühlen.

Maßnahmen für ein erfolgreiches Postboarding
1. **Regelmäßige fest terminierte Feedbackgespräche** mit Vorgesetzten und/oder Paten, um zu überprüfen:
   - Sind die neuen Mitarbeitenden erfolgreich im Team angekommen?
   - Kennen und leben die neuen Mitarbeitenden die zentralen Unternehmenswerte und Regeln?
   - Gibt es Unsicherheiten in der fachlichen Einarbeitung? Falls ja, wie können diese behoben werden?
2. **Klare Einarbeitungsziele und Erfolgskontrolle**
   - Definierte Meilensteine für die fachliche Einarbeitung, festgehalten in einem strukturierten Einarbeitungsplan.
   - Evaluierung dieser Ziele durch regelmäßige Gespräche und Rückmeldungen.
3. **Austausch mit Paten und Teammitgliedern**
   - Gespräche mit den direkten Teammitgliedern und Paten, um ein ganzheitliches Bild über die Entwicklung und Integration der neuen Mitarbeitenden zu erhalten.
   - Identifikation möglicher Herausforderungen und frühzeitige Lösungsansätze.

Durch eine durchdachte Postboarding-Phase stellen Sie sicher, dass neue Mitarbeitende sich nicht nur fachlich, sondern auch persönlich und kulturell im Unternehmen verankern. Dies stärkt die langfristige Mitarbeiterbindung und trägt wesentlich zur Teamentwicklung bei.

4.5.5 Reboarding

Reboarding bezeichnet den **strukturierten Wiedereinstiegsprozess für Mitarbeitende**, die **nach einer längeren Abwesenheit** in den Rettungsdienst zurückkehren. Ziel ist es, eine reibungslose und effiziente Reintegration zu gewährleisten – sowohl fachlich als auch sozial. Durch gezielte Maßnahmen sollen Rückkehrer schnell wieder an ihre Aufgaben anknüpfen, sich sicher im Arbeitsumfeld bewegen und mögliche Unsicherheiten abbauen können (Kraft, 2024, S. 27).

Dabei muss das Reboarding individuell an die jeweilige Person und die Veränderungen während ihrer Abwesenheit angepasst werden. Je nach Dauer der Abwesenheit und den zwischenzeitlichen Entwicklungen kann der Wiedereinstieg sehr unterschiedlich ausfallen:

4.5 Boarding-Time

- Bei kurzen Abwesenheiten reichen oft wenige Erklärungen zu kleinen Anpassungen in Prozessen oder neuen Abläufen.
- Nach längeren Abwesenheiten sind möglicherweise umfangreichere Schulungen zu neuen Technologien, Standardanweisungen oder strukturellen Änderungen notwendig.

Wichtig ist, nicht einfach davon auszugehen, dass zurückgekehrte Mitarbeitende alles wie gewohnt beherrschen. Ein einfaches „Schön, dass du wieder da bist, du kennst ja alles" reicht nicht aus. Veränderungen im Rettungsdienst – sei es durch neue SOPs, medizinische Geräte oder organisatorische Umstellungen – müssen aktiv kommuniziert und gezielt vermittelt werden.

▶ Die größte Gefahr des Reboarding ist es, nicht daran zu denken!

Abgrenzung: Reboarding vs. Wiedereingliederung nach dem Hamburger Modell

Reboarding sollte nicht mit der medizinischen Wiedereingliederung nach dem Hamburger Modell verwechselt werden. Während das Hamburger Modell eine stufenweise Rückkehr in den Arbeitsalltag nach längerer Krankheit ermöglicht und auf eine langsame Belastungssteigerung unter ärztlicher Begleitung abzielt, ist Reboarding ein allgemeiner Prozess zur beruflichen und fachlichen Wiedereingliederung nach jeder längeren Abwesenheit – unabhängig vom Grund.

Das Reboarding richtet sich an alle Mitarbeitenden, die nach einer Pause, beispielsweise aufgrund von Elternzeit, Sabbatical oder nach einem kurzen Ausflug zu einem anderen Arbeitgeber, wieder in den Rettungsdienst zurückkehren. Der Fokus liegt auf der fachlichen und sozialen Wiedereingliederung sowie der Anpassung an veränderte Abläufe, Technologien und Strukturen.

Bausteine eines erfolgreichen Reboarding-Prozesses
1. **Fachliche Auffrischung & Sicherheit im Einsatz**
   - Schulung zu neuen Medikamentenlisten, SOPs und medizinischen Standards
   - Einführung in neue Geräte oder Technologien (z. B. Beatmungssysteme, EKGs, digitale Dokumentationssysteme)
   - Wiederholung wichtiger Einsatzabläufe, insbesondere seltener, aber kritischer Szenarien
2. **Soziale & organisatorische Reintegration**
   - Wiedereingliederung ins Team durch gezielte Austauschgespräche
   - Klärung von neuen Verantwortlichkeiten und internen Abläufen
   - Einführung in eventuelle strukturelle Änderungen (z. B. neue Wachleitung, Teamzusammensetzung oder Dispositionsvorgaben)

3. **Begleitete Übergangsphase**
   - Erste Einsätze nach der Rückkehr gemeinsam mit erfahrenen Teammitgliedern oder Praxisanleiterinnen und Praxisanleitern
   - Möglichkeit zur Reflexion nach den ersten Schichten
   - Feedbackgespräche zur individuellen Anpassung des Wiedereinstiegs

Ein durchdachtes Reboarding im Rettungsdienst stellt sicher, dass Mitarbeitende nicht nur fachlich auf dem neuesten Stand sind, sondern sich auch sozial und organisatorisch schnell wieder in den Arbeitsalltag einfinden.

4.5.6 Crossboarding

Crossboarding bezeichnet den Prozess, bei dem Mitarbeitende innerhalb eines Unternehmens in eine neue Rolle, Position oder Abteilung wechseln (Kraft, 2024, S. 31). Im Gegensatz zum klassischen Onboarding, das auf die Eingliederung neuer Mitarbeiter abzielt, steht beim Crossboarding die gezielte Vorbereitung bestehender Mitarbeitender auf ihre neuen Aufgaben im Fokus. Ziel ist es, den Wechsel möglichst reibungslos zu gestalten, sodass die Mitarbeitenden schnell produktiv werden und sich in ihrer neuen Rolle wohlfühlen.

Im Rettungsdienst ergeben sich typische Anwendungsfälle des Crossboardings, wie beispielsweise:

- *die Versetzung auf eine andere Rettungswache,*
- *der Aufstieg zur Team- oder Wachleitung,*
- *der Wechsel aus dem Schichtdienst in den Tagesdienst, etwa zur Tätigkeit in der Praxisanleitung.*

Ein erfolgreicher Crossboarding-Prozess beginnt in der Regel mit klarer und offener Kommunikation. Dabei werden die Erwartungen, Ziele und Verantwortlichkeiten der neuen Position ausführlich besprochen. Ein zentraler Bestandteil ist die Vermittlung von notwendigen Kompetenzen und Wissen. Dies kann durch Schulungen (z. B. in den Bereichen Management, Pädagogik oder Softwareanwendungen für Dienstplanung), Workshops (z. B. zur Führungskräfteentwicklung) oder individuelles Coaching, etwa durch die vorherigen Stelleninhaber in der Position, erfolgen. Besonders bei einem Wechsel in eine Führungsrolle oder bei einem Übergang in einen fachlich neuen Bereich ist eine gezielte Unterstützung entscheidend, um mögliche Wissenslücken zu schließen.

4.5 Boarding-Time

Zusätzlich kann ein Buddy- oder Patenprogramm hilfreich sein. Dabei begleiten erfahrene Teammitglieder oder Vorgesetzte die neuen Mitarbeitenden während der Übergangsphase. Dies erleichtert nicht nur den fachlichen Einstieg, sondern fördert auch die Integration in das soziale Gefüge der neuen Abteilung oder Wache. Regelmäßige Feedbackgespräche zwischen den Mitarbeitenden und der Führungskraft sind ebenfalls essenziell, um den Übergang zu begleiten, mögliche Herausforderungen frühzeitig zu erkennen und gemeinsam Lösungen zu entwickeln.

Gerade im Rettungsdienst, wo Talentförderung und Mitarbeiterbindung eine wichtige Rolle spielen, ist ein gut strukturierter Crossboarding-Prozess von großer Bedeutung. Er bietet die Möglichkeit, vorhandene Potenziale optimal zu nutzen und gleichzeitig eine dynamische Unternehmenskultur zu fördern, die Flexibilität und Weiterentwicklung unterstützt. Ein durchdachter Crossboarding-Ansatz stärkt nicht nur die Motivation der Mitarbeitenden, sondern trägt auch dazu bei, das Wissen und die Erfahrungen innerhalb des Unternehmens effektiv einzusetzen.

4.5.7 Das Patenmodell

Die ersten Wochen in einem neuen Arbeitsumfeld sind entscheidend für die langfristige Integration und Zufriedenheit neuer Mitarbeitender. Besonders im Rettungsdienst, wo Teamzusammenhalt und eine schnelle Einarbeitung essenziell sind, kann ein strukturiertes Patenmodell von großem Nutzen sein.

Der Nutzen von Paten in der ersten Phase
Bereits im *Preboarding-Prozess* können Paten erste Kontakte knüpfen, Fragen klären und Unsicherheiten abbauen. Insbesondere *am ersten Tag* und *während der ersten zwei Wochen* des Onboarding-Prozesses spielt das Patenmodell eine entscheidende Rolle beim Aufbau eines tragfähigen Vertrauensverhältnisses.

Paten bieten neue Mitarbeitenden Orientierung und wertvolle Hinweise zum informellen Wissen des Teams. Dazu zählen ungeschriebene Regeln, teaminterne Gewohnheiten und Informationen, die Führungskräfte aufgrund von Rollenkonflikten oft nicht weitergeben können. Gerade in der ersten Woche, in der es primär um die **soziale Integration ins Team** geht, sind Paten die entscheidenden Bindeglieder.

Die Vorteile eines strukturierten Patensystems
In vielen Rettungsdiensten existieren Patenmodelle oder es findet sich intuitiv jemand, der sich um neue Mitarbeitende kümmert. Der wahre Wert eines strukturierten Systems liegt jedoch in der systematischen Implementierung:

- **Sprecher der Paten koordinieren** das System und dienen als Schnittstelle zwischen Paten, Führungskräften und dem Team.
- Paten durchlaufen eine **Schulung**, in der sie ihre Rolle reflektieren und Dos and Don'ts kennenlernen.
- Das Patensystem schafft eine **Ansprechgruppe für Führungskräfte und das Team**. Häufig ist es für Teammitglieder einfacher, Paten eine Rückmeldung zu geben als direkt den neuen Mitarbeitenden (z. B. „Sag dem mal, dass ...").
- **Regelmäßiger Austausch** innerhalb der Paten sorgt dafür, dass Preboarding- und Onboarding-Prozesse kontinuierlich überwacht und verbessert werden können.
- Paten aus verschiedenen Einsatzbereichen können **Best Practices** teilen.
- Die Patengruppe – vertreten durch die Sprecher der Paten – kann Führungskräften **beratend zur Seite stehen**. Sie haben oft einen besseren Zugang zum Team, um wertvolle Rückmeldungen zu erhalten.
- Die Patengruppe kann auch **konkrete Aufgaben** und **Projekte** übernehmen, wie z. B. die Überarbeitung der Einarbeitungspläne.

Abgrenzung zur Einarbeitung und langfristige Vorteile
Ein wesentlicher Punkt des strukturierten Patenmodells ist, dass Paten nicht die **fachliche Einarbeitung** übernehmen. Diese **bleibt weiterhin in der Verantwortung der bisherigen Anleitenden Personen**. Paten sollen vielmehr als Lotsen fungieren, um neuen Mitarbeitenden den Einstieg in das Team und die Organisation zu erleichtern.

Ein zusätzlicher Vorteil liegt im entstehenden Vertrauensverhältnis: Falls es zu einer Kündigung kommt, teilen Mitarbeitende häufig genauere Gründe eher mit ihrem Paten als mit der Führungskraft. Diese wertvollen Informationen können genutzt werden, um Verbesserungsmaßnahmen einzuleiten und zukünftige Frühfluktuation zu reduzieren.

Zusammenfassend bietet ein strukturiertes Patenmodell einen effektiven Ansatz zur kontinuierlichen Verbesserung der Arbeitsumgebung, zur Senkung der Frühfluktuation und zur gezielten Erfassung von Kündigungsgründen. Damit trägt es maßgeblich zur langfristigen Mitarbeiterbindung und Teamintegration im Rettungsdienst bei.

Praxisbeispiel Buddy-Modell

Ich selbst nenne das Patensystem gerne Buddy-Modell. Bei der strukturierten Einführung in Rettungsdiensten hat sich folgender Ablauf bewährt:

1. **Information der Entscheider** zum Buddy-Modell und zum Ablauf des Projektes.

2. **Identifikation der typischen Zielgruppen** (Auszubildende, Fachkräfte (RS, NFS), studentische Aushilfen als Besonderheit, wenn häufig vertreten, interne Wechsel, z. B. vom Bufdi im Fahrdienst zum RS im Rettungsdienst). *Je nachdem, welche Gruppen gesonderte Bedürfnisse haben, werden entsprechende Buddys ausgewählt. So habe ich in einem Rettungsdienst die Situation vorgefunden, dass viele Bufdis und FSJler aus dem medizinischen Transportdienst und dem Fahrdienst anschließend als RS in den Rettungsdienst wechseln.*

    Hier wurden Teammitglieder aus dem Rettungsdienst ausgewählt, die den gleichen Prozess durchlaufen haben. Sie wissen, was die ehemaligen Freiwilligendienstleistenden schon kennen und was sie Neues erwartet. Früher war es oft die Thematik „Du kennst ja schon alles", aber dem war natürlich nicht so, und die Einarbeitung litt darunter. Jetzt kann gezielt auf die Bedürfnisse dieser besonderen Gruppe eingegangen werden. Die externen NFS wurden dann von Buddys aus dem bestehenden Team übernommen.
3. Nach der Identifikation der Zielgruppen werden die potenziellen **notwendigen Sprecher** identifiziert. Diese durchlaufen eine kleine Infoveranstaltung, um im Anschluss das System im Team vorzustellen und freiwillige Buddys auszumachen. **Parallel** werden die notwendigen Buddys identifiziert: Wie viele benötigen wir? Welche Skills sollen sie mitbringen?
4. Im Anschluss findet ein **gemeinsamer Kick-off-Workshop** statt. Hier lernen sich alle Beteiligten kennen, das System wird offiziell ins Leben gerufen, und die Buddys erhalten Informationen zum System und den Möglichkeiten sowie zur eigentlichen Buddy-Rolle.
5. Der Kick-off-Workshop wird zur **medialen Aufbereitung** genutzt, um die **Employer Brand zu stärken und die Buddys wertzuschätzen**. Es wird besprochen, wann das nächste Treffen stattfinden soll und wie sich die Gruppe organisiert. ◄

Die Buddys übernehmen die Aufgabe oft freiwillig und ohne zusätzliches Entgelt. Sie sind meistens intrinsisch motiviert und stehen hinter der Sache. Sollten sie jedoch ein Anreizsystem in ihrem Rettungsdienst haben, wie z. B. das *GSW-Anreizsystem nach Heine* (Abschn. 4.6.3), können sie hier wunderbar die Wertschätzung durch die Vergabe von Punkten ausdrücken.

Ich kann alle nur ermutigen, ein Buddy-System einzuführen, da es eine wirklich einfache Möglichkeit ist, den Pre- und Onboarding-Prozess positiv zu stärken und kontinuierlich zu verbessern. Führungskräfte werden entlastet, die Buddys können sich entwickeln. Insgesamt steigt die Zufriedenheit im gesamten Team, Frühfluktuation wird reduziert und Austrittsgründe werden besser wahrgenommen. Ein

Buddy-System ist eine wirklich gute und einfache Möglichkeit, schnell Erfolge zu erzielen – eine Low-Hanging-Fruit.

4.6 Mitarbeiterbindung und Mitarbeitermotivation

Mitarbeiterbindung und Mitarbeitermotivation sind zwei zentrale Themen im Personalmanagement, die eng miteinander verknüpft sind. Dennoch unterscheiden sie sich deutlich in ihrer Zielsetzung und den dazugehörigen Maßnahmen. Während Mitarbeiterbindung auf langfristige Strategien abzielt, steht bei der Mitarbeitermotivation die kurzfristige Steigerung von Engagement und Leistung im Vordergrund. Beide Ansätze sind für den Rettungsdienst von besonderer Bedeutung, da sie helfen, Mitarbeitende in einem herausfordernden und oft belastenden Arbeitsumfeld zu halten und ihre Leistungsbereitschaft zu fördern.

Mitarbeiterbindung

Das Hauptziel der Mitarbeiterbindung besteht darin, Mitarbeitende langfristig im Unternehmen zu halten und Fluktuation zu reduzieren. Eine hohe Fluktuation, wie sie häufig im Rettungsdienst auftritt, kann erhebliche Kosten verursachen und die Teamdynamik belasten. Um dem entgegenzuwirken, liegt der **Fokus der Mitarbeiterbindung** darauf, ein Umfeld zu schaffen, in dem sich Mitarbeitende wertgeschätzt, sicher und unterstützt fühlen. Wesentliche Elemente sind dabei eine *attraktive Unternehmenskultur, transparente Kommunikation* und *sinnvolle Angebote zur Personalentwicklung*.

Eine zentrale Rolle spielt auch die Identifikation der Mitarbeitenden mit dem Arbeitgeber. Diese kann durch klare Werte und Leitlinien, die sich mit den persönlichen Überzeugungen der Mitarbeitenden decken, gefördert werden. Im Rettungsdienst können praktische Maßnahmen wie flexible Dienstplanmodelle, die die Vereinbarkeit von Privatleben und Beruf verbessern, oder zusätzliche Angebote wie Flexpools einen entscheidenden Unterschied machen. Ebenso wichtig ist eine Kultur der Wertschätzung, die durch regelmäßige Gespräche, Team-Events und individuelle Entwicklungsmöglichkeiten gestärkt werden kann.

Besonders im Rettungsdienst, wo Schichtarbeit und hoher emotionaler Stress an der Tagesordnung sind, können strukturierte Maßnahmen zur Bindung der Mitarbeitenden entscheidend sein. Beispiele sind spezielle *Programme für Gesundheitsförderung*, wie Fitnessangebote oder Resilienz-Trainings, die langfristig die Belastbarkeit und das Wohlbefinden der Mitarbeitenden unterstützen.

4.6 Mitarbeiterbindung und Mitarbeitermotivation

Mitarbeitermotivation
Die Mitarbeitermotivation hingegen fokussiert sich auf individuelle, kurz- bis mittelfristige Maßnahmen, die die Arbeitsleistung, Zufriedenheit und Begeisterung der Mitarbeitenden steigern sollen. Motivation kann grundsätzlich in zwei Formen unterteilt werden: intrinsische Motivation, die aus der inneren Überzeugung und Leidenschaft für die Arbeit entsteht, und extrinsische Motivation, die durch äußere Anreize wie Belohnungen oder Anerkennung gefördert wird. Beide Formen spielen im Rettungsdienst eine wichtige Rolle.
Intrinsische Motivation wird beispielsweise durch die Sinnhaftigkeit der Arbeit gestärkt. Viele Mitarbeitende im Rettungsdienst sehen ihre Tätigkeit als Berufung und fühlen sich durch den direkten Beitrag zur Rettung von Leben motiviert. Diese Art von Motivation kann durch ein Arbeitsumfeld, das Sinnhaftigkeit und Verantwortung unterstützt, weiter gefördert werden. Führungskräfte können hier durch persönliche Gespräche, Lob und eine klare Kommunikation der Bedeutung der geleisteten Arbeit eine große Wirkung erzielen.

▶ Die zunehmende Zahl niederschwelliger Einsätze kann die Motivation der Mitarbeitenden beeinträchtigen und im schlimmsten Fall in Frustration umschlagen lassen. Um dem entgegenzuwirken, empfiehlt es sich, bei der Dienstplanung auf ein ausgewogenes Verhältnis zwischen Einsätzen auf KTW, RTW, NEF und anderen Fahrzeugen zu achten. Diese Maßnahme allein kann das grundlegende Problem jedoch nicht vollständig lösen, sondern dient lediglich als ein Baustein, um die Situation zu entschärfen.

Extrinsische Motivation hingegen zielt darauf ab, durch konkrete Anreize das Verhalten der Mitarbeitenden positiv zu beeinflussen. Im Rettungsdienst können dies Prämien für das Einspringen bei Engpässen, Zusatzvergütungen für Überstunden oder kleine Aufmerksamkeiten wie das Ausgeben eines Frühstücks durch den Arbeitgeber sein. Auch eine gut ausgeprägte Feedback-Kultur, in der Leistung regelmäßig anerkannt und konstruktiv besprochen wird, trägt erheblich zur Motivation bei. Gerade im hektischen Arbeitsalltag ist es wichtig, dass Führungskräfte bewusst Zeit für Feedback und Wertschätzung einplanen, auch wenn dieses im Tagesgeschäft schnell untergeht.
Ein weiterer Aspekt der Mitarbeitermotivation ist die Übernahme von Zusatzaufgaben, die nicht nur den Arbeitsalltag bereichern, sondern auch die Entwicklung der Mitarbeitenden fördern können. Dazu gehören Aufgaben wie die Einarbeitung neuer Mitarbeitender, z. B. über ein Patenmodell (Abschn. 4.5.7) die Übernahme

von Projekten, wie das Erstellen von Anleitungsvideos (Abschn. 4.5.5), QM-Projekte oder die Beteiligung an Innovationen im Arbeitsalltag (Vorschlagswesen/KVP).

Zusammenführung von Mitarbeiterbindung und Mitarbeitermotivation
Obwohl die beiden Begriffe unterschiedliche Schwerpunkte setzen, ergänzen sie sich in der Praxis. Eine erfolgreiche Mitarbeiterbindung schafft die Grundlage für eine dauerhafte Zusammenarbeit, während die Mitarbeitermotivation dazu beiträgt, die Arbeitsleistung und Zufriedenheit der Mitarbeitenden auch im Alltag aufrechtzuerhalten. Beide Ansätze sind für ein gesundes und produktives Arbeitsumfeld unerlässlich.

Im Rettungsdienst sind diese Themen besonders herausfordernd, da hohe Belastung, unregelmäßige Arbeitszeiten und der emotionale Druck die Mitarbeitenden oft an ihre Grenzen bringen. Hier zeigt sich, dass eine Kombination aus langfristigen Bindungsmaßnahmen und gezielten Motivationsanreizen besonders effektiv sein kann. Zum Beispiel können regelmäßige Feedbackgespräche nicht nur die Motivation steigern, sondern auch ein wichtiger Bestandteil der Bindung sein, da sie die persönliche Wertschätzung und Entwicklung fördern.

Im Folgenden werden wir uns gezielt mit den Begriffen Mitarbeiterbindung und Mitarbeitermotivation auseinandersetzen und abschließend eine mögliche Lösung in Form von Anreizsystemen vorstellen, die beide Ansätze miteinander verbinden.

▶ **Definition** Der Fokus der **Mitarbeiterbindung** liegt auf strategischen, langfristigen Maßnahmen, die darauf abzielen, Mitarbeitende emotional und beruflich an das Unternehmen zu binden und Fluktuation nachhaltig zu reduzieren. Im Gegensatz dazu konzentriert sich die **Mitarbeitermotivation** auf individuelle, kurz- bis mittelfristige Maßnahmen, die darauf ausgerichtet sind, die Arbeitsleistung, Zufriedenheit und Begeisterung der Mitarbeitenden im Arbeitsalltag zu steigern. Während die Mitarbeiterbindung darauf abzielt, eine stabile und loyale Belegschaft zu schaffen, steht bei der Mitarbeitermotivation die unmittelbare Förderung von Engagement und Leistungsbereitschaft im Vordergrund.

4.6.1 Mitarbeiterbindung im Rettungsdienst

Die Bindung vorhandener Mitarbeitender stellt einen wesentlichen Faktor für den Unternehmenserfolg dar. Insbesondere im Rettungsdienst ist die Fluktuation oft hoch. Gleichzeitig gibt es in diesem Bereich häufig viele regionale Besonderheiten,

4.6 Mitarbeiterbindung und Mitarbeitermotivation

die durch erfahrene und weitergebildete Mitarbeitende abgedeckt werden und nur schwer von neuen Kräften übernommen werden können. Dazu gehören unter anderem:

- **Örtliche Gegebenheiten** (z. B. Einsatzorte und deren Herausforderungen),
- **besondere Vorgaben durch die ÄLRD** (Ärztliche Leitung Rettungsdienst),
- **spezifische Ausstattungsmerkmale,**
- **Zusammenarbeit mit Dritten** (z. B. Kliniken, Feuerwehren, Polizei)
- sowie weitere regionstypische Anforderungen.

Mitarbeitende, die diese Besonderheiten kennen, sind für den Rettungsdienst besonders wertvoll und schwer zu ersetzen.

Möchten Sie in Ihrem Rettungsdienst somit auf erfahrene und passend qualifizierte Mitarbeitende zurückgreifen, die die regionalen Besonderheiten beherrschen, gilt es, die Fluktuation durch gute Personalbindungsmaßnahmen gering zu halten.

Es ist allerdings utopisch, für alle Mitarbeitenden eine individuelle Personalbindungsstrategie zu entwickeln. Zusätzlich kostet Mitarbeiterbindung viele Ressourcen, die oft nicht vorhanden sind oder im Vergleich häufig an anderer Stelle ebenfalls notwendig sind und dort eingesetzt werden (Meyer & Becker, 2024, S. 34).

Im Folgenden möchte ich Ihnen die Schritte für eine erfolgreiche Mitarbeiterbindung im Rettungsdienst aufzeigen.

Schritt 1: Schlüsselmitarbeiter/-gruppen identifizieren

Daher ist es besonders wichtig, im ersten Schritt die **Schlüsselmitarbeitenden zu identifizieren**, die für die Leistungsfähigkeit Ihres Rettungsdienstes eine entscheidende Rolle spielen (Haubold et al., 2014, S. 116). Folgende Fragestellungen können Ihnen dabei helfen:

1. **Wie wertvoll ist die Qualifikation und Erfahrung der Mitarbeitenden?**
2. **Wie schwer ist die Person bzw. die Rolle zu ersetzen?**
3. **Wie hoch ist der Nutzungsgrad für Ihren Rettungsdienst?**

Auf Basis dieser Fragestellungen können Sie die zentralen **Schlüsselmitarbeitenden oder -Gruppen identifizieren**. So könnten Sie beispielsweise feststellen, dass Sie in einer Großstadt eine Vielzahl studentischer Aushilfen auf RS-Basis beschäftigen – möglicherweise sogar mit einer Warteliste. Gleichzeitig sind erfahrene Fachkräfte (NFS) deutlich schwerer zu gewinnen und zu binden.

In einem solchen Fall sollten Ihre Personalmarketingaktivitäten einen stärkeren Fokus auf die Fachkräfte legen, ohne die anderen Gruppen zu vernachlässigen. Schließlich tragen auch sie zur Wahrnehmung des Rettungsdienstes als attraktiver Arbeitgeber (Employer Branding) bei und können als Nachwuchskräfte langfristig einen wichtigen Beitrag leisten.

Dieses ist natürlich nur ein Beispiel. Zusätzlich sollten weitere Zielgruppen in die Betrachtung einbezogen werden, wie z. B. Leitungskräfte (Rettungswachenleitungen, Teamleitungen), pädagogische Fachkräfte (Ausbildungsbeauftragte, Praxisanleitungen), Hygienebeauftragte, Auszubildende und viele mehr.

Sobald die Schlüsselmitarbeitenden identifiziert wurden, ist es essenziell, ihre individuellen Bedürfnisse zu verstehen. Hier gibt es verschiedene Methoden:

1. Methoden zur Ermittlung der Bedürfnisse
    - **Mitarbeitergespräche:** Regelmäßige, strukturierte Gespräche mit Fokus auf individuelle Entwicklungsperspektiven und Arbeitszufriedenheit.
    - **Anonyme Umfragen:** Fragebögen zur Ermittlung von Motivationsfaktoren und Wechselgründen.
    - **Workshops und Fokusgruppen:** Gruppenworkshops, in denen Verbesserungsvorschläge gesammelt werden.
    - **Feedback durch direkte Vorgesetzte:** Führungskräfte beobachten und analysieren die Bedürfnisse des Teams.
2. Typische Bedürfnisse von Rettungsdienstmitarbeitenden
    - **Planbare und flexible Dienstzeiten** zur besseren Vereinbarkeit von Beruf und Privatleben.
    - **Anerkennung und Wertschätzung** durch Führungskräfte und Kollegen.
    - **Klare Karriere- und Weiterentwicklungsmöglichkeiten** innerhalb des Unternehmens.
    - **Moderne Ausstattung und technische Unterstützung** für effizientere Arbeit.
    - **Gute Teamkultur und kollegialer Zusammenhalt**, um eine angenehme Arbeitsatmosphäre zu schaffen.
3. Herausforderung: Diskrepanz zwischen Wünschen und Realität
    Nicht alle Bedürfnisse lassen sich sofort umsetzen, sei es aufgrund finanzieller, organisatorischer oder gesetzlicher Einschränkungen. Wichtig ist eine transparente Kommunikation, warum bestimmte Wünsche nicht sofort realisiert werden können, und die Suche nach alternativen Lösungen.
    Strategien zum Umgang mit nicht umsetzbaren Wünschen:
    - **Erklären statt ablehnen:** Führungskräfte sollten nachvollziehbar begründen, warum etwas (noch) nicht möglich ist.

4.6 Mitarbeiterbindung und Mitarbeitermotivation

- **Kompromisse finden:** Oft gibt es Lösungen, die für beide Seiten akzeptabel sind (z. B. Pilotprojekte für neue Arbeitszeitmodelle).
- **Schrittweise Umsetzung:** Veränderungen können langfristig geplant und in kleinen Schritten umgesetzt werden.

Schritt 2: Mögliche Maßnahmen zur Mitarbeiterbindung im Rettungsdienst
Nachdem die Schlüsselmitarbeitenden und Schlüsselgruppen identifiziert und ihre Bedürfnisse ermittelt wurden, folgt der nächste entscheidende Schritt: die Entwicklung und Umsetzung geeigneter Maßnahmen zur langfristigen Bindung dieser Mitarbeitenden. Die Maßnahmen müssen sowohl **kurzfristige als auch langfristige Lösungen** umfassen und an die spezifischen Herausforderungen im Rettungsdienst angepasst sein.

1. **Anerkennung und Wertschätzung als Basis der Mitarbeiterbindung:** Mitarbeitende im Rettungsdienst stehen unter hoher physischer und psychischer Belastung. Eine der häufigsten Frustrationen ist das Gefühl, für ihre Arbeit nicht ausreichend anerkannt zu werden. Wertschätzung kann ein entscheidender Faktor sein, um die Zufriedenheit und Motivation nachhaltig zu steigern.
   Maßnahmen zur Wertschätzung:
   - **Lob durch Führungskräfte:** Direkte Anerkennung für gute Arbeit, z. B. durch persönliche Worte, schriftliche Danksagungen oder kleine Aufmerksamkeiten. Auch ein ausgegebenes Frühstück der Leitung für besondere Momente (Erfolge wie Fluktuation gemeinsam gesenkt, Zufriedenheit in der letzten Umfrage gestiegen, gute QM Projekt) oder einfach mal so.
   - **Feedbackkultur stärken:** Regelmäßige, strukturierte Feedbackgespräche, in denen Lob, aber auch individuelle Entwicklungsmöglichkeiten thematisiert werden.
2. **Arbeitsbedingungen optimieren:** Neben Wertschätzung sind auch die äußeren Rahmenbedingungen ein entscheidender Faktor. Wenn Mitarbeitende täglich mit unzureichender Ausstattung, unflexiblen Schichtplänen oder hoher Arbeitsbelastung kämpfen, sinkt die Motivation.
   Maßnahmen zur Verbesserung der Arbeitsbedingungen:
   - **Technische und ergonomische Verbesserungen:** Wo noch nicht vorhanden Einführung moderner Tragen, digitale Dokumentation zur Reduzierung von Schreibaufwand, und einfach gute und gut ausgestattete Einsatzfahrzeuge.
   - **Dienstplangestaltung:** *"Hast Du schon den Dienstplan für nächste Woche gesehen? Da muss ich mit XYZ fahren – da melde ich mich krank."* So etwas kann durch eine offene Dienstplanung vermieden werden. Krankheitstage sinken, die Motivation steigt und die Profitabilität des Rettungsdienstes gleich mit.

- Einführung flexibler Schichtmodelle, die auf die Wünsche der Mitarbeitenden eingehen (Wunschfrei, Wunschdienstplan, Wunschpartner, Wunschrettungsmittel, Wunschstandorte etc.) So viele Wünsche sind möglich, aber natürlich nicht alle sind realisierbar. Desto mehr Sie schaffen, desto besser ist die Stimmung. Krankheitstage sinken und die Profitabilität des Rettungsdienstes steigt.
- Bessere Aufenthaltsräume und Rückzugsmöglichkeiten: Ausstattung mit bequemen Sitzmöglichkeiten, Getränken und Ruhezonen. Hier gibt es viele Möglichkeiten Einfluss zu nehmen.
- **Programme zur mentalen Gesundheit:** Regelmäßige psychologische Unterstützung nach belastenden Einsätzen sind zum Glück schon häufig Standard. Workshops zur Resilienzförderung dagegen häufig nicht. Denken Sie immer daran, je besser Mitarbeitende durch solche Workshops den Umgang mit solchen Situationen erlernen, desto geringe ist die Belastung bei Eintritt. **Prävention statt Reaktion!**
3. **Karriere- und Weiterentwicklungsmöglichkeiten schaffen:** Mitarbeitende, die keine Entwicklungsperspektiven sehen, wechseln häufig zu anderen Arbeitgebern. Um langfristige Bindung zu fördern, sollten attraktive Karriere- und Weiterbildungsangebote geschaffen werden.

   Maßnahmen zur Förderung von Karrierewegen:
   - **Spezialisierungen ermöglichen:** Mitarbeitende könnten sich in Bereichen wie Praxisanleitung, Hygiene, Medizinprodukte, Management, Dienstplangestaltung, Qualitätsmanagement und in vielen anderen Bereichen weiterqualifizieren.
   - **Aufstiegsmöglichkeiten aufzeigen:** Fortbildungen für Leitungspositionen wie Teamleitung, Wachleitung, Leitende Praxisanleitung, GF-Rettungsdienst oder Organisatorische Leitung Rettungsdienst (OrgL) bieten eine attraktive Weiterentwicklung.
   - **Fortbildungsbudgets bereitstellen:** Finanzielle Unterstützung für Weiterbildungen oder berufsbegleitende Studiengänge im Bereich Rescue Management, Pädagogik oder Notfall- und Krisenmanagement bereitstellen oder über ein Anreizsystem (Abschn. 4.6.3) fördern, falls diese Weiterbildungen nicht durch den Arbeitgeber gefordert werden und intrinsischer Natur sind.
   - **Mentoring-Programme:** Erfahrene Mitarbeitende unterstützen Neueinsteiger oder Mitarbeitende, die sich weiterentwickeln möchten mittels Mentoring/Paten oder Buddy-Modellen (Abschn. 4.5.7).
   - **Mitarbeitende an Projekten beteiligen:** Mitarbeit an Innovationsprojekten, Prozessoptimierungen oder Qualitätsmanagement und anderen Projekten ermöglichen.

4.6 Mitarbeiterbindung und Mitarbeitermotivation

4. **Teamkultur und Zusammenhalt stärken:** Ein positives Arbeitsklima ist einer der wichtigsten Faktoren für Mitarbeiterbindung. Gerade im Rettungsdienst, wo Teams stark aufeinander angewiesen sind, kann ein schlechter Teamzusammenhalt zu Frust, Personalausfall und hoher Fluktuation führen. Maßnahmen zur Förderung der Teamkultur:
   - **Teamevents und gemeinsame Aktivitäten:** Regelmäßige Teamangebote, Sportangebote oder Ausflüge. Hier habe ich Drachenbootmannschaften, Laufgruppen aber auch Einzelevents wie Sponsorenläufe, Cleanup Day oder eine schöne Kanu Tour erlebt. Auch Grillfeste mit der Familie sind eine schöne Möglichkeit gemeinsam Zeit zu verbringen. Basis hierfür ist jedoch bereits ein gutes Klima, sonst nimmt kaum jemand teil. Dieses Thema sollten Sie also angehen, wenn es bereits gut läuft.
   - **Feedback- und Kommunikationskultur verbessern:** Förderung offener Kommunikation durch regelmäßige Meetings und Feedbackrunden.
   - **Beteiligung der Mitarbeitenden an Entscheidungsprozessen:** Einbindung in Themen wie Dienstplanänderungen oder organisatorische Anpassungen, Anschaffungen, Einrichtung der Aufenthaltsräume, Onboarding und so vieles mehr ist möglich.

Schritt 3: Etablierung eines nachhaltigen Feedback- und Anpassungssystems
Die beste Mitarbeiterbindungsstrategie bleibt wirkungslos, wenn sie nicht regelmäßig überprüft und an neue Herausforderungen angepasst wird. Ein **nachhaltiges Anpassungssystem** stellt sicher, dass die entwickelten Maßnahmen langfristig wirksam bleiben und kontinuierlich verbessert werden. Dies erfordert eine systematische Analyse von Mitarbeiterfeedback, eine flexible Anpassung der Strategien und eine Kultur der kontinuierlichen Verbesserung.

1. **Kontinuierliche Feedback- und Evaluationsmechanismen:** Um zu erkennen, welche Maßnahmen funktionieren und wo Anpassungen nötig sind, sind regelmäßige Rückmeldungen der Mitarbeitenden entscheidend. Nur wenn Führungskräfte ein strukturiertes System für den Austausch mit den Teams etablieren, können Probleme frühzeitig erkannt und Verbesserungen eingeleitet werden.
   Maßnahmen für effektives Feedback:
   - **Regelmäßige Mitarbeitergespräche:** Führungskräfte sollten mindestens einmal im Jahr strukturierte Feedbackgespräche mit ihren Mitarbeitenden führen, um Zufriedenheit, Herausforderungen und Verbesserungsvorschläge zu besprechen. Hier fehlt im Rettungsdienst oft die Zeit. Verteilen Sie die Gespräche zur Not auf unterschiedliche Personen und qualifizieren Sie diese dafür. Leitende Praxisanleitungen übernehmen die Auszubildenden und die

einzelnen Wachleitungen, Teamleitungen und entsprechende Stellvertretungen ihre Mitarbeitenden. So wird es realistischer.
- **Anonyme Umfragen:** Halbjährliche Mitarbeiterbefragungen helfen dabei, Stimmungen im Team zu erfassen und auf breiter Basis Veränderungen zu identifizieren. Diese können Sie ganz einfach digital erfassen und auswerten.
- **Digitale Feedback-Tools:** Plattformen oder Apps können genutzt werden, um laufend Rückmeldungen zu sammeln (z. B. zu Dienstplanwünschen oder Arbeitsbedingungen).

2. **Flexibles Anpassungssystem für Maßnahmen:** Strategien zur Mitarbeiterbindung sollten nicht starr sein, sondern flexibel an neue Entwicklungen angepasst werden können. Dies bedeutet, dass Sie regelmäßig prüfen sollten, welche Maßnahmen funktionieren und welche überarbeitet oder ersetzt werden müssen.
Prinzipien eines anpassungsfähigen Systems:
- **Pilotprojekte statt sofortiger Umsetzung:** Neue Maßnahmen sollten zunächst in kleinen Teams oder Wachen getestet werden, bevor sie großflächig eingeführt werden.
- **Dynamische Zielsetzung:** Halten Sie nicht an einmal festgelegten Maßnahmen fest, sondern seien Sie bereit, diese zu verändern, wenn sie nicht die gewünschten Effekte erzielen.
- **Kombination aus quantitativen und qualitativen Daten:** Neben harten Kennzahlen wie Fluktuationsrate oder Krankenstand sollten auch subjektive Eindrücke der Mitarbeitenden in Entscheidungen einfließen.

3. **Nutzung von Kennzahlen und Erfolgsindikatoren:** Um den Erfolg von Maßnahmen zur Mitarbeiterbindung objektiv zu bewerten, müssen konkrete Kennzahlen definiert und regelmäßig analysiert werden.
Wichtige Kennzahlen für die Mitarbeiterbindung:
- **Fluktuationsrate:** Wie viele Mitarbeitende verlassen das Unternehmen innerhalb eines bestimmten Zeitraums?
- **Fluktuation in bestimmten Teams/Wachen:** Gibt es spezielle Bereiche mit hoher Unzufriedenheit?
- **Zufriedenheitswerte aus Umfragen:** Wie bewerten Mitarbeitende ihre Arbeitsbedingungen und das Betriebsklima?
- **Engagement-Rate:** Anteil der Mitarbeitenden, die sich aktiv für das Unternehmen engagieren (z. B. Teilnahme an Projekten).
- **Krankenstand und Überstunden:** Häufige Fehlzeiten können ein Indikator für Überlastung oder Unzufriedenheit sein.
- **Konflikt- und Beschwerdequote:** Anzahl interner Beschwerden oder Meldungen über Teamkonflikte.

4.6 Mitarbeiterbindung und Mitarbeitermotivation

- **Teilnahme an Teamaktivitäten:** Wie viele Mitarbeitende beteiligen sich an betrieblichen Veranstaltungen oder Gesundheitsmaßnahmen?

4. **Nachhaltige Verankerung in der Unternehmenskultur:** Mitarbeiterbindung sollte nicht als kurzfristiges Projekt, sondern als fester Bestandteil der Unternehmenskultur betrachtet werden. Dies bedeutet, dass Führungskräfte aktiv daran arbeiten, eine mitarbeiterfreundliche Kultur zu etablieren und langfristig zu erhalten.

Strategien zur nachhaltigen Verankerung:
- **Führungskräfte in Verantwortung nehmen:** Führungskräfte müssen nicht nur Maßnahmen umsetzen, sondern auch mit gutem Beispiel vorangehen und aktiv an der Mitarbeiterbindung arbeiten.
- **Kultur der Wertschätzung festigen:** Lob und Anerkennung sollten nicht nur punktuell, sondern als integraler Bestandteil der Unternehmenskultur verstanden werden.
- **Offene Kommunikation und Transparenz fördern:** Mitarbeitende sollten stets über Veränderungen informiert und in Entscheidungsprozesse eingebunden werden.
- **Lernende Organisation aufbauen:** Unternehmen sollten Fehler als Lernchancen betrachten und kontinuierlich Verbesserungen anstreben.

Besonders in einem anspruchsvollen Berufsfeld wie dem Rettungsdienst, in dem physische und psychische Belastungen hoch sind, muss die Arbeitgeberseite aktiv daran arbeiten, Schlüsselmitarbeitende langfristig zu halten und attraktive Rahmenbedingungen zu schaffen.

Die drei beschriebenen Schritte – Identifikation der Schlüsselmitarbeitenden und Bedürfnisermittlung, die Umsetzung gezielter Maßnahmen und ein nachhaltiges Anpassungssystem – **bilden ein ganzheitliches Modell,** um Mitarbeitende nicht nur im Unternehmen zu halten, sondern auch ihre Zufriedenheit und Motivation zu steigern. Während eine klare Entwicklungsperspektive, gute Arbeitsbedingungen und flexible Strukturen eine Grundvoraussetzung sind, zeigt sich immer wieder, dass eine wertschätzende Unternehmenskultur der entscheidende Faktor für langfristige Bindung ist.

Doch **Mitarbeiterbindung** ist nicht nur eine Frage von Strukturen und Prozessen – sie **hängt stark mit der Mitarbeitermotivation zusammen.** Denn selbst die besten Rahmenbedingungen nützen wenig, wenn die Mitarbeitenden nicht das Gefühl haben, dass ihre Arbeit sinnvoll ist, sie wertgeschätzt werden und sie sich mit ihrem Arbeitgeber identifizieren können. Genau hier setzt das nächste Kapitel an.

4.6.2 Mitarbeitermotivation im Rettungsdienst

Aus dem lateinischen „movere" abgeleitet, steht der Begriff Motivation für „in Bewegung setzen". Der Begriff Motivation wird häufig im Alltag verwendet und kann mit allen Lebenslagen in Verbindung gebracht werden, auch damit, sich beruflich zu betätigen. Albs (2005, S. 15) definiert Motivation als „Summe der Beweggründe, die das menschliche Handeln in Bezug auf den Inhalt, die Richtung und die Intensität hin beeinflussen".

Nachdem im vorherigen Abschnitt ausführlich die Bedeutung der Mitarbeiterbindung behandelt wurde, stellt sich die Frage, welche Faktoren eigentlich dafür sorgen, dass Rettungsdienstler langfristig engagiert und zufrieden in ihrem Beruf bleiben. Denn Bindung entsteht nicht nur durch strukturelle Maßnahmen oder attraktive Arbeitsbedingungen – sie ist vor allem eine Folge nachhaltiger Motivation.

Im Rettungsdienst ist Motivation besonders entscheidend, da dieser Beruf mit hohen körperlichen und psychischen Anforderungen einhergeht. Rettungsdienstler stehen regelmäßig unter großem Zeitdruck, müssen in Notfallsituationen schnelle Entscheidungen treffen und erleben oft belastende Einsätze. Gerade weil diese Arbeit stark fordernd ist, stellt sich die Frage: Was hält Rettungsdienstler langfristig motiviert? **Motivation** ist nicht nur ein persönliches Merkmal, sondern **wird maßgeblich durch äußere Faktoren beeinflusst.**

Motivation ist zudem auch keine konkrete Persönlichkeitseigenschaft wie Intelligenz, manche Rettungsdienstler sind in der 12 h-Schicht hoch motiviert, sind aber nicht bereit am nächsten Wochenende zwei Stunden einkaufen zu gehen und anschließend die Wohnung zu putzen. Motivation ist ein Wechselspiel aus den individuellen Motiven und wahrgenommenen Anreizen (Hungenberg & Wulf, 2021, S. 254).

Während extrinsische Anreize wie Gehalt, Zuschläge und Dienstplanflexibilität eine Rolle spielen, sind es oft die intrinsischen Faktoren, die über langfristige Zufriedenheit entscheiden. Dazu gehören:

- die Identifikation mit der Tätigkeit,
- der Teamzusammenhalt,
- das Gefühl der Sinnhaftigkeit
- sowie die Anerkennung durch Kollegen und Führungskräfte.

Wenn Rettungsdienstler das Gefühl haben, einen wertvollen Beitrag zur Gesellschaft zu leisten, steigt ihre Motivation und ihr Engagement. Im Gegenzug sinkt sie bekanntermaßen, wenn sie häufig zu niederschwelligen Einsätzen alarmiert werden.

4.6 Mitarbeiterbindung und Mitarbeitermotivation

Eine unzureichende Motivation kann weitreichende Folgen haben. Neben Leistungsabfall und Demotivation im Arbeitsalltag können unzufriedene Rettungsdienstler vermehrt krankheitsbedingte Ausfälle zeigen oder sich nach alternativen Arbeitgebern umsehen. Wie bereits im vorherigen Abschnitt zur Mitarbeiterbindung dargestellt, ist eine hohe Fluktuation im Rettungsdienst besonders problematisch, da sie den Verlust von wertvollem Erfahrungswissen und zusätzliche Kosten für Einarbeitung und Neueinstellungen bedeutet. Langfristige Mitarbeiterbindung kann daher nur gelingen, wenn es gelingt, die individuellen und teambezogenen Motivationsfaktoren gezielt zu fördern.

Die Herausforderung für Organisationen im Rettungsdienst besteht darin, ein Arbeitsumfeld zu schaffen, das Motivation nicht nur kurzfristig weckt, sondern nachhaltig aufrechterhält. Dabei müssen extrinsische und intrinsische Motivationsfaktoren gleichermaßen berücksichtigt werden, um sowohl materielle Anreize als auch emotionale Bindung zu fördern.

In diesem Buch nutze ich ein einfaches Verhaltensmodell, das uns hilft zu verstehen, warum Rettungsdienstler in manchen Situationen motivierter sind als in anderen. Es handelt sich um das Verhaltensmodell nach Staehle (1999).

Das Motivationsmodell von Wolfgang Staehle und seine vier Phasen
Das Motivationsmodell von Wolfgang Staehle geht davon aus, dass menschliches Verhalten durch Motive gesteuert wird – also unerfüllte Bedürfnisse oder Triebe, die individuell unterschiedlich ausgeprägt sein können. Entscheidend für die Motivation ist die Frage, welche Motive für eine Person von Bedeutung sind und welche Anreize zur Erfüllung dieser Motive beitragen.

In einer typischen Büroumgebung kann zum Beispiel der Wunsch nach beruflichem Erfolg oder gesellschaftlicher Anerkennung ein starkes Motiv sein. *Eine stellvertretende Wachleitung, die lange Arbeitszeiten mit dem Anreiz „Aufstiegschancen" verbindet, ist bereit, überdurchschnittlich viel Zeit und Energie in ihre Arbeit zu investieren. Hingegen wird sie für das Einkaufen und Putzen ihrer Wohnung kaum Motivation aufbringen, da diese Tätigkeit in ihrer Wahrnehmung nicht zur Erfüllung ihrer wichtigsten Motive beiträgt.*

Übertragen auf den Rettungsdienst bedeutet dies, dass Rettungsdienstler individuell unterschiedlich motiviert sind, je nachdem, welche Bedürfnisse und Ziele für sie persönlich eine hohe Relevanz haben. Während einige Mitarbeitende durch den sozialen Zweck ihrer Arbeit motiviert sind (z. B. Menschen in Not helfen zu können), könnten andere durch den Teamzusammenhalt, die Möglichkeit zur Weiterentwicklung oder finanzielle Anreize angespornt werden.

Das Modell von Staehle zeigt, dass Motivation nicht nur eine Frage der individuellen Persönlichkeit ist, sondern stark von der jeweiligen Arbeitssituation und den angebotenen Anreizen abhängt. Jede Leistung, die ein Mensch erbringt – sei es ein zusätzlicher Dienst, eine Fortbildung oder besondere Einsatzbereitschaft –, wird durch eine bewusste oder unbewusste Abwägung zwischen Anstrengung und Belohnung beeinflusst. Die Motivation zur Leistung ist umso höher, je mehr der damit verbundene Anreiz zur Erfüllung eines wichtigen persönlichen Motivs beiträgt.

Anwendung des Modells auf den Rettungsdienst
Im Rettungsdienst lassen sich anhand des Staehle-Modells verschiedene Motivationsmechanismen beobachten:

- **Mitarbeitende, die sich für die direkte Hilfeleistung begeistern**, haben eine hohe intrinsische Motivation, weil sie das Gefühl haben, mit jedem Einsatz unmittelbar Leben zu retten und Gutes zu tun. Der Anreiz besteht in der Erfüllung des Motivs „Sinnhaftigkeit der Arbeit". *Hier besteht aktuell die Gefahr durch das stetig niederschwelliger werdende Einsatzaufkommen.*
- **Kolleg:innen, für die Teamarbeit eine entscheidende Rolle spielt**, sind besonders motiviert, wenn der Teamzusammenhalt gestärkt wird und sie sich in ihrer Dienstgemeinschaft wohlfühlen. Fehlt dieser Anreiz, sinkt oft die Motivation. *Kennen Sie nicht auch die Teammitglieder die nach Schichtende noch den ein oder anderen Kaffee mit der neuen Besatzung trinken?*
- **Mitarbeitende mit einem hohen Karriereantrieb** sind besonders motiviert, wenn sie Weiterbildungs- und Aufstiegsmöglichkeiten erhalten, z. B. durch die Qualifikation zum Praxisanleiter oder zur Organisatorischen Leitung Rettungsdienst (OrgL). *Verweigern Sie hier die Möglichkeiten der Weiterbildungen, erlischt das Motiv nicht. Die Mitarbeitenden bilden sich selbstständig weiter und/ oder orientieren sich zu anderen Arbeitgebern.*
- **Finanziell orientierte Mitarbeitende** sind eher bereit, Zusatzschichten zu übernehmen oder sich weiterzubilden, wenn entsprechende monetäre Anreize wie Zulagen oder Prämien geboten werden. *Hier besteht die Gefahr des „Ausbrennens" durch zu viele Überstunden. Achten Sie darauf und seien Sie nicht nur Dankbar für das Einspringen.*

▶ **Beachte** Allerdings zeigt das Modell auch, dass sich individuelle Motive im Laufe der Zeit verändern. Junge Notfallsanitäter mögen sich zunächst durch spannende Einsätze und Überstunden motiviert fühlen, weil sie den Anreiz „berufliche Erfahrung sammeln" mit hoher Arbeitsleistung verknüpfen. Später könnten jedoch andere Aspekte, wie mehr Zeit für Familie

4.6 Mitarbeiterbindung und Mitarbeitermotivation

oder eine stabilere Work-Life-Balance, wichtiger werden. In diesem Fall verlieren frühere Anreize ihre Wirkung, und es sind neue Anreizsysteme erforderlich, um die Motivation aufrechtzuerhalten.

Herausforderungen und Konsequenzen für Führungskräfte
Das Motivationsmodell von Staehle macht deutlich, dass Motivation kein statischer Zustand ist, sondern sich dynamisch aus der Wechselwirkung von individuellen Bedürfnissen und situativen Anreizen ergibt. Daraus ergeben sich mehrere zentrale Schlussfolgerungen für die Führung im Rettungsdienst:

- **Motivation ist individuell:** Führungskräfte sollten sich bewusst sein, dass nicht alle Rettungsdienstler durch die gleichen Anreize motiviert werden. Manche legen Wert auf finanzielle Aspekte, andere auf Anerkennung oder berufliche Entwicklung.
- **Motivation verändert sich über die Zeit:** Regelmäßige Gespräche zur Bedarfsermittlung sind wichtig, um sich wandelnde Motive frühzeitig zu erkennen und darauf zu reagieren.
- **Motivation ist von der Arbeitssituation abhängig:** Unzureichende Ausstattung, schlechte Dienstpläne oder fehlende Pausen können leistungsstarke Mitarbeitende demotivieren, selbst wenn sie grundsätzlich eine hohe innere Motivation für den Beruf mitbringen.

Das Modell von Wolfgang Staehle zeigt, dass Motivation nicht einfach „da ist" oder „nicht da ist", sondern durch eine gezielte Gestaltung der Arbeitsbedingungen und Anreizstrukturen beeinflusst werden kann. Führungskräfte und Rettungsdienst sollten daher nicht nur darauf achten, welche Motive ihre Mitarbeitende antreiben, sondern auch, ob die gesetzten Anreize tatsächlich zur Erfüllung dieser Motive beitragen. Nur wenn dies der Fall ist, kann eine langfristig stabile Motivation gewährleistet werden.

▶ **Praxistipp Mitarbeiterbindung und Mitarbeitermotivation** Machen Sie Betroffene zu Beteiligten. Gründen Sie eine Projektgruppe zu diesem Thema und binden Sie die Mitarbeitenden aktiv mit ein. Im ersten Schritt erfahren Mitarbeitende häufig offener von ihren Teammitgliedern, welche Bedürfnisse bestehen und was sie motivieren kann. Natürlich lassen sich – abhängig von den Zielen und Ressourcen des Arbeitgebers – nicht alle Wünsche und Bedürfnisse umsetzen.

Wichtig ist jedoch, diese Entscheidungen nicht hinter verschlossenen Türen zu treffen, sondern sie offen in der Projektgruppe zu besprechen. Zudem muss es nicht immer nur ein „Ja" oder ein „Nein" geben – häufig entstehen in der Arbeitsgruppe innovative Kompromisse oder weiche Konsense, selbst wenn eine Idee auf den ersten Blick nicht umsetzbar erscheint.

Aus meiner Perspektive als Entwickler eines praxistauglichen Anreizsystems für den Rettungsdienst wird durch das Modell von Staehle deutlich, dass Motivation kein statischer Zustand ist, sondern sich dynamisch aus den Wechselwirkungen zwischen individuellen Motiven und situativen Anreizen ergibt. Daraus folgt, dass **ein erfolgreiches Anreizsystem genau an dieser Schnittstelle ansetzen muss:** Es darf nicht nur pauschale Lösungen bieten, sondern muss individuell anpassbar sein, um langfristig Wirkung zu zeigen.

Mit diesem Anspruch habe ich das GSW-Anreizsystem entwickelt, das gezielt auf die besonderen Bedingungen im Rettungsdienst eingeht. Mein Ziel ist es, eine einfache und umsetzbare Lösung zu schaffen, die sowohl intrinsische als auch extrinsische Motivationsfaktoren berücksichtigt. Dabei ist es mir besonders **wichtig, dass das System** nicht nur theoretisch gut klingt, sondern auch **im Alltag von Rettungsdiensten funktioniert** – unabhängig von Betriebsgröße oder Organisationsstruktur.

Ein wirkungsvolles Anreizsystem für den Rettungsdienst muss drei zentrale Anforderungen erfüllen:

- **Es muss individuelle Motive berücksichtigen.** Ein pauschaler Ansatz reicht nicht aus – manche Rettungsdienstler sind durch Sinnhaftigkeit und Anerkennung motiviert, andere eher durch finanzielle Anreize oder Entwicklungsperspektiven.
- **Es muss flexibel und anpassbar sein.** Die Motivationslage verändert sich mit der Zeit – was für junge Rettungsdienstler attraktiv ist, unterscheidet sich oft von den Bedürfnissen langjähriger Mitarbeitender.
- **Es muss leicht umsetzbar sein.** Ein komplexes, bürokratisches System scheitert schnell an der Praxis. Stattdessen muss ein funktionierendes Modell einfach verständlich und in bestehende Strukturen integrierbar sein.

Das *GSW-Anreizsystem nach Heine* erfüllt genau diese Anforderungen und bietet einen praxisnahen und effektiven Lösungsansatz, um die Motivation von Rettungsdienstlern gezielt zu fördern. Im nächsten Abschnitt werde ich dieses System detailliert vorstellen und erläutern, wie es konkret in Organisationen des Rettungsdienstes angewendet werden kann.

4.6.3 Das GSW-Anreizsystem nach Heine

Anreizsysteme bieten Arbeitgebern die Möglichkeit, positives Verhalten gezielt zu prämieren. Idealerweise bieten sie individuelle Anreize, die auf die Bedürfnisse verschiedenster Zielgruppen zugeschnitten sind. Die meisten bestehenden Anreizsysteme (z. B. das *Cafeteria-Modell, welches als Basis für das GSW-Anreizsystem dient*) sind jedoch für große Unternehmen ausgelegt. In solchen Unternehmen mit mehreren Tausend Mitarbeitenden stehen Investitionen in Technik und deren Umsetzung oft in einem angemessenen Verhältnis von Aufwand zu Nutzen.

Kleinere Unternehmen, insbesondere Rettungsdienste mit wenigen Hundert Mitarbeitenden, stoßen hier häufig an ihre Grenzen. Teure App-Lösungen, komplexe Programme und umfangreiche Prämienmodelle sind in diesen Organisationen oft weder wirtschaftlich noch organisatorisch umsetzbar. Besonders im *Gesundheits- und Sozialwesen (GSW)* arbeiten Menschen mit anderen Bedürfnissen und oft ohne kennzahlenbasierte Ziele, aus denen sich Zielerreichungen ableiten und bepunkten lassen – anders als in vielen Wirtschaftsbranchen. Dies erschwert die praktische Umsetzung des klassischen Cafeteria-Modells zusätzlich.

Vor diesem Hintergrund habe ich das *GSW-Anreizsystem nach Heine* **speziell für Rettungsdienste** entwickelt. In diesem Kontext steht GSW für das Gesundheits- und Sozialwesen, da das System besonders für Einrichtungen aus diesem Bereich geeignet ist. **Wohlfahrtsverbände und Hilfsorganisationen** können es beispielsweise in **Kindertageseinrichtungen**, der **Ambulanten Pflege**, der **Jugendhilfe und vielen weiteren Bereichen** ebenfalls effektiv nutzen.

Das Modell wurde so gestaltet, dass es **einfach, transparent und ohne großen technischen Aufwand** eingeführt werden kann. Die Möglichkeiten zur Schaffung von Anreizen sowie die Gestaltung der Prämien sind speziell auf das Gesundheits- und Sozialwesen und seine Mitarbeitenden zugeschnitten. Die Umsetzung kann von einer einfachen Excel-Tabelle bis hin zu einer Mitarbeiter-App erfolgen.

Grundlagen
Das *GSW-Anreizmodell nach Heine* ist ein innovatives Modell für Rettungsdienste zur **gezielten Förderung von Mitarbeitermotivation, -bindung und -gewinnung**. Gleichzeitig integriert es **zusätzliche Möglichkeiten der Wertschätzung**. Es kombiniert die Vorteile des Cafeteria-Modells mit einer einfachen, praxisnahen Umsetzung, die auch für kleinere Organisationen im Gesundheits- und Sozialwesen leicht anwendbar ist.

Ziele des Anreizsystems
1. **Mitarbeitergewinnung:** Attraktive Eintrittsanreize, um neue Mitarbeitende zu gewinnen.
2. **Mitarbeiterbindung:** Nachhaltige Bleibeanreize, um bestehende Mitarbeitende langfristig zu halten.
3. **Mitarbeitermotivation:** Flexible und nachvollziehbare Belohnungen zur Steigerung der Leistung und Zufriedenheit.

Das Punktemodell: Die Basis
Das Anreizsystem basiert auf Vergabe von Punkten, die anschließend durch die Mitarbeitenden in individuelle Gegenleistungen eingetauscht werden können. Die Vorteile des Punktesystems sind:

- **Punkte als Währung:** Mitarbeitende sammeln Punkte für bestimmte Leistungen und tauschen sie gegen Prämien ein.
- **Flexibilität:** Punkte können individuell für Freizeit, Weiterbildung, Geld oder nachhaltige Optionen genutzt werden. Sie sind zudem perfekt an lokale Gegebenheiten anpassbar.
- **Einfache Einführung:** Das Modell ist unkompliziert und kann an die Gegebenheiten jedes Rettungsdienstes angepasst werden.
- **Transparente und leicht verständliche Struktur:** Punktemodelle sind im Alltag angekommen, sei es bei Fast-Food-Ketten, Payback oder Discountern. Menschen sind es gewöhnt Punkte zu sammeln.
- **Motivation** durch individuelle Wahlmöglichkeiten bei den Prämien.
- **Kosteneffizient**, da keine direkten Gehaltsanpassungen notwendig sind. Führungskräfte können besondere Leistungen somit einfacher belohnen.
- **Zielorientiert:** Rettungsdienste können selbst entscheiden, was sie mit Punkten belohnen.
- **Innovativ:** Stärkung der Employer Brand durch innovative und nachhaltige Anreize.
- **Gemeinsam entwickelt:** Durch das gemeinsame Entwickeln im Projektteam (siehe unten) steigt die Anerkennung des Modells und die Punktevergaben und Eintauschprämien sind zielgerichtet auf den eigenen Rettungsdienst zugeschnitten

Anreizarten
In Anreizsystemen wird in **drei Arten von Anreizen** unterschieden:

1. **Eintrittsanreize** zur Gewinnung neuer Mitarbeitender
2. **Bleibeanreize** zur Mitarbeiterbindung
3. **Motivationsanreize** zur Förderung gewünschten Verhaltens

4.6 Mitarbeiterbindung und Mitarbeitermotivation

Das *GSW-Anreizsystem nach Heine* greift drei klassische Anreizarten auf und ergänzt diese um eine **vierte Kategorie**: die **Wertschätzungsanreize** (Abb. 4.9). Diese Anreize drücken in besonderer Weise die Anerkennung und Würdigung von außergewöhnlichen Ereignissen und Leistungen aus. Beispiele hierfür sind die Geburt eines eigenen Kindes, ehrenamtliches Engagement oder eine langjährige Betriebszugehörigkeit. Auch die Teilnahme an nachhaltigen Projekten, wie etwa Cleanup Days (siehe Abschn. 3.1.6), bietet eine

Eintrittsanreize
Herzlich willkommen

Begrüßungspunkte

Bleibeanreize
Fühl dich wohl

Jährliche Basispunkte für langfristige Prämien, wie z. B. Mitgliedschaft im Fitnessstudio oder zu verplanende Urlaubstage

Motivationsanreize
Gut gemacht

Bonuspunkte für Zusatztätigkeiten, Zusatzleistungen

Wertschätzungsanreize
Wir sind stolz auf dich

Bonuspunkte als Ausdruck der Wertschätzung für besondere Ereignisse (z. B. Geburt des eigenen Kindes) oder ehrenamtliches Engagement

Abb. 4.9 Anreizarten im GSW-Anreizsystem nach Heine. (Eigene Erstellung)

hervorragende Gelegenheit, Wertschätzung auszudrücken und gleichzeitig die Employer Brand zu stärken.

Ich möchte im Folgenden Beispiele für entsprechende Anreize aufzeigen. Vorab ist es mir jedoch wichtig zu betonen, dass es sich hierbei um ein gekürztes Beispiel handelt. Zudem ist es sinnvoll, die Anreize auf Basis der spezifischen Ziele des jeweiligen Rettungsdienstunternehmens zu erstellen.

Fragen Sie sich:

- **Was möchte ich mit dem Anreizsystem in meinem Unternehmen erreichen?**
- **Welches Verhalten möchte ich fördern und belohnen?**

Punktevergabe

Auch bei der Vergabe der entsprechenden Punkte gibt es große Unterschiede. So könnten Rettungsdienste mit Acht-Stunden-Diensten für ein **spontanes Einspringen** weniger Punkte vergeben als Rettungsdienste mit 12- oder 24-Stunden-Schichten. Manche Rettungsdienste möchten für spontanes Einspringen möglicherweise gar keine Punkte vorsehen. Auch der Aspekt **Mitarbeiter werben Mitarbeiter** sollte auf die örtlichen Gegebenheiten angepasst werden. Ist es regional z. B. üblich, 250,00 € „Kopfprämie" auszuloben, bieten sich in dem unteren Beispiel 500 Punkte an – jedoch gibt es auch Regionen mit deutlich höheren Kopfprämien, hier sollten die Punkte angemessen überdacht werden.

Nutzen Sie dieses Beispiel als inspirierende Grundlage und entwickeln Sie Ihre individuelle Punktevergabe, die zu den Zielen und Strukturen Ihres Unternehmens passt.

Beispielhafte Punktevergaben	
Eintrittsanreize (Begrüßungspunkte)	1000 Punkte
Bleibeanreize (Jährliche Basispunkte)	500 Punkte
Motivationsanreize (Bonuspunkte)	
• Zusatzaufgabe Medikamentenbeauftragte/r	500 Punkte
• Übernahme Patenschaft für neue Mitarbeitende (je Patenschaft im ersten Jahr)	150 Punkte
• Spontanes Einspringen	50 Punkte
• Verbesserungsvorschlag (je nach Qualität)	100–500 Punkte
• Mitwirkung in Projekten (individuell bei Ausschreibung Bonuspunkte angeben) z. B.:	
– Projekt Einführung Telenotarzt	300 Punkte
– Projekt Einführung NIDApad	250 Punkte

4.6 Mitarbeiterbindung und Mitarbeitermotivation

– Projekt Einführung KAIZEN	500 Punkte
– Projekt Welcome Day Azubis	150 Punkte
• Abschluss besonderer Weiterbildungen (im Auftrag des Arbeitgebers) wie z. B.:	
– Gruppenführer Rettungsdienst	300 Punkte
– Praxisanleitung	500 Punkte
• Weitergabe von privat erworbenem besonderem Wissen an die anderen Mitarbeitenden	
– Fachvortrag 1,5 h	50 Punkte
– Umsetzung relevanter Inhalte auf der Wache	100 Punkte
• Mitarbeiter werben Mitarbeiter	500 Punkte
Wertschätzungsanreize (Bonuspunkte)	
• Geburt eines eigenen Kindes	1000 Punkte
• 10-jährige Betriebszugehörigkeit	500 Punkte
• Mitwirkung an CSR-Projekten	
– Ehrenamtliches Engagement (Hilfsorganisation, Feuerwehr etc.)	500 Punkte
– Teilnahme am Cleanup Day	50 Punkte

Die Liste kann und soll individuell angepasst werden. Die **Herausforderungen** liegen dabei nicht nur in den **richtigen Gründen für Punktevergaben**, sondern insbesondere in der **sinnvollen und fairen Punkteverteilung**. Mitarbeitende erkennen schnell den Wert der Punkte und vergleichen die Vergaben miteinander.

Beispielsweise könnte die Frage aufkommen, warum für das Medikamentenmanagement 500 Punkte vergeben werden, während die Zusatztätigkeit als Fahrzeugverantwortliche/r nur mit 300 Punkten belohnt wird.

Prüfen Sie daher die Punktevergabe sorgfältig, beschreiben Sie die Gründe klar und – noch besser – erarbeiten Sie diese gemeinsam in einer Projektgruppe mit Vertretern des Teams. Dies gewährleistet Fairness, Transparenz und Akzeptanz im gesamten Team. Die Mitglieder der Projektgruppe können als Bindeglieder fungieren und für Klarheit im Kollegenkreis sorgen.

Prämienauswahl

In klassischen Anreizsystemen finden sich häufig eine Vielzahl an Prämien. Unternehmen bieten oft eine breite Palette an, von Tankgutscheinen über Yoga-Kurse und Fitnessstudio-Mitgliedschaften bis hin zur Übernahme von Handyverträgen, Dienstwagen, Kinderbetreuung oder Unterstützung bei der Pflege von Angehörigen. Auf den ersten Blick mag diese Vielfalt attraktiv wirken, doch in der Praxis führt sie häufig zu Problemen.

Die Herausforderungen einer großen Prämienauswahl:

- **Unübersichtlichkeit für Mitarbeitende:** Eine Vielzahl an Prämien kann dazu führen, dass die Auswahl für die Mitarbeitenden unübersichtlich wird. Häufig beschränkt sich die tatsächliche Nutzung dann auf wenige, immer gleiche Prämien.
- **Hoher Aufwand für Unternehmen:**
  - Die Prämien müssen entweder teuer bei Drittanbietern eingekauft werden, die oft nicht zum Rettungsdienst passen.
  - Oder es müssen zahlreiche Kooperationen abgeschlossen werden, was besonders für kleinere Unternehmen einen unverhältnismäßig hohen Aufwand bedeutet.

Das Ergebnis: Viele kleine Unternehmen verzichten ganz auf ein Anreizsystem, da es zu komplex erscheint.

Das *GSW-Anreizsystem nach Heine* setzt bewusst auf eine überschaubare Auswahl an sinnvollen Prämien, die speziell auf die Bedürfnisse von Rettungsdiensten abgestimmt sind. Diese können in Eigenregie des Unternehmens entwickelt und umgesetzt werden, ohne aufwendig viele externe Kooperationen. Das Motto lautet: Qualität vor Quantität.

Passende Prämien durch Mitarbeitereinbindung

Um eine ausgewogene Auswahl an Prämien zu treffen, sollten Sie Ihre Mitarbeitenden aktiv einbeziehen – beispielsweise durch eine Projektgruppe. Menschen befinden sich in unterschiedlichen Lebensphasen und haben entsprechend verschiedene Bedürfnisse, die sie mit ihren Punkten erfüllen möchten.

Beispiele:

- **Die junge Mutter:** freut sich über zusätzliche freie Tage.
- **Der Best Ager im Gesundheitsmodus:** schätzt eine Jahreskarte für das Schwimmbad oder eine Fitnessstudio-Mitgliedschaft.
- **Die Mitarbeitenden im Karrieremodus:** legen Wert auf Zuschüsse und Möglichkeiten zur individuellen Weiterbildung.

Natürlich handelt es sich hierbei um Stereotypen, die nicht auf alle zutreffen. Der Vorteil eines flexiblen Anreizsystems liegt jedoch darin, dass jeder genau das auswählen kann, was in seiner Lebensphase am besten passt.

4.6 Mitarbeiterbindung und Mitarbeitermotivation

Beispiel: Wenn die junge Mutter am Ende eine Weiterbildung absolvieren möchte, anstatt die freien Tage zu nehmen, der Mitarbeitende im Karrieremodus das Fitnessstudio bevorzugt und der Best Ager sich zusätzliche freie Tage gönnt, sind auch alle zufrieden.

Weniger ist mehr
Sorgen Sie für eine *ausgewogene und passende Auswahl der Prämien*. Vermeiden Sie eine zu große Anzahl, da dies die Entscheidungsfindung erschwert und den Verwaltungsaufwand erhöht. Eine durchdachte und begrenzte Auswahl führt zu besserer Akzeptanz und effizienter Umsetzung.

▶ **CAVE** Um Missverständnisse zu vermeiden, ist es wichtig, eine klare Unterscheidung bei Weiterbildungen zu treffen.
Durch den Arbeitgeber initiierte Weiterbildungen sind nicht Teil des Punktesystems. Wenn der Arbeitgeber beispielsweise Praxisanleitungen benötigt, wird die Weiterbildung ausgeschrieben, und die Teilnehmenden werden entsprechend entsendet – hierfür sind keine Punkte erforderlich.
Möchte jedoch eine Person eine solche Weiterbildung eigeninitiativ absolvieren, ohne dass ein konkreter Bedarf seitens des Arbeitgebers besteht, kann die Finanzierung über das Punktesystem erfolgen.

Prämienbeispiele
Hier möchte ich Ihnen beispielhaft einige gängige Prämien vorstellen. Bitte beachten Sie, dass es sich um eine unvollständige Auswahl handelt. Die Prämien sowie deren „Preis" sollten **individuell an die Bedürfnisse** Ihres Rettungsdienstes und Ihrer Mitarbeitenden **angepasst werden**. Als Beispiel für eine notwendige Anpassung eignet sich die Prämie „Freizeitausgleich".

Eine besonders beliebte Prämie ist der **Freizeitausgleich**. Diese Prämie muss jedoch an den jeweiligen Gegenwert angepasst werden, da ein freier Tag je nach Schichtsystem eine unterschiedliche Arbeitszeit ersetzt:

- Im Dreischichtsystem entspricht ein freier Tag etwa 8 h.
- Im 12-Stunden-Schichtsystem sind es entsprechend 12 h.
- Im 24-Stunden-Schichtsystem beträgt der Wert 24 h.

Wenn Sie beispielsweise 250 Punkte für einen freien Tag ansetzen, kann dies zu erheblichen Unterschieden zwischen den Schichtsystemen führen – insbesondere, wenn in allen Schichtsystemen mit einer Basis von 500 Punkten gerechnet wird. Um eine faire Verteilung sicherzustellen, sollten die Punkte für die Prämien unbedingt ins Verhältnis gesetzt werden.

Entwickeln Sie die Prämien im Team und diskutieren Sie über faire „Kosten" im Sinne der einzusetzenden Punkte. So stellen Sie sicher, dass die Prämien sowohl attraktiv für die Mitarbeitenden als auch realistisch für das Unternehmen bleiben. Zusätzlich zeige ich im Beispiel subventionierte Prämien auf.

Es kann sinnvoll sein, einzelne Prämien zu subventionieren. In diesem Beispiel sind solche Prämien mit einem * gekennzeichnet. Subventionierte Prämien bieten sowohl den Mitarbeitenden als auch dem Arbeitgeber einen Vorteil. Mitarbeitende setzen weniger Punkte ein, während der Arbeitgeber gleichzeitig von der Prämie profitiert. **Beispiele:**

- **Mitgliedschaften im Fitnessstudio oder Jahreskarten für das Schwimmbad:** Diese Prämien fördern nicht nur die Gesundheit und Ausgeglichenheit der Mitarbeitenden, sondern wirken sich auch positiv auf die Leistungsfähigkeit und Zufriedenheit im Arbeitsalltag aus.
- **Weiterbildungen:** Auch wenn sie nicht direkt vom Unternehmen geplant sind, können Weiterbildungen, die im Interesse der Mitarbeitenden liegen, subventioniert werden. Zum Beispiel könnte eine Weiterbildung in der präklinischen Versorgung von Kindernotfällen subventioniert werden.
  – *Zusatznutzen:* Wenn der oder die Mitarbeitende die wichtigsten Inhalte der Weiterbildung anschließend kompakt für das Team aufbereitet und vorstellt, könnte dies mit neuen Punkten belohnt werden. So profitieren alle Beteiligten.

Nutzen Sie das Beispiel als Inspiration. Sehen Sie sich die bereitgestellten Beispiele an und lassen Sie sich inspirieren, eigene Prämien zu entwickeln. Passen Sie diese an die Gegebenheiten Ihres Unternehmens an und berücksichtigen Sie dabei sowohl die individuellen Wünsche der Mitarbeitenden als auch die Vorteile für den Arbeitgeber.

Beispielhafte Prämien	
• Ein zusätzlicher Urlaubstag (eine der beliebtesten Prämien)	250 Punkte
• Tankgutschein für 50,00 €	100 Punkte
• Jahresmitgliedschaft Fitnessstudio für 35,00 €/Monat	400 Punkte

4.6 Mitarbeiterbindung und Mitarbeitermotivation

• Persönliche Weiterbildung (z. B. Sprachkurs für 250,00 €)	500 Punkte
• Persönliche Weiterbildung (z. B. Präklinische Kindernotfälle für 900,00 € – Subventioniert)	900 Punkte*
• Jahreskarte Schwimmbad für 200,00 € (Subventioniert)	200 Punkte*
• Jahreskarte Zoo für 80,00 €	150 Punkte

Sie erkennen, dass bereits diese wenigen Prämien viele unterschiedliche Bedürfnisse abdecken. Frei nach dem **Pareto-Prinzip decken etwa 20 % der Prämien oft 80 % der Bedürfnisse Ihrer Mitarbeitenden ab.**
Passen Sie die Prämien individuell an die Anforderungen und Wünsche Ihrer Organisation an. Ersetzen und erweitern Sie sie nach Bedarf – aber übertreiben Sie es nicht. Eine überschaubare Anzahl sorgt für Klarheit und Akzeptanz im Team.

Zusätzlich erkennen Sie in diesem Beispiel, dass ich meistens von einem Punkt-Einsatz im Verhältnis **2 Punkte für einen Euro Geldwert** ausgegangen bin. **Bei subventionierten Prämien** wurde hingegen ein Verhältnis von **1:1** verwendet.

Dieses Verhältnis ist natürlich nicht bindend, bietet aber gerade bei Weiterbildungen und ähnlichen Angeboten eine klare Orientierung. Es schafft Transparenz für Mitarbeitende und Entscheidungsträger, wie viele Punkte für welche Prämie einzusetzen sind. Diese Einfachheit fördert die Nachvollziehbarkeit und Akzeptanz des Modells.

Praktische Umsetzung

Für die praktische Umsetzung empfiehlt sich eine Projektgruppe die sich aus typischen Zielgruppen des Anreizsystems zusammensetzt. Eine Einteilung nach Lebensphasen und Zielen macht erfahrungsgemäß Sinn, da sich hieraus unterschiedliche Bedürfnisse (Freizeit, Weiterbildung, Kinderbetreuung etc.) ableiten. Grundsätzlich empfehle ich folgende Struktur:

1. **Information:**
   - Frühzeitige und transparente Kommunikation mit den Mitarbeitenden über Ziele und Vorteile des Anreizsystems.
   - Einbindung in Teammeetings oder interne Plattformen zur ersten Vorstellung.
2. **Projektgruppe gründen:**
   - Vertretende aus verschiedenen Zielgruppen (z. B. Auszubildende, erfahren Mitarbeitende, Leitungskräfte) einbinden, um unterschiedliche Bedürfnisse zu berücksichtigen. Beachten Sie auch den oben genannten Tipp zu den Lebensphasen und Zielen.
   - Die Projektgruppe definiert Sprecher. Diese fungieren als Bindeglied zwischen Leitung und Mitarbeitenden.

3. **Kick-off-Meeting:**
   - Einführung in das Modell durch ein moderiertes Meeting.
   - Erstes Brainstorming zur Punktevergabe und Prämiengestaltung.
4. **Workshops:**
   - *Workshop 1:* Definition von Punktevergaben basierend auf Leistungen und Zielen des Rettungsdienstes.
   - *Workshop 2:* Festlegung von Prämien und ihren Punktwerten. Idealerweise in Begleitung einer kurzen steuerlichen Beratung und als Prüfung im Nachgang
   - *Workshop 3:* Klärung der Umsetzung:
     – Technische Umsetzung (z. B. Punkteverwaltung mit Excel oder speziellen Tools).
     – Start der Umsetzung
     – Kommunikation/Information: Wie werden die Mitarbeitenden informiert und wo werden die zu erreichenden Punkte und die möglichen Prämien dargestellt?
5. **Einführung:**
   - Offizieller Start mit begleitender Kommunikation in internen Kanälen und sozialen Medien. Dieses stärkt zusätzlich Ihre Employer Brand.
   - Darstellung erster Erfolgsgeschichten, um das Engagement und die Akzeptanz zu fördern.
6. **Evaluation und Weiterentwicklung:**
   - Halbjährliche Treffen der Projektgruppe zur Bewertung des Systems.
   - Integration von Feedback und neuen Ideen, z. B. zusätzliche Prämien oder Punkteoptionen.
   - Überprüfung steuerlicher und technischer Aspekte, um das Modell langfristig stabil und attraktiv zu halten.

Gerade zu Beginn sollten Sie klarstellen, dass das Modell für einen Zeitraum von sechs Monaten getestet und anschließend gegebenenfalls angepasst wird. Dieser Testzeitraum ermöglicht Ihnen, nach sechs Monaten ein passendes und stabiles Modell zu etablieren und schafft in der Anfangsphase konstruktive Ruhe im Team.

Fazit

Das *GSW-Anreizsystem nach Heine* bietet eine **maßgeschneiderte Lösung für Rettungsdienste** und andere Einrichtungen im Gesundheits- und Sozialwesen. Während klassische Anreizsysteme oft für große Unternehmen mit umfangreichen

Ressourcen entwickelt wurden, setzt dieses Modell gezielt auf eine einfache, flexible und kosteneffiziente Umsetzung, die speziell auf die Bedürfnisse kleinerer Organisationen abgestimmt ist.
Durch ein transparentes Punktesystem ermöglicht es eine individuelle und praxisnahe Gestaltung von Anreizen. Mitarbeitende können für bestimmte Leistungen Punkte sammeln und diese gegen Prämien eintauschen. Die Auswahl der Prämien berücksichtigt dabei verschiedene Lebensphasen und individuelle Bedürfnisse, wodurch Motivation und Zufriedenheit nachhaltig gesteigert werden.

Besonders hervorzuheben ist die Integration von Wertschätzungsanreizen, die über klassische Prämien hinausgehen und besondere Leistungen, wie langjährige Betriebszugehörigkeit oder ehrenamtliches Engagement, honorieren. Die einfache technische Umsetzung – von einer Excel-Lösung bis hin zu einer App – ermöglicht eine unkomplizierte Einführung ohne hohe Kosten oder administrativen Aufwand.

Insgesamt stärkt das GSW-Anreizsystem nach Heine die Mitarbeiterbindung, -motivation und -gewinnung, verbessert die Arbeitgeberattraktivität und trägt zur langfristigen Stabilität von Rettungsdiensten und anderen sozialen Einrichtungen bei. Durch die Möglichkeit zur individuellen Anpassung bietet es eine innovative und nachhaltige Alternative zu klassischen Anreizsystemen.

4.7 Personalentwicklung

Personalentwicklung im Rettungsdienst
Die Qualität eines Rettungsdienstes hängt maßgeblich von der Kompetenz und Leistungsfähigkeit seiner Mitarbeitenden ab. *Rettungsdienstler müssen nicht nur fachlich auf dem neuesten Stand bleiben, sondern sich auch stetig weiterentwickeln, um den steigenden Anforderungen in der Notfallmedizin, der interdisziplinären Zusammenarbeit und der Patientenbetreuung gerecht zu werden.* Personalentwicklung ist daher ein entscheidender Bestandteil einer zukunftsfähigen Rettungsdienstorganisation – sie sorgt nicht nur für gut qualifizierte Mitarbeitende, sondern ist auch ein zentraler Faktor für Arbeitgeberattraktivität und langfristige Mitarbeiterbindung.

Personalentwicklung umfasst weit mehr als nur die Weiterbildung von Rettungsdienstlern. Sie zielt darauf ab, sowohl die **fachlichen Kompetenzen** als auch die **persönlichen Fähigkeiten** der Mitarbeitenden gezielt zu fördern. Neben klassischen Fortbildungen gehören dazu auch Maßnahmen zur Karriereentwicklung, gezielte Führungskräfteförderung und Programme zur Persönlichkeitsentwicklung, die insbesondere Soft Skills wie Kommunikation, Stressbewältigung und Resilienz stärken. Ein durchdachtes Personalentwicklungskonzept sorgt dafür, dass Mitarbeitende nicht nur ihr Wissen erweitern, sondern sich auch mit ihrer Organisation identifizieren und langfristig motiviert bleiben.

Gerade im Rettungsdienst gibt es jedoch besondere Herausforderungen, die eine strategische Personalentwicklung erschweren. Dazu gehören unter anderem:

- Hohe Arbeitsbelastung und Zeitmangel: Fortbildungen müssen mit Schichtdienst und Einsatzbereitschaft vereinbar sein.
- Begrenzte Aufstiegsmöglichkeiten: Viele Mitarbeitende sehen nur wenige Karriereperspektiven innerhalb des Rettungsdienstes.
- Unterschiedliche Motivation und Interessen: Nicht alle Rettungsdienstler möchten eine klassische Führungslaufbahn einschlagen, sondern suchen alternative Entwicklungsmöglichkeiten.

Ohne eine gezielte Personalentwicklung besteht die Gefahr, dass Mitarbeitende fachlich stagnieren, sich nicht weiterentwickeln können oder den Rettungsdienst sogar verlassen, um bessere Karriereperspektiven in anderen Bereichen zu suchen. Um dies zu verhindern, müssen Organisationen in den gezielten Aufbau von Fachkompetenz, Karrierewegen und individuellen Entwicklungsmaßnahmen investieren.

Dieses Kapitel zeigt, wie eine moderne und praxisnahe Personalentwicklung im Rettungsdienst gestaltet werden kann. Dabei wird im nächsten Abschnitt zunächst das Konzept der drei Säulen der Personalentwicklung vorgestellt, das Kompetenz-, Karriere- und Persönlichkeitsentwicklung als gleichwertige Bestandteile eines erfolgreichen Entwicklungsprogramms betrachtet.

Die drei Säulen der Personalentwicklung im Rettungsdienst Eine erfolgreiche **Personalentwicklung im Rettungsdienst muss auf mehreren Ebenen ansetzen**, um den unterschiedlichen Bedürfnissen und Karrierewegen der Mitarbeitenden gerecht zu werden. Dabei lassen sich drei zentrale Säulen definieren:

1. **Kompetenzentwicklung**
2. **Karriereentwicklung**
3. **Persönlichkeitsentwicklung**

Diese drei Bereiche sind eng miteinander verknüpft und bilden die Grundlage für eine langfristige Qualifizierung und Motivation der Rettungsdienstler.

4.7 Personalentwicklung

1. Kompetenzentwicklung: Fachliche Qualifizierung als Basis
Die fachliche Weiterbildung ist das Fundament der Personalentwicklung im Rettungsdienst. Rettungsdienstler arbeiten in einem dynamischen Umfeld, in dem sich medizinische Standards, technische Ausrüstung und gesetzliche Vorgaben stetig weiterentwickeln. Um eine hochwertige Patientenversorgung sicherzustellen, müssen sie regelmäßig geschult und weitergebildet werden. Zu den zentralen Maßnahmen der Kompetenzentwicklung gehören:

- **Regelmäßige Pflichtfortbildungen:** Aktualisierung medizinischer Kenntnisse und praktischer Fertigkeiten, z. B. zu Reanimationsmaßnahmen, Traumaversorgung oder Medikamentenlehre. Für Praxisanleiter:innen die jährlichen Pflichtfortbildungen.
- **Spezialisierungen:** Fortbildungen in Bereichen wie Hygiene, Führung, Pädagogik oder Logistik.
- **Simulationstraining:** Praxisnahe Übungen mit High-Fidelity-Simulatoren, um einsatzkritische Situationen unter realistischen Bedingungen zu trainieren. Auch Trainings in speziellen Simulationszentren die Wetterbedingungen (Regen aus der Sprinkleranlage und Schnee, Wind etc.) nachstellen können und Fahrsimulationstrainings.
- **Interdisziplinäre Schulungen:** Zusammenarbeit mit Dritten: Feuerwehr, Polizei, Wasserrettung, Höhenrettung, Suchhunde oder Krankenhäusern, um die Schnittstellen in der Notfallversorgung zu optimieren und neue Blickwinkel zu erhalten.

Ein strukturiertes Kompetenzentwicklungsprogramm sorgt nicht nur für eine gleichbleibend hohe Qualität der Patientenversorgung, sondern steigert auch das Selbstvertrauen der Rettungsdienstler in ihre eigenen Fähigkeiten. Gleichzeitig hilft es, Berufsrisiken zu minimieren, indem sichergestellt wird, dass alle Mitarbeitenden mit aktuellen Standards und Verfahren vertraut sind. Ein weiterer wesentlicher Faktor kann bei bestimmten Schulungen auch das Teambuilding sein.

2. Karriereentwicklung: Klare Perspektiven schaffen
Viele Rettungsdienstler nehmen ihre Tätigkeit als berufliche Endstation wahr, da es im Rettungsdienst im Vergleich zu anderen Branchen weniger klassische Karrierewege gibt. Doch auch wenn Aufstiegsmöglichkeiten begrenzt scheinen, gibt es vielfältige Entwicklungswege, die gezielt gefördert werden sollten. Typische Karriereoptionen im Rettungsdienst sind:

- **Praxisanleitung:** Übernahme von Ausbildungsaufgaben für neue Mitarbeitende.
- **Führungslaufbahn:** Entwicklung zur Teamleitung, Wachleitung oder Leitung Rettungsdienst. Ausbildung zum „Leitenden Praxisanleiter".
- **Spezialisierungen** im Bereich Hygiene, IT, MPG, Leitstelle, OrgL. und andere.
- **Interdisziplinäre Karrierewege:** Kombination mit pflegerischen oder medizinischen Berufen, z. B. Weiterbildung zum/r Gemeindenotfallsanitäter:in.
- **Berufsbegleitende Studiengänge:** z. B. im Rescue Management, der Berufspädagogik oder im Notfall- und Krisenmanagement.

Eine gezielte Karriereförderung ist essenziell, um langfristige Perspektiven aufzuzeigen und die Motivation der Mitarbeitenden zu erhalten. Entwicklungsgespräche zwischen Führungskräften und Mitarbeitenden sollten daher regelmäßig stattfinden, um individuelle Ziele und potenzielle Karrierewege frühzeitig zu identifizieren.

3. Persönlichkeitsentwicklung: Soft Skills für den Rettungsdienst

Neben der fachlichen und karrierebezogenen Weiterentwicklung spielt auch die Persönlichkeitsentwicklung eine entscheidende Rolle in der Personalentwicklung im Rettungsdienst. Der Beruf ist mit hohen psychischen und physischen Belastungen verbunden, weshalb Soft Skills wie Kommunikation, Resilienz und Stressbewältigung zunehmend in den Fokus rücken. Wichtige Maßnahmen zur Persönlichkeitsentwicklung sind:

- **Kommunikationstrainings:** Schulungen zur professionellen Gesprächsführung mit Patienten, Angehörigen und Kollegen und Auszubildenden.
- **Resilienz- und Stressmanagement:** Strategien zur Bewältigung psychischer Belastungen und zur langfristigen Gesunderhaltung.
- **Konfliktmanagement:** Umgang mit schwierigen Situationen im Team oder im Patientenkontakt.
- **Supervision und Reflexionsgespräche:** Möglichkeit, belastende Einsätze nachzubesprechen und psychologische Unterstützung zu erhalten.

Eine starke Persönlichkeitsentwicklung trägt nicht nur zur individuellen psychischen Stabilität der Mitarbeitenden bei, sondern verbessert auch die Zusammenarbeit im Team und die Interaktion mit Patienten.

Eine erfolgreiche Personalentwicklung im Rettungsdienst muss alle drei Säulen gleichermaßen berücksichtigen. Fachliche Weiterbildung allein reicht nicht aus, wenn Mitarbeitende keine Perspektiven für ihre berufliche Entwicklung

4.7 Personalentwicklung

sehen oder sich durch hohe Belastungen langfristig überfordert fühlen. Nur wenn Kompetenzentwicklung, Karriereförderung und Persönlichkeitsentwicklung gezielt kombiniert werden, entsteht ein nachhaltiges System, das sowohl die Qualität der Notfallversorgung als auch die Zufriedenheit und Motivation der Rettungsdienstler langfristig sichert.

Innovative Konzepte für nachhaltige Personalentwicklung
Die Personalentwicklung im Rettungsdienst steht vor der Herausforderung, einerseits die fachliche Qualität der Notfallversorgung sicherzustellen und andererseits den individuellen Entwicklungsbedürfnissen der Rettungsdienstler gerecht zu werden. Um dieser Aufgabe langfristig erfolgreich nachzukommen, braucht es innovative Konzepte, die über klassische Fortbildungen hinausgehen und moderne Methoden der Wissensvermittlung und Kompetenzförderung nutzen. Digitale Lernformate, interdisziplinäre Schulungen und eine gezielte Begleitung neuer Mitarbeitender durch Mentoring-Programme sind dabei besonders vielversprechende Ansätze.

1. **Mentoring-Programme:** Ein bewährtes Konzept zur nachhaltigen Personalentwicklung ist das Mentoring. Dabei werden neue oder sich weiterentwickelnde Mitarbeitende von erfahrenen Kollegen begleitet, um sowohl fachliches Wissen als auch praxisnahe Erfahrungswerte weiterzugeben. Besonders im Rettungsdienst, wo sich viele Kompetenzen erst mit zunehmender Einsatzerfahrung festigen, kann Mentoring einen wichtigen Beitrag leisten. Mentoring Programme werden in Abschn. 4.5.7 intensiver behandelt.

    Ein strukturiertes Mentoring-Programm sollte nicht nur auf neue Rettungsdienstler beschränkt sein, sondern auch gezielt für Mitarbeitende eingesetzt werden, die sich weiterqualifizieren möchten, z. B. in der Leitungsebene oder als Praxisanleitung.

    Vorteile von Mentoring-Programmen:
    - Neue Mitarbeitende haben feste Ansprechpartner, die sie unterstützen und ihre Fragen beantworten.
    - Durch informelle Wissensvermittlung lassen sich Erfahrungswerte, die nicht in Lehrbüchern und Dienstanweisungen stehen, weitergeben.
    - Mentoring fördert den Teamzusammenhalt und erleichtert die Integration neuer Mitarbeitender in bestehende Strukturen.

2. **Blended Learning:** Angesichts der hohen Einsatzbelastung und der unregelmäßigen Arbeitszeiten im Rettungsdienst sind klassische Präsenzfortbildungen außerhalb der jährlichen Pflichtfortbildung oft schwer zu organisieren. Blended

Learning, eine Kombination aus digitalen Lernformaten und praktischen Übungen, bietet hier eine effektive Lösung.

Digitale Lernplattformen ermöglichen es den Rettungsdienstlern, sich orts- und zeitunabhängig fortzubilden und theoretische Inhalte flexibel zu wiederholen. Ergänzt werden diese digitalen Einheiten durch praktische Trainingstage, in denen das Gelernte in realistischen Szenarien angewendet wird.

Vorteile von Blended Learning:
- **Reduzierung des Zeitaufwands** für Präsenzveranstaltungen, ohne dass die Qualität leidet.
- **Individuelles Lerntempo:** Rettungsdienstler können Inhalte wiederholen oder vertiefen, wenn sie es benötigen.
- **Kombination aus Theorie und Praxis** sorgt für einen besseren Lerneffekt.
- **Interaktive Elemente** wie Simulationen, Quizze oder Fallstudien erhöhen die Motivation und Lernbereitschaft.

Viele Rettungsdienstschulen und Organisationen setzen bereits auf Blended Learning-Konzepte, um die Fortbildung flexibler und effizienter zu gestalten. Besonders in der medizinischen Ausbildung sind digitale Lernplattformen mit realitätsnahen Fallbeispielen eine wertvolle Ergänzung zu praktischen Übungen. So können Mitarbeitende sich beispielsweise theoretische Inhalte zu Neuerungen in der Patientenversorgung individuell in ihrem eigenen Tempo und an ihrem aktuellen Wissensstand angepasst aneignen. Anschließend kommen alle Teilnehmenden zum Praxistag gemeinsam in Präsenz zusammen.

3. **Karriereplanungsgespräche:** Personalentwicklung ist dann am wirkungsvollsten, wenn sie individuell an die Bedürfnisse der Mitarbeitenden angepasst wird. Regelmäßige Karriereplanungsgespräche zwischen Führungskräften und Rettungsdienstlern helfen dabei, Potenziale frühzeitig zu erkennen und gezielt zu fördern.

Ziele von Karriereplanungsgesprächen:
- **Identifikation** individueller Entwicklungswünsche und Karriereziele.
- **Gezielte Förderung** von Mitarbeitenden durch passende Weiterbildungen oder Spezialisierungen.
- **Prävention** von Frustration und Fluktuation durch fehlende Perspektiven.
- **Transparenz** über Entwicklungsmöglichkeiten innerhalb der Organisation.

Während in vielen Unternehmen jährliche Mitarbeiterentwicklungsgespräche üblich sind, werden sie im Rettungsdienst oft vernachlässigt. Dabei können regelmäßige Entwicklungsgespräche dazu beitragen, dass Mitarbeitende sich langfristig mit ihrer Organisation identifizieren und gezielt gefördert werden.

4.7 Personalentwicklung

Herausforderungen und Lösungsansätze für eine zukunftsfähige Personalentwicklung

Die Personalentwicklung im Rettungsdienst steht vor besonderen Herausforderungen. Während in vielen Branchen strukturierte Entwicklungsprogramme etabliert sind, wird die gezielte Förderung von Mitarbeitenden im Rettungsdienst häufig durch äußere Faktoren erschwert. Zeitliche, finanzielle und strukturelle Hürden führen dazu, dass Personalentwicklung oft nicht systematisch betrieben wird. Hinzu kommt, dass sich die Erwartungen der jüngeren Generationen an ihren Arbeitgeber gewandelt haben – klassische Karrierewege reichen vielen nicht mehr aus, stattdessen sind Flexibilität, individuelle Entwicklungsmöglichkeiten und eine gesunde Work-Life-Balance entscheidende Faktoren (Kap. 5).

Um Personalentwicklung zukunftsfähig zu gestalten, müssen Rettungsdienstorganisationen diese Herausforderungen aktiv angehen und innovative Lösungsstrategien entwickeln.

Zeitliche und finanzielle Hürden: Wie kann Personalentwicklung trotz knapper Ressourcen gelingen?

Eine der größten Herausforderungen im Rettungsdienst ist der **hohe Arbeitsaufwand**. Der Dienstbetrieb lässt durch zunehmende Einsatzzahlen immer weniger Spielraum für Weiterbildung während der Schicht. Zudem stehen viele Rettungsdienste unter **wirtschaftlichem Druck**, sodass kostenintensive Fortbildungsmaßnahmen nicht immer realisierbar sind. *Lösungsansätze:*

- **Integration von Micro Learning in den Dienstbetrieb:** Digitale Lernplattformen oder Micro-Learning-Ansätze ermöglichen es Rettungsdienstlern, sich während einsatzfreier Zeiten auf der Wache kurz zu relevanten Neuerungen weiterzubilden oder Wissenshappen zu konsumieren.
- **Blended Learning statt reine Präsenzveranstaltungen:** Dadurch wird die Dienstplanung entlastet, da Mitarbeitende nicht alle gleichzeitig zu viele Fort- und Weiterbildungstage haben. Sie können die Inhalte flexibel konsumieren. Es müssen nur noch die Präsenzphasen für alle berücksichtigt werden.
- **Kooperationen mit externen Bildungsträgern zur Kostenreduktion:** Durch Zusammenarbeit mit Hochschulen oder Rettungsdienstschulen lassen sich Förderprogramme nutzen und Kosten senken. Ihr Rettungsdienst kann sich an Projekten beteiligen und Nutznießer von Förderprojekten sein.
- **Fördermittel und staatliche Programme nutzen:** Viele Bundesländer bieten finanzielle Unterstützung für Weiterbildungsmaßnahmen, die gezielt in die Personalentwicklung investiert werden können. Hier können Sie auch unabhän-

gig der oben genannten Kooperationen eigene Projekte angehen. Vergessen Sie neben den reinen Inhalten zum Wissenstransfer nicht, dass auch Krankenkassen viele Programme im Bereich Resilienz und andere fördern.

Anpassung an neue Generationen: Wie Personalentwicklung für Generation Z und Alpha attraktiv gestaltet wird

Die jüngeren Generationen bringen neue Erwartungen an ihren Arbeitsplatz mit. Während frühere Generationen oft Stabilität und langfristige Anstellung im Fokus hatten, legen Generation Z (geboren ca. 1995–2010) und Generation Alpha (ab 2010) besonderen Wert auf persönliche Entwicklung, Selbstbestimmung und eine gute Vereinbarkeit von Beruf und Privatleben. Ein Arbeitgeber, der keine modernen Weiterentwicklungsmöglichkeiten bietet, verliert schnell an Attraktivität Kap. 5. *Lösungsansätze:*

- **Mentoring-Programme speziell für junge Mitarbeitende:** Erfahrene Teammitglieder (dieses können PAL und/oder erfahrenere Auszubildende sein) helfen beim Berufseinstieg und begleiten die persönliche Entwicklung.
- **Karrierechancen frühzeitig aufzeigen:** Junge Rettungsdienstler sollten bereits in den ersten Berufsjahren Perspektiven für ihre Entwicklung erhalten.
- **Feedback- und Partizipationskultur stärken:** Generation Z legt großen Wert auf Transparenz und Mitbestimmung – regelmäßige Entwicklungsgespräche und Feedbackschleifen sind daher essenziell.

Vermeidung von Demotivation: Was tun, wenn Entwicklungsmöglichkeiten begrenzt sind?

Nicht jeder Rettungsdienst kann umfangreiche Karriere- oder Spezialisierungsprogramme anbieten. Gerade in kleineren Organisationen gibt es oft weniger Aufstiegsmöglichkeiten. Die Gefahr: Mitarbeitende fühlen sich perspektivlos und wechseln den Arbeitgeber oder verlassen den Beruf ganz. *Lösungsansätze:*

- **Horizontale Entwicklungsmöglichkeiten statt nur Aufstiegschancen:** Mitarbeitende können sich in fachlichen Spezialbereichen weiterentwickeln, auch ohne eine klassische Führungsposition einzunehmen.
- **Projektbeteiligung ermöglichen:** Mitarbeitende können aktiv in die Entwicklung neuer Konzepte eingebunden werden (z. B. Qualitätsmanagement, Ausbildungskonzepte, Präventionsprojekte, Onboarding, Digitalisierung etc.).
- **Interne Weiterqualifikationen statt nur externe Aufstiegsmöglichkeiten:** Zertifikatsprogramme oder interne Lehrgänge helfen, auch innerhalb kleinerer Organisationen Entwicklungsperspektiven zu schaffen.

- **Kooperation mit anderen Rettungsdiensten:** Gemeinsame Fortbildungsprogramme und Projekte mit benachbarten Rettungsdiensten können zusätzliche Entwicklungschancen eröffnen.

Die Personalentwicklung im Rettungsdienst steht vor komplexen Herausforderungen, die mit standardisierten Ansätzen allein nicht gelöst werden können. Zeitliche und finanzielle Einschränkungen, unterschiedliche Interessen der Mitarbeitenden und neue Erwartungen der jungen Generationen erfordern flexible, individuell anpassbare Konzepte. Rettungsdienste, die Personalentwicklung als langfristige Strategie begreifen und aktiv in innovative Maßnahmen investieren, profitieren doppelt: Sie sichern sich nicht nur eine hohe Versorgungsqualität, sondern auch eine starke Arbeitgebermarke (Employer Brand), die Fachkräfte langfristig bindet.

4.8 Offboarding und Alumni

Ein professionell gestaltetes Offboarding ist für Rettungsdienste von großer Bedeutung. Dabei gibt es **zwei zentrale Gruppen** von scheidenden Mitarbeitenden: Zum einen **jene, die aus persönlichen oder beruflichen Gründen bedauerlicherweise gehen**, und **zum anderen solche, deren Weggang weniger problematisch oder sogar erwünscht ist**. Der letzte Eindruck dieser Mitarbeitenden kann langfristige Auswirkungen auf das Image der Organisation haben und beeinflussen, ob die Person als Alumni weiterhin eine positive Verbindung zum Unternehmen pflegt. Neben den formellen Aspekten wie der Rückgabe von Materialien und der Abwicklung administrativer Prozesse sollte das Offboarding daher auch persönliche und kulturelle Komponenten umfassen, die je nach Art des Weggangs unterschiedlich gestaltet werden können.

Formelle Aspekte und Gründe des Weggangs
Ein strukturiertes Offboarding beginnt mit der Dokumentation und Verwaltung der formellen Aspekte. Dazu gehören:

- Kündigungsgespräch und Feedbackrunde
- Rückgabe von Dienstausstattung
- Abschluss von offenen Projekten/Übergabe von Aufgaben
- Erstellung von Arbeitszeugnissen

Besonders wichtig ist das **Austrittsgespräch**. Hier können Gründe für den Weggang erfasst und analysiert werden. Diese Erkenntnisse helfen dabei, strukturelle Verbesserungen vorzunehmen und zukünftige Fluktuationen zu reduzieren. Ein wertschätzender Austausch in diesem Gespräch kann zudem signalisieren, dass der Rettungsdienst für eine spätere Rückkehr offen ist.

▶ **Tipps für ein erfolgreiches Austrittsgespräch**
- Neutrale Atmosphäre schaffen: Das Gespräch sollte in einer ruhigen, ungestörten Umgebung stattfinden, um Offenheit zu fördern.
- Offene Fragen stellen: Zum Beispiel: „Was hat Ihnen an Ihrer Zeit hier gefallen?" oder „Welche Verbesserungen würden Sie vorschlagen?"
- Wertschätzung ausdrücken: Unabhängig vom Kündigungsgrund sollte dem Mitarbeitenden für seine geleistete Arbeit gedankt werden.
- Keine Konfrontation: Auch bei schwierigen Trennungen sollte das Gespräch sachlich und professionell geführt werden.
- Zukunftsperspektiven ansprechen: Falls eine Rückkehr möglich ist, kann dies klar kommuniziert werden.

Der letzte Eindruck zählt
Ein schlechter Abschied kann das gesamte Arbeitsverhältnis rückwirkend negativ erscheinen lassen. Ein **respektvoller und wertschätzender Umgang beim Austritt** trägt dazu bei, dass die scheidenden Mitarbeitenden positiv über ihre Zeit im Rettungsdienst berichten. Maßnahmen für einen gelungenen letzten Eindruck können sein:

- Ein Abschiedsgespräch mit dem Team
- Ein kleines Dankeschön oder eine Abschiedskarte
- Eine persönliche Verabschiedung durch Vorgesetzte

Diese Gesten tragen dazu bei, eine emotionale Verbundenheit aufrechtzuerhalten, auch wenn der Mitarbeitende den Rettungsdienst verlässt. Dabei ist jedoch zu berücksichtigen, dass sich **das Offboarding je nach Kündigungsgrund unterscheiden sollte**. Während besonders geschätzte Mitarbeitende, die aus persönlichen oder beruflichen Gründen gehen, aktiv im Alumni-Netzwerk gehalten werden sollten, kann der Umgang mit gekündigten Mitarbeitenden oder solchen, deren Weggang erwünscht ist, anders gestaltet sein. In solchen Fällen steht ein professioneller und sachlicher Abschied im Vordergrund.

4.8 Offboarding und Alumni

Alumni-Netzwerke als Chance für den Rettungsdienst
Viele Mitarbeitende verlassen den Rettungsdienstanbieter nicht aus Unzufriedenheit, sondern aufgrund von Faktoren wie fehlenden Aufstiegsmöglichkeiten, nicht zum Privatleben passenden Schichtmodellen oder attraktiveren Zusatzaufgaben bei anderen Rettungsdienstanbietern oder Organisationen. **Dies bedeutet jedoch nicht, dass sie im Schlechten gehen.** Vielmehr kann es sein, dass sie mit den neuen Erfahrungen später doch zurückkehren oder den Rettungsdienst positiv weiterempfehlen. Ein gut gepflegtes Alumni-Netzwerk kann dazu beitragen, diese wertvollen Kontakte aufrechtzuerhalten und die langfristige Bindung zu fördern. Viele Organisationen unterschätzen das Potenzial, das in der aktiven Einbindung früherer Teammitglieder liegt. *Ein gut strukturiertes Alumni-Netzwerk bietet Rettungsdiensten mehrere Vorteile:*

- **Empfehlungen:** Ehemalige Mitarbeitende können im Familien-, Freundes- und Bekanntenkreis Ihren Rettungsdienst als Arbeitgeber empfehlen.
- **Employer Branding:** Positive Erfahrungen ehemaliger Mitarbeitender stärken das Image des Rettungsdienstes.
- **Wiedereinstellungsmöglichkeiten:** Viele Rettungsdienstmitarbeitende verlassen ihren Arbeitsplatz aus temporären Gründen. Ein funktionierendes Alumni-Netzwerk erleichtert die Rückkehr.

Ehemalige zurückgewinnen: Die offene Tür signalisieren
Besonders für junge Fachkräfte, die nach ihrer Ausbildung neue Wege ausprobieren, kann ein Alumni-Netzwerk die Rückkehr erleichtern. Viele trauen sich nach einem Wechsel nicht mehr zurück, da sie Angst vor Vorurteilen oder Ablehnung haben. Um diesen Schritt zu erleichtern, sind folgende Maßnahmen hilfreich:

- **Offene Kommunikation:** Klare Signale setzen, dass Rückkehrer willkommen sind.
- **Rückkehrprogramme:** Spezielle Programme für ehemalige Mitarbeitende, um einen reibungslosen Wiedereinstieg zu ermöglichen (Abschn. 4.5.5).
- **Flexiblere Arbeitsmodelle:** Die Möglichkeit von Teilzeit- oder alternativen Schichtmodellen kann ehemaligen Mitarbeitenden den Wiedereinstieg erleichtern.
- **Informiert halten:** Regelmäßige Updates zu Veränderungen und Verbesserungen in Ihrem Rettungsdienst können das Interesse an einer Rückkehr wecken. *Die Frage im Austrittsgespräch, ob die Alumni im Newsletter bleiben möchten, kann helfen in Erinnerung zu bleiben und dazu beitragen, dass die positiven Informationen weitergetragen werden.*

Durch diese Maßnahmen kann der Rettungsdienst eine positive Arbeitgebermarke etablieren und langfristig wertvolle Mitarbeitende zurückgewinnen.

Literatur

Albs, N. (2005). *Wie man Mitarbeiter motiviert. Motivation und Motivationsförderung im Führungsalltag.* Cornelsen.

Bastam, N., Bicker, C., Walf, J., & Nachtwei, J. (2020). Recruiting 4.0 – Potenziale und Herausforderungen des Recruitings im Zeitalter der Digitalisierung. In M. Harwardt et al. (Hrsg.), *Führen und Managen in der digitalen Transformation. Trends, Best Practices und Herausforderungen.* Springer Gabler.

Beck, C. (2012). *Personalmarketing 2.0: Vom Employer Branding zum Recruiting* (2., neu bearb. u. erw. Aufl.). Luchterhand.

Brenner, D. (2020). *Onboarding. Als Führungskraft neue Mitarbeiter erfolgreich einarbeiten und integrieren* (2. Aufl.). Springer Gabler.

Buckmann, J. (2017). *Einstellungssache: Personalgewinnung mit Frechmut und Können. Frische Ideen für Personalmarketing und Employer Branding* (2., akt. u. erw. Aufl.). Springer Gabler.

Christa, H. (2019). *Personalmarketing: Eine Einführung für sozialwirtschaftliche Organisationen.* Springer Gabler.

Haubold, A.-K., Gnieser, K., Golovina, M., et al. (2014). Mitarbeiter an das Unternehmen binden. In A.-K. Haubold, T. Gonschorek, I. Gestring, et al. (Hrsg.), *Managementkompetenzen im Mittelstand. Grundlegendes Wissen und Instrumente zur praktischen Umsetzung* (S. 113–130). Springer Gabler.

Hungenberg, H., & Wulf, T. (2021). Personal und Führung. In *Grundlagen der Unternehmensführung.* Springer Gabler.

Kraft, N. C. (2024). *Gelungenes Onboarding, Reboarding und Offboarding im Unternehmen.* Springer.

Meyer, F., & Becker, R. (2024). *FANOMICS – Mitarbeiter zu Fans machen. Wie Sie von der Ökonomie des Fan-Prinzips profitieren.* Springer Gabler.

Staehle, W. (1999). *Management* (8. Aufl.). Vahlen.

NFS-Auszubildende und die Generation Z

5

Zusammenfassung

Der Arbeitsmarkt hat sich stark verändert. Demografischer Wandel, Fachkräftemangel und neue Erwartungen der jungen Generationen fordern auch den Rettungsdienst heraus. Klassische Recruiting-Strategien reichen nicht mehr aus – Organisationen müssen gezielt auf veränderte Werte, Bedürfnisse und Kommunikationsgewohnheiten eingehen. Besonders die Generation Z und Alpha erwarten Sinnhaftigkeit, Entwicklungsmöglichkeiten, Work-Life-Balance 2.0 sowie Smart-Work-Life-Integration und digitale, moderne Arbeitsstrukturen. Arbeitgeber, die dies nicht bieten, haben es schwerer, junge Menschen zu gewinnen und langfristig zu binden. Eine starke Employer Brand, ein durchdachtes Preboarding und moderne Lehr- sowie Kommunikationsmethoden sind entscheidend. Führungskräfte und Teams müssen sich anpassen, um Nachwuchskräfte optimal zu integrieren.

Dieses Kapitel zeigt, wie der Rettungsdienst junge Generationen begeistert, moderne Ansätze nutzt und durch Employer Branding, strukturiertes Preboarding sowie eine angepasste Führungskultur nachhaltig bindet.

„Die heutige Jugend ist von Grund auf verdorben, sie ist böse, gottlos und faul. Sie wird niemals so sein wie die Jugend vorher und es wird ihr niemals gelingen, unsere Kultur zu erhalten"

Diese Inschrift auf einer 3000 Jahre alten babylonischen Tontafel (Mansel, 2003, S. 170) zeigt, dass sich die Gesellschaft schon seit Jahrtausenden mit den nachfolgenden Generationen beschäftigt – und ihnen oftmals nichts Gutes unterstellt. Auch heute prägt der Begriff „Generation" unser Verständnis verschiedener Altersgruppen im privaten und beruflichen Kontext. Besonders im Berufsleben und im Rettungsdienst treffen verschiedene Generationen aufeinander, die jeweils unterschiedliche Vorstellungen voneinander haben und sowohl positive als auch negative Stereotypen auf die anderen Generationen projizieren (Oertel, 2014, S. 29).

Wichtig ist es, zu verstehen, welche unterschiedlichen Stereotypen den einzelnen Generationen zugeschrieben werden, welche prägenden Gemeinsamkeiten, verschiedenen Wertvorstellungen, Fähigkeiten und Bedürfnisse existieren und wie diese optimal für den Einsatzbereich genutzt werden können. Daraus lässt sich im weiteren Verlauf ein Generationenmanagement entwickeln, das die Zusammenarbeit der verschiedenen Generationen bestmöglich fördert.

Es ergibt sich, dass es notwendig ist, verschiedene Aspekte – wie etwa Wertvorstellungen, Einstellungen zum Arbeitsleben und Rollenbilder der unterschiedlichen Generationen – genauer zu betrachten. Ziel ist es, eine Generationenstrategie zu erarbeiten, die speziell auf die Fokusgruppe dieses Kapitels (Generation Z) abgestimmt ist, aber gleichzeitig mit den anderen Generationen in Einklang steht, um die Zusammenarbeit nachhaltig zu optimieren.

Klaus Hurrelmann und Albrecht (2014, S. 12–13), einer der bedeutendsten deutschen Forscher auf diesem Gebiet, beschreibt:

> „Ob Generation X, Y, Golf, Praktikum, ob die Babyboomer oder die 68er – In Wissenschaft und Journalismus, in Pädagogik und Berufsforschung ist der Ehrgeiz groß, jeder neuen, jungen Generation eine erkennbare und unverwechselbare Mentalität, so etwas wie einen einheitlichen Sozialcharakter zuzuschreiben und ihr möglichst auch einen klingenden Namen zu geben."

Dieses Kapitel beschäftigt sich mit dem Begriff der Generationen im Allgemeinen und im weiteren Verlauf speziell mit der Generation Z, die aktuell die Gruppe der Auszubildenden bildet. Zudem erhalten Sie einen ersten Ausblick auf die Generation Alpha. Diese Generation – ab 2010 geboren – steht mit ihren derzeit 15 Jahren bereits in den Startlöchern.

Auch wenn im Rettungsdienst oft angenommen wird, dass noch einige Jahre Zeit bleiben, ist es bereits jetzt essenziell, die Weichen passend zu stellen und die Generation Alpha für den Rettungsdienst als potenziellen Arbeitgeber zu sensibilisieren. Tätigkeiten im Schulsanitätsdienst, bei der Jugendfeuerwehr oder in Jugendgruppen der Hilfsorganisationen können dazu beitragen, frühzeitig Interesse zu wecken und zukünftige Auszubildende mit dem Berufswunsch Rettungsdienst zu gewinnen.

Wir werden einzelne Aspekte dieses Buches gezielt auf die Generation Z übertragen – insbesondere Inhalte zur Employer Brand, zur Gewinnung der Generation Z sowie zum Umgang mit ihr aus der Perspektive der Praxisanleitungen.

5.1 Die Generationen im Überblick

Bereits 1883 beschreibt der deutsche Philosoph und Theologe Wilhelm Dilthey (S. 37) eine Generation als:

„Kreis von Individuen, welche durch die Abhängigkeit von denselben großen Tatsachen und Veränderungen, wie sie im Zeitalter der Empfänglichkeiten auftraten, trotz der Verschiedenheit hinzutretender anderer Faktoren zu einem homogenen Ganzen verbunden sind."

1928 erörterte der Soziologe Karl Mannheim das Generationenkonzept und fasste Geburtenjahrgänge in Kohorten zusammen, Grundlagen für die entstehenden Kohorten waren Erlebnisse gleicher Natur, welche diese Jahrgänge gemeinsam durchlebt haben und welche diese Jahrgänge prägten. Zu Zeiten Mannheimers war dieses z. B. der Erste Weltkrieg, der Zweite Weltkrieg und die Nachkriegszeit. Zusammenfassend beschreibt Mannheim den Generationsbegriff als verwandte Geburtenjahrgänge, welche einen gemeinsamen historisch-sozialen Hintergrund haben (Mannheim, 1928, S. 292).

5.1.1 Generationen

Laut Mannheim bedingt der Verbund aus sozialen und biologischen Elementen das Entstehen einer Generation. Hierbei spielen sowohl gesellschaftliche Trends als auch gemeinsame, prägende soziale Ereignisse und Erinnerungen – insbesondere aus der Kindheit und Jugend – eine entscheidende Rolle (Mannheim, 1965, S. 518).

Scholz bestätigt, dass Generationen zwar keine homogenen Blöcke bilden, jedoch jede Generation von bestimmten Werten geprägt ist, die besonders dominieren. Diese Werte entstehen laut Scholz durch den Einfluss von Zeit und Umgebung (Scholz, 2014, S. 16–17)

Oertel erweitert diese Sichtweise und beschreibt, dass die Prägung von Generationen unter anderem durch den Zeitpunkt und den Ort der Geburt bestimmt wird. In Deutschland zeigt sich dies besonders bei den Generationen der „Babyboomer" und der „Generation X". Eine wichtige Unterscheidung besteht darin, ob eine Person in der Bundesrepublik Deutschland (BRD) oder in der Deutschen Demokratischen Republik (DDR) geboren wurde. Daraus ergeben sich weitere prägende Merkmale, insbesondere die wirtschaftlichen, politischen, rechtlichen und kulturellen Ereignisse, die diese Jahrgänge gemeinsam erlebt haben (Oertel, 2014, S. 29).

Die „Babyboomer"-Generation in der DDR wurde beispielsweise durch die Einführung der Planwirtschaft und die Reparationszahlungen geprägt. Der Bau der Berliner Mauer war sowohl für die „Babyboomer" in der DDR als auch in der BRD ein prägendes Ereignis. Für die „Babyboomer" in der BRD hingegen waren der wirtschaftliche Wiederaufbau, das sogenannte „deutsche Wirtschaftswunder" und der damit einhergehende wachsende Wohlstand zentrale Merkmale. Dieser wirtschaftliche Aufschwung führte zu politischer und sozialer Stabilität, was wiederum zu steigenden Geburtenzahlen in den 1950er-Jahren beitrug – woraus sich der Begriff „Babyboomer" ableitet.

Die **Generation X** wurde unter anderem durch den Mauerfall, die ersten Personal Computer, den Walkman und das Ende des Kalten Krieges geprägt. Für die **Generation Y** gehören beispielsweise die Einführung von Google, das flächendeckende Internet, die Wirtschaftskrise, die Terroranschläge am 11. September 2001 in New York und die Präsidentschaft von Barack Obama zu den gemeinsam erlebten prägenden Ereignissen.

Die **Generation Z** zeichnet sich durch ein hohes Wohlstandsniveau aus. Die Frage, welche Generation auf die Generation Z folgen wird, wird derzeit mit „**Generation Alpha**" beantwortet.

Menschen in Kohorten einzuteilen und ihnen konkrete Verhaltensweisen zuzuschreiben, ist jedoch nicht immer ganz treffend. Natürlich unterscheiden sich auch die Mitglieder einzelner Generationen untereinander. Sie werden zusätzlich davon beeinflusst, ob sie beispielsweise jüngere oder ältere Geschwister haben und aus welchen Milieus sie stammen. Sind sie in einem bürgerlichen oder in einem prekären Milieu aufgewachsen? Welche Werte haben ihre Eltern und ihr Umfeld geprägt? All diese Faktoren spielen eine Rolle.

Es gibt somit zahlreiche unterschiedliche prägende Einflüsse. Dennoch hilft uns die Einteilung in Generationen dabei, einen groben Durchschnitt zu ermitteln, dem wir einen Namen geben können. Aus diesem Grund ist es überhaupt möglich, an dieser Stelle über die Generation Z zu sprechen.

Scholz (2014, S. 35) zeigt die sich abwechselnden Merkmale der Generationen auf. Es ist eine **antizyklische Entwicklung** erkennbar – die Folgegeneration möchte sich von der vorherigen abgrenzen. *Kommt Ihnen das bekannt vor? Haben wir nicht alle einmal gedacht: Wir werden alles anders und besser machen als unsere Eltern?*

5.1 Die Generationen im Überblick

So sind die Generationen der **Babyboomer** und **Generation Y** stärker **kollektiv** ausgerichtet, während die **Generationen X und Z** eher **individuell** geprägt sind. Das berufliche Aktivitätsniveau der Generationen X und Z wird zudem als niedriger beschrieben als das der Babyboomer und der Generation Y – und so setzt sich das Muster fort.

Dieser Hintergrund ist von entscheidender Bedeutung. Wenn die Generation Z beispielsweise mehr Gemeinsamkeiten mit der Generation X hat als mit der näherliegenden Generation Y, warum werden dann in Unternehmen so häufig Vertreter der Generation Y als Botschafter für die Generation Z eingesetzt? Die Generation Y vertritt ganz andere Werte und kann die Generation Z weniger gut erreichen als die Generation X.

Denken Sie einmal darüber nach: Es ist grundsätzlich von Vorteil, Vertreter derselben Generation als Unternehmensbotschafter einzusetzen – also Generation Z für Generation Z und so weiter. Wenn jedoch ältere Vertreter hinzugezogen werden sollen, sollte eher auf die Generation X zurückgegriffen werden, um die Generation Z anzusprechen.

Abschließend lässt sich festhalten, dass es keine weltweit einheitliche Bezeichnung der Generationen gibt – weder in Bezug auf die Namen noch auf die Geburtenjahrgänge. Dies liegt teilweise an historischen Charakteristika: So fand der Babyboom nach dem Zweiten Weltkrieg in den USA früher statt als in Deutschland.

Zudem existieren viele Synonyme, die generationsübergreifend verwendet werden, wie beispielsweise der Begriff Millennials und die Digital Natives. Um die Übersichtlichkeit in diesem Buch zu wahren, zeige ich in Abb. 5.1 eine grundlegende, allgemeingültige Übersicht.

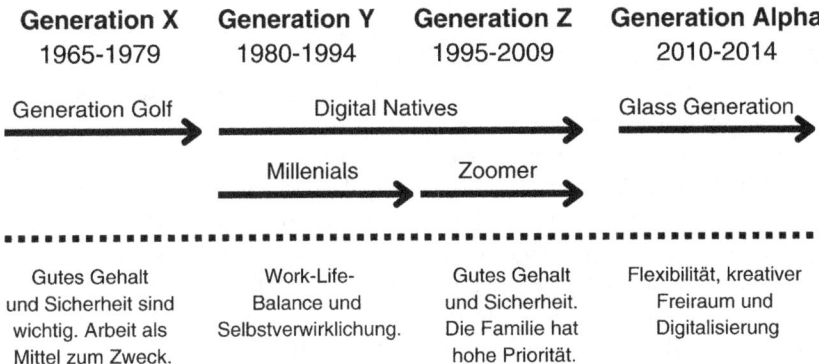

Abb. 5.1 Übersicht der Generationen. (Eigene Erstellung)

5.1.2 Generation X

▶ Einstellung zur Arbeit: Work-Life-Balance. Klare Trennung von Arbeit & Privatleben.

Der Begriff „**Generation X**" wurde durch den amerikanischen Schriftsteller Douglas Coupland populär, der in seinem gleichnamigen Roman (1992) die Identitäts- und Zukunftssorgen dieser Generation thematisierte (Hurrelmann & Albrecht, 2014, S. 13). Er wählte das „X" als Symbol für deren Rätselhaftigkeit. Durch den Erfolg seines Buches etablierte sich dieser Begriff weltweit (Klaffke, 2014, S. 45).

Ein in Deutschland bekanntes Synonym für eine Teilgruppe der Generation X ist „Generation Golf" (Bittner, 2018, S. 69; Illies, 2009, passim). 2006 wurde dieser Begriff in der überregionalen deutschen Presse fast 130 Mal verwendet (Karasek, 2008, S. 1). Der VW Golf war in den 1980er- und 1990er-Jahren das typische Auto junger Erwachsener und galt als Symbol für Wohlstand, aber auch für eine gewisse Angepasstheit.

Die Generation X wuchs größtenteils bei Babyboomer-Eltern auf, die ihre Kinder emotional, finanziell und zeitlich intensiv unterstützten und ihnen eine gute Ausbildung ermöglichten (Klaffke, 2014, S. 45). Gleichzeitig erlebte diese Generation jedoch wirtschaftliche und gesellschaftliche Unsicherheiten, die durch eine steigende Arbeitslosigkeit, politische Instabilität sowie die AIDS- und Drogenkrisen jener Zeit geprägt waren.

Ein prägendes Merkmal der Generation X ist ihr Individualismus, der unter anderem darauf zurückzuführen ist, dass beide Elternteile oft berufstätig waren. Zudem waren viele Arbeitsplätze unsicher und durch häufige Kündigungen bedroht. Die steigende Scheidungsrate führte dazu, dass viele Kinder dieser Generation früh Verantwortung übernehmen mussten und oft ohne direkte elterliche Betreuung aufwuchsen (Becton et al., 2014, S. 176–177). Dies förderte ihre ausgeprägte Selbstständigkeit.

Die Generation X gilt als belastbar, kreativ und selbstbewusst. Sie ist individualistischer als die Babyboomer, wobei Familie dennoch eine hohe Bedeutung hat. Teamarbeit wird oft nachrangig betrachtet (Oertel, 2014, S. 118–120).

Ergänzend kann hinzugefügt werden, dass sie häufig als skeptisch, aber auch pragmatisch wahrgenommen wird. Aufgrund der politischen und gesellschaftlichen Veränderungen entwickelte diese Generation eine gewisse Distanz und Zweifel gegenüber etablierten Systemen (Scholz, 2014, S. 79).

Übersicht Generation X
Die **Generation X** legt am Arbeitsplatz großen Wert auf **eigenverantwortliches, ergebnisorientiertes** und **flexibles Arbeiten**. Sie schätzt eine **hohe Autonomie** und bevorzugt es, Aufgaben selbstständig zu erledigen, ohne ständige Kontrolle durch Vorgesetzte. Teamwork ist ihnen nicht so wichtig.

Ein zentrales Anliegen ist die **Work-Life-Balance**, da sie die arbeitsintensiven Karrieremodelle der Babyboomer erlebt hat und eine ausgewogene Lebensführung anstrebt. Gleichzeitig ist sie leistungsorientiert und erwartet von Arbeitgebern **klare Entwicklungsmöglichkeiten**, praxisnahe **Weiterbildungsangebote** und eine **leistungsbezogene Vergütung**.

Technologie betrachtet sie pragmatisch: **Moderne Arbeitsmittel und technologische Innovationen sind willkommen, solange sie die Arbeit effizienter machen**. Sie passt sich neuen Tools an, setzt sie aber gezielt ein, ohne sich von jedem Trend mitreißen zu lassen.

In der Führung bevorzugt sie eine **klare, aber flexible Führungskultur**. Sie schätzt **Feedback und Anerkennung**, benötigt diese jedoch nicht in der Häufigkeit, wie es jüngere Generationen erwarten. Wichtiger sind ihr eine glaubwürdige, kompetente Führungskraft und nachvollziehbare Entscheidungen.

Loyalität zum Arbeitgeber ist für sie an gute Arbeitsbedingungen geknüpft: Sie bleibt einem Unternehmen treu, wenn die **Arbeitskultur, Werte und Entwicklungsperspektiven** stimmen. Ist dies nicht der Fall, wechselt sie pragmatisch den Job.

5.1.3 Generation Y

▶ Einstellung zur Arbeit: Work-Life-Blend. Arbeit soll ins Leben integriert werden. Sinn ist wichtiger als Geld.

Die Zeitschrift Advertising Age führte 1993 erstmals den Begriff „**Generation Y**" ein, um Jugendliche zu beschreiben, die sich deutlich von ihren Vorgängergenerationen unterschieden (Advertising Age, 1993, S. 16). Der Buchstabe „Y" wird im Englischen wie „why" ausgesprochen, was treffend das kritische und hinterfragende Denken dieser Generation symbolisiert.

Mangelsdorf (2015, S. 18) beschreibt, dass die Generation Y weniger darüber nachdenkt, wie ihre Zukunft konkret aussehen wird, sondern vielmehr infrage stellt, ob traditionelle Zukunftspläne überhaupt noch Bestand haben. Diese Generation neigt dazu, Dinge kritisch zu hinterfragen, sucht nach Sinn und fordert aktiv Feedback ein (Moskaliuk, 2019, S. 47).

Die Eltern der Generation Y stammen überwiegend aus der jüngeren Babyboomer-Generation und der Generation X. Während viele Eltern der Generation X in ihrer Kindheit vergleichsweise wenig elterliche Aufmerksamkeit erfuhren, neigten sie dazu, ihre eigenen Kinder mit mehr Fürsorge, Anerkennung und Aufmerksamkeit zu erziehen (Becton et al., 2014, S. 176–177; Mangelsdorf, 2015, S. 19).

Technologische Neuerungen werden von der Generation Y intuitiv adaptiert, da sie mit Computern, dem Internet und Mobiltelefonen aufgewachsen sind. Sie nutzen das Internet aktiv, sowohl zur Wissensaneignung als auch zur Selbstverwirklichung und zur Kommunikation über soziale Netzwerke wie Facebook (Pfeil, 2017, S. 69). Aufgrund ihrer digitalen Affinität wird die Generation Y gelegentlich auch als „erste Digital-Native-Generation" bezeichnet. Klaus & Schneider (2016, S. 44) untermauern diese Aussage und betonen, dass ein Leben ohne Handy und Internetzugang für die Generation Y kaum vorstellbar ist. Die Digitalisierung prägt ihr Umfeld maßgeblich.

Die Babyboomer-Generation ist zusammen mit der Generation X zahlenmäßig stärker vertreten als die Generation Y. Hier stehen fast 30 Mio. erfahrene Mitglieder 16,5 Mio. Mitgliedern der Generation Y gegenüber. (Statistisches Bundesamt, 2024). Dies spiegelt sich auch in gesellschaftlichen und politischen Diskussionen wider. Während die Babyboomer und Teile der Generation X mehr Einsatz in der Arbeitswelt fordern, setzt sich die Generation Y für flexible Arbeitszeiten und Homeoffice ein. Sie legt Wert auf eine ausgeglichene Work-Life-Balance und fordert Modelle wie Elternzeit. Anstatt traditionelle Karrierewege mit lückenlosen Lebensläufen zu verfolgen, setzen viele auf lebenslanges Lernen, Weiterbildungen und berufsbegleitende Studiengänge (Hurrelmann & Albrecht, 2014, S. 200).

Sie erkennen, dass es bereits große Unterschiede zwischen den Babyboomern, der Generation X und der Generation Y existieren, denen Sie auf der Rettungswache begegnen. Jetzt kommt als weitere Gruppe die Generation Z hinzu, welche als Auszubildende und junge Mitarbeitende in die Teams kommen. Diese Gruppe ist aktuell zwischen 16 und 30 Jahre alt und macht bereits 12,3 Mio. Menschen in Deutschland aus.

Übersicht Generation Y
Digital Natives sind von klein auf mit Technologie aufgewachsen und **stets vernetzt**. Sie nutzen digitale Tools intuitiv und erwarten, dass ihr Arbeitsumfeld ebenso flexibel und digital geprägt ist. Am Arbeitsplatz suchen sie **Freiheit und Flexibilität** – sei es durch flexible Arbeitszeiten, Remote-Work oder eigenverantwortliches Arbeiten. **Kollaboration und Teamwork** sind für sie essenziell, wobei sie agile, hierarchiearme Strukturen bevorzugen.

Sie schätzen **technologische Innovationen** und eine Arbeitskultur, die **Kreativität und neue Lösungsansätze** fördert. Gleichzeitig legen sie Wert auf **Diversität, Inklusion, Nachhaltigkeit** und **soziales Engagement** – sie erwarten, dass Unternehmen gesellschaftliche Verantwortung übernehmen und authentische Werte vertreten.

Die Arbeit muss für sie **sinnstiftend** sein: Sie möchten verstehen, welchen Beitrag ihre Tätigkeit leistet, und identifizieren sich stärker mit einem Purpose als mit reinem Profitstreben. **Führungskräfte** müssen daher die Sinnhaftigkeit der Aufgaben vermitteln, Teamarbeit fördern und **regelmäßiges, konstruktives Feedback** geben. **Transparenz und offene Kommunikation** sind für Digital Natives entscheidend – sie erwarten Ehrlichkeit und den Dialog auf Augenhöhe.

Sie sind zudem **karrierebewusst**, aber weniger loyal gegenüber Unternehmen als frühere Generationen. Wenn sie keine **Entwicklungsmöglichkeiten** sehen oder sich nicht mit den Unternehmenswerten identifizieren, wechseln sie schnell den Arbeitgeber.
Statt einer strikten Work-Life-Balance bevorzugen sie eine **Work-Life-Integration** (Work-Life-Blend), bei der sich Arbeit und Privatleben flexibel anpassen lassen. Unternehmen, die eine innovative, digitale und wertorientierte Arbeitskultur bieten, sind für sie besonders attraktiv.

5.1.4 Generation Z

▶ Einstellung zur Arbeit: Work-Life-Balance 2.0. Klare Grenzen, Arbeit soll flexibel, aber nicht das Leben bestimmen

Die Eingrenzung der Geburtenjahrgänge der Generation Z variiert je nach Quelle. Hurrelmann & Albrecht (2014) definieren sie von 2000 bis 2015, während Scholz (2014), Mangelsdorf (2015) und Klaffke (2014) eine Spanne von 1995 bis 2010 angeben. **Der Großteil der Forschung tendiert zur Eingrenzung zwischen 1995 und 2010.**

Auch die folgende Generation Alpha wird von namhaften Wissenschaftlern wie Mark McCrindle meist als die zwischen 2010 und 2025 geborene Kohorte betrachtet. Ab 2025 werden somit die ersten Vertreter der Generation Beta das Licht der Welt erblicken.

Trotzdem fällt es vielen noch schwer, die Generation Z zu verstehen und sie im Generationenmix angemessen anzuleiten und zu führen.

Im Folgenden möchte ich darstellen, **wie die Generation Z tickt und vor allem warum**. Dies hilft Ihnen und Ihrem Team, einen Perspektivenwechsel vorzunehmen und die Generation Z besser zu verstehen. Anschließend werde ich den **Blick der Generation Z auf die anderen Generationen**, die in Ihrer Rettungswache tätig sind, näher beleuchten.

Wie ist die Generation Z aufgewachsen?
Die Generation Z ist in einem Umfeld aufgewachsen, das von wirtschaftlicher Unsicherheit, Klimawandel, politischer Instabilität und rasantem technologischem Fortschritt geprägt ist. Diese Faktoren haben ihre Einstellungen und Werte stark beeinflusst.

- **Digitalisierung und Social Media:** Generation Z ist die erste Generation, die vollständig in der digitalen Welt aufgewachsen ist. Während Millennials (Generation Y) noch den Übergang von der analogen zur digitalen Welt miterlebt

haben, kennt Gen Z kein Leben ohne das Internet, Smartphones oder soziale Medien. Plattformen wie Instagram, TikTok und YouTube prägen ihr Kommunikations- und Informationsverhalten.
- **Wirtschaftliche Unsicherheiten und Krisen:** Diese Generation erlebte als Kinder oder Jugendliche die Folgen der globalen Finanzkrise von 2008, die Corona-Pandemie und geopolitische Spannungen wie zuletzt den Ukraine Krieg und seine Auswirkungen selbst in unseren Supermärkten. Dadurch hat sie eine größere finanzielle Vorsicht als Millennials entwickelt und legt mehr Wert auf sichere Arbeitsplätze.
- **Klimawandel und Nachhaltigkeit:** Umwelt- und Klimaschutz sind zentrale Themen für die Generation Z. Bewegungen wie „Fridays for Future" zeigen, dass diese Generation aktiv für Veränderungen eintritt und Unternehmen zunehmend danach beurteilt, wie nachhaltig sie handeln.
- **Soziale Gerechtigkeit und Diversität:** Themen wie Gleichberechtigung, LGBTQ+-Rechte und Antidiskriminierung sind für Gen Z besonders wichtig. Sie fordert von Politik und Unternehmen eine klare Haltung in diesen Bereichen.

Welche Werte und Einstellungen hat die Generation Z?
Die Generation Z unterscheidet sich in ihrer Denkweise und ihren Wertvorstellungen deutlich von vorherigen Generationen. Diese Unterschiede sind nicht zufällig, sondern spiegeln die gesellschaftlichen und technologischen Entwicklungen wider, die diese Generation geprägt haben. Die folgenden Bereiche sind für die Generation Z besonders wichtig:

- **Work-Life-Balance und Karrierevorstellungen**
  - **Arbeit ist Mittel zum Zweck, nicht Lebensinhalt:** Während frühere Generationen Arbeit oft als zentrales Element ihrer Identität betrachteten, sieht Generation Z sie pragmatischer. Die Grenze zwischen Arbeit und Freizeit wird von ihr klar gezogen. Übermäßige Überstunden oder ständige Erreichbarkeit werden nicht als Zeichen von Engagement gewertet, sondern eher als Missmanagement von Arbeitszeit und fehlender Wertschätzung durch den Arbeitgeber.
    - *Hintergrund:* Die Generation Z hat miterlebt, wie viele Millennials im Streben nach Selbstverwirklichung in der Arbeit ausgebrannt sind („Burnout-Generation"). Gleichzeitig haben sie in der Corona-Pandemie erlebt, dass Arbeitszeit und -ort flexibel gestaltet werden können, ohne dass Produktivität leidet. Diese Erfahrungen haben ihr Bewusstsein für eine klare Work-Life-Balance geschärft.

5.1 Die Generationen im Überblick

- **Wunsch nach Flexibilität und Selbstbestimmung:** Flexibilität ist für Gen Z nicht nur ein Vorteil, sondern eine Grundvoraussetzung. Sie bevorzugt Remote-Work, flexible Arbeitszeiten und hybride Modelle, die es ihr ermöglichen, Beruf und Privatleben besser zu koordinieren.
  - *Hintergrund:* Das Aufwachsen mit digitalen Technologien hat ihnen gezeigt, dass Arbeit nicht zwangsläufig an einen bestimmten Ort oder fixe Zeiten gebunden ist. Gleichzeitig sind sie Zeugen einer Kultur geworden, in der psychische Gesundheit stärker in den Fokus rückt – sie möchten vermeiden, dass starre Arbeitsmodelle ihre persönliche Lebensqualität beeinträchtigen.
- **Finanzielle Sicherheit hat Priorität:** Im Gegensatz zu den Millennials (Generation Y), die in den 2000er-Jahren oft einen „Follow your Passion"-Ansatz verfolgten, legt die Generation Z mehr Wert auf sichere Arbeitsplätze, eine gute Bezahlung und langfristige finanzielle Stabilität.
  - *Hintergrund:* Viele Angehörige der Generation Z haben die Finanzkrise 2008 als Kinder oder Jugendliche miterlebt. Sie haben gesehen, wie ihre Eltern oder ältere Geschwister unter Jobverlust, Schulden oder wirtschaftlichen Unsicherheiten litten. Auch die Corona-Krise und steigende Lebenshaltungskosten verstärken dieses Sicherheitsbedürfnis.
- **Digitale Affinität und Kommunikationsstil**
- **Visuelle und schnelle Kommunikation bevorzugt:** Die Generation Z nutzt soziale Medien und digitale Plattformen für nahezu alle Lebensbereiche – von der Nachrichtenaufnahme bis zur Freizeitgestaltung. Lange E-Mails oder formelle Briefe wirken für sie umständlich und unpraktisch. Stattdessen bevorzugen sie kurze, visuelle Inhalte, schnelle Chat-Nachrichten und Videoformate.
  - *Hintergrund:* Diese Präferenz ist darauf zurückzuführen, dass sie mit Plattformen wie TikTok, Instagram und YouTube aufgewachsen ist. Hier sind Informationen oft stark visuell aufbereitet und auf wenige Sekunden oder Minuten komprimiert. Möchten Sie mit dieser Generation kommunizieren, müssen daher ihre Kommunikationsstrategien anpassen und interaktive, leicht konsumierbare Inhalte nutzen. Beispielsweise kurze Reels bei Instagram und Shorts bei YouTube.
- **Authentizität ist entscheidend:** Während ältere Generationen oft Marketing oder Unternehmenskommunikation als selbstverständlich hinnahmen, durchschaut die Generation Z sofort, wenn etwas nicht echt wirkt. Sie bevorzugt transparente, ehrliche und ungefilterte Kommunikation. Unternehmen, die in ihren Botschaften aufgesetzt oder unglaubwürdig erscheinen, werden schnell hinterfragt oder abgelehnt.

- *Hintergrund:* Social Media hat die Art der Kommunikation grundlegend verändert. Junge Menschen sind es gewohnt, Marken direkt zu hinterfragen und Unternehmen für Unstimmigkeiten oder „Greenwashing" öffentlich zur Rechenschaft zu ziehen. Plattformen wie Twitter und TikTok haben das Potenzial, innerhalb kürzester Zeit kritische Diskussionen über Unternehmen zu entfachen.
- **Ständige Vernetzung, aber trotzdem einsam?** Obwohl die Generation Z als die „am besten vernetzte Generation" gilt, gibt es auch Hinweise darauf, dass sie sich oft einsam oder isoliert fühlt. Trotz der permanenten Online-Konnektivität fehlt es manchmal an echten, tiefgehenden Beziehungen.
- *Hintergrund:* Der übermäßige Konsum digitaler Inhalte hat zu veränderten sozialen Interaktionen geführt. Während frühere Generationen durch persönliche Gespräche oder Telefonate kommunizierten, erfolgt heute vieles über kurze Nachrichten oder Likes. Das Gefühl, „ständig verbunden, aber dennoch allein zu sein", ist eine Herausforderung, die viele Mitglieder dieser Generation empfinden.

• **Erwartungen an Arbeitgeber und Unternehmenskultur**
- **Unternehmen müssen klare Werte vertreten:** Die Generation Z beurteilt Arbeitgeber nicht nur nach Gehalt oder Karrieremöglichkeiten, sondern auch nach deren Werten und gesellschaftlichem Engagement. Themen wie Nachhaltigkeit, Diversität und soziale Gerechtigkeit sind entscheidend für die Wahl eines Unternehmens.
- *Hintergrund:* Diese Generation ist mit weltweiten Protestbewegungen und sozialen Debatten aufgewachsen – von Fridays for Future bis hin zu LGBTQ+-Rechten. Unternehmen, die sich nicht klar positionieren, laufen Gefahr, als rückständig oder unattraktiv wahrgenommen zu werden.
- **Feedbackkultur und Weiterentwicklung:** Regelmäßiges Feedback ist für Gen Z essenziell. Statt eines jährlichen Mitarbeitergesprächs bevorzugt sie kontinuierliche Rückmeldungen und konstruktive Unterstützung durch Mentoring und Coaching.
- *Hintergrund:* Das Bildungssystem hat sich gewandelt – in Schulen und Universitäten erhalten junge Menschen heute regelmäßig Bewertungen, digitale Fortschrittsberichte oder Echtzeit-Feedback durch Lernplattformen. Diese Erwartung setzen sie auch im Berufsleben fort.
- **Karrierewege müssen individuell und dynamisch sein:** Die klassische „Karriereleiter", bei der man sich über Jahrzehnte hinweg langsam hocharbeitet, ist für Gen Z wenig attraktiv. Stattdessen wünschen sie sich individuelle Entwicklungswege, die schneller zu neuen Verantwortungsbereichen führen und persönliche Interessen berücksichtigen.

5.1 Die Generationen im Überblick

- *Hintergrund:* Da viele digitale Plattformen eine sofortige Verfügbarkeit und personalisierte Erlebnisse bieten, erwarten junge Arbeitnehmer auch im Job eine maßgeschneiderte Entwicklung. Sie sind nicht bereit, jahrelang in derselben Position auf den „nächsten Karriereschritt" zu warten.
- **Nachhaltigkeit und soziale Verantwortung**
  - **Nachhaltiges Handeln ist kein Bonus, sondern Pflicht**: Die Generation Z erwartet von Unternehmen eine klare Haltung zu Umwelt- und Klimafragen. Nachhaltigkeit wird nicht als Marketing-Trend gesehen, sondern als Notwendigkeit. Unternehmen, die sich nicht aktiv um nachhaltige Praktiken bemühen, werden schnell als unattraktiv wahrgenommen.
  - Hintergrund: Junge Menschen erleben die Auswirkungen des Klimawandels unmittelbar und sehen ihn als eine der größten Bedrohungen ihrer Zukunft.
  - **Greenwashing wird sofort entlarvt**: Viele Unternehmen haben versucht, sich durch oberflächliche Maßnahmen ein nachhaltiges Image zu geben. Die Generation Z durchschaut dies jedoch schnell und fordert echte Veränderungen statt reiner PR-Kampagnen.
    - *Hintergrund:* Durch den einfachen Zugang zu Informationen über soziale Medien können junge Menschen Unternehmenspraktiken kritisch hinterfragen. Wer Nachhaltigkeit nur als Verkaufsargument nutzt, riskiert einen massiven Glaubwürdigkeitsverlust.

Wie denkt die Generation Z über die anderen Generationen?

Für einen **Perspektivenwechsel** lohnt es sich, die unterschiedlichen Betrachtungsweisen der Generationen zueinander zu beleuchten. In meinen Workshops konfrontiere ich gerne Teilnehmende verschiedener Generationen mit entsprechenden Aussagen und bitte sie, in gemischten Gruppen darüber zu diskutieren und die Ergebnisse anschließend im Plenum vorzustellen. Dies ist eine hervorragende Möglichkeit, um einen ersten Perspektivenwechsel anzustoßen, der in den Teams zu mehr gegenseitigem Verständnis führt.

Christian Scholz (2014) beschreibt diese Dynamik der Generationen untereinander, und ich lade Sie ein, diese Überlegungen in Ihren eigenen Workshops zu nutzen.

Generation Y und Generation Z

Laut Christian Scholz (2014, S. 78) entwickelt die Generation Y durch aktuelle gesellschaftliche Veränderungen und das Erkennen verschiedener Realitäten eine gewisse Neigung, die Perspektiven der Generation Z anzuerkennen. Beispiele hierfür sind:

- Die Generation Y hatte ursprünglich großes Interesse an Politik und war selbst aktiv. Durch zahlreiche Skandale und enttäuschte Erwartungen hat sich diese Begeisterung jedoch abgeschwächt.
- Zu Beginn begrüßte die Generation Y die Bologna-Reform, da Bachelor-Programme einen schnelleren Einstieg in die Berufswelt ermöglichten. Im weiteren Verlauf stellte sich jedoch heraus, dass ein Masterabschluss mittlerweile zum Standard in vielen akademisierten Berufsfeldern geworden ist.
- In Bezug auf finanzielle Erwartungen musste die Generation Y feststellen, dass nur wenige tatsächlich zu Großverdienern werden. Die einst populären Werkverträge und Langzeitpraktika stellten sich langfristig als wenig nachhaltige Optionen heraus.

Diese Erkenntnisse haben laut Scholz dazu geführt, dass die **Generation Y ein grundsätzlich neues Verständnis für die Generation Z entwickelt hat.**

Die **Perspektive der Generation Z auf die Generation Y** fällt jedoch deutlich kritischer aus. Sie grenzt sich stark von den Werten dieser Generation ab und sieht **sie eher als eine Warnung denn als ein Vorbild.**

Daraus lassen sich erste Rückschlüsse ziehen: Obwohl die Generation Y der Generation Z altersmäßig relativ nahe steht, übernimmt sie in deren Augen keine Vorbildfunktion. Viele Organisationen setzen jedoch gerade junge Führungskräfte der Generation Y als Mentoren und Ansprechpartner für die Generation Z ein. In Anbetracht dessen, dass die Generation Z eher in Gruppen aktiv wird, in denen sie mit und für Gleichaltrige arbeiten kann, könnte es sinnvoll sein, auch Paten aus der eigenen Generation als mögliche Recruiting- und Bindungsmaßnahmen in Betracht zu ziehen.

Generation X und Generation Z

Im Vergleich zur Generation Y gibt es zur Generation X viele Parallelen. Dies lässt sich auch aus allgemeinen Generationenmodellen ableiten, die aufzeigen, dass sich Merkmale über mehrere Generationen hinweg alternierend wiederholen.

Beide Generationen sind eher von Individualismus und Gemeinschaftsgefühl geprägt und haben häufig einen lokalen Bezug in ihrer Identität. Auf den ersten Blick könnte dies dafür sprechen, dass Mitglieder der Generation X geeignete Mentoren und Botschafter für die Generation Z sein könnten.

Scholz beschreibt jedoch, dass, obwohl Generation X und Generation Z in Themen wie Politik, Bildungssystem, Einkommensstrukturen und Arbeitswelt ähnliche Herausforderungen erleben, ihre Herangehensweise an diese Themen völlig gegensätzlich ist.

5.1 Die Generationen im Überblick

- Die **Generation X** sieht in der Generation Z eine Generation, die ihre eigenen Werte und Meinungen bestätigt. Dadurch fühlt sie sich in ihrer oftmals **resignierten Haltung** gegenüber dem System bestärkt.
- Die **Generation Z** hingegen erkennt dieselben gesellschaftlichen Herausforderungen, lehnt aber die Resignation der Generation X bewusst ab und **bleibt optimistisch in Bezug auf ihre Zukunft**.

In der Wahrnehmung der Generation Z wird die **Generation X mit einer Mischung aus Sympathie und Mitleid** betrachtet.

- **Sympathie**, weil beide Generationen als „verloren" wahrgenommen werden.
- **Mitleid**, weil die Generation X aus Sicht der Generation Z keine Perspektiven mehr hat und sich nicht aktiv für Veränderungen einsetzt.

Somit zeigt sich, dass die Generation X zwar Verständnis für die Generation Z aufbringt, jedoch aufgrund ihrer resignierten Haltung nicht unbedingt als motivierendes Vorbild fungieren kann. Haben Sie jedoch keine geeigneten Vertreter der Generation Z für diese Aufgaben, sollten Sie auf die Generation X zurückgreifen, bevor Sie die Generation Y nutzen.

Babyboomer und Generation Z
Die Generation der Babyboomer steht der Generation Z in vielen Punkten **besonders konträr** gegenüber. Einige Vertreter dieser Generation betrachten die Generation Z kritisch, während andere versuchen, sie zu verstehen – jedoch oft ohne intensiven Austausch.

Scholz (2014, S. 85) beschreibt beispielsweise einen Hochschulprofessor aus der Generation der Babyboomer, der sich kurz vor dem Ruhestand resignierend nicht mehr für die Zukunft der Hochschule engagiert. Er begründet dies mit der Annahme, dass es den Studierenden der Generation Z gleichgültig sei, was mit der Hochschule geschieht – sie hätten kein Interesse mehr daran, „die Welt zu retten".

Interessanterweise lassen sich auch **Babyboomer von der Generation Z beeinflussen**. Beispielsweise übernehmen einige Babyboomer die Praxis der Generation Z, das **Wochenende zur Familienzeit zu erklären** und mehr Wert auf Freizeitgestaltung zu legen. Scholz spricht in diesem Zusammenhang sogar von einer „Infizierung mit dem Z-Virus".

Die Generation Z beschreibt die Babyboomer mit folgenden Aussagen:

- „Die schon wieder!"
- „Sie sind viele, sie sind reich und sie sind mächtig: Die Babyboomer bestimmen, wo es langgeht – in der Politik, in der Wirtschaft, in der Kultur. Warum kommen die Jüngeren nicht gegen sie an?"
- „Die sogenannten Babyboomer sind die größte und wohlhabendste Alterskohorte aller Zeiten."
- „Die Babyboomer waren immer die Mehrheit: Sie sind es gewohnt, dass alles, was sie beschäftigt, auch die ganze Gesellschaft beschäftigt. Jetzt in ihren besten Jahren sitzen sie an den Schaltstellen des Landes."

Die Generation Z betrachtet die Babyboomer mit Skepsis und entwickelt daraus eine eher kritische Grundhaltung. Dies zeigt, dass sich Babyboomer – anders als es in vielen Unternehmen üblich ist – eher weniger als Mentoren und Paten für die Generation Z eignen.

Übersicht Generation Z
Die **Generation Z** ist in einer hochdigitalisierten Welt aufgewachsen. Sie ist **vielseitig, global vernetzt** und sucht **Flexibilität in der Arbeit** – sei es durch hybride Modelle, Remote-Work oder individuell gestaltbare Arbeitszeiten.
  Ihr sind **Anpassungsfähigkeit, Gleichberechtigung und soziales Engagement** genauso wichtig wie **Authentizität und Transparenz**. Unternehmen müssen diese Werte nicht nur kommunizieren, sondern aktiv leben.
  Digitale Technologien sind für sie selbstverständlich – sie fordert **moderne Arbeitsmittel, technologische Innovationen und effiziente digitale Prozesse**.
  Karrierewege betrachtet sie nicht nur aus Hierarchie-Perspektive, sondern sucht **schnelle Entwicklungsmöglichkeiten**, die neue Erfahrungen und Weiterbildungen bieten. **Mentoring und individuelle Förderung** spielen eine zentrale Rolle in ihrer beruflichen Entfaltung.
  Von Führungskräften erwartet sie eine **wertschätzende, offene Kommunikation**, regelmäßiges Feedback sowie eine klare Haltung zu **Vielfalt und Inklusion**. Unternehmen, die Nachhaltigkeit, soziale Verantwortung und Innovationsgeist verkörpern, sind für sie besonders attraktiv.

5.1.5 Ausblick Generation Alpha

▶ Einstellung zur Arbeit: Smart Work-Life-Integration. Während Generation Z klare Trennung zwischen Arbeit und Leben fordert, könnte Generation Alpha durch smarte Technologien und Automatisierung eine natürliche Balance schaffen, ohne sich strikt von der Arbeit abgrenzen zu müssen.

5.1 Die Generationen im Überblick

Die frühzeitige Auseinandersetzung mit der **Generation Alpha** ist bereits heute von großer Bedeutung. Wenn wir unseren Nachwuchs für das Berufsbild Rettungsdienst begeistern möchten, braucht es eine frühzeitige Sensibilisierung. Wir müssen sie sowohl in den Schulen als auch in ihrer Freizeit erreichen. **Dies kann durch folgende Maßnahmen erfolgen:**

- Förderung des Schulsanitätsdienstes
- Infotage in Schulen sowie Praxiseinblicke durch Aktionstage auf der Wache
- Unterstützung des ehrenamtlichen Engagements in Jugendorganisationen der Feuerwehr und der Hilfsorganisationen

Die Generation Alpha wächst in einer Zeit rasanter technologischer Fortschritte auf. **Künstliche Intelligenz und Digitalisierung** sind für sie nicht nur Werkzeuge, sondern prägen ihre gesamte Welt und vereinfachen viele Prozesse. Da sie von klein auf mit **Smart Devices, Sprachassistenten und automatisierten Systemen** aufwächst, wird sie Technologie als selbstverständlichen Bestandteil des Alltags betrachten und von Arbeitgebern erwarten, dass sie moderne Technologien effektiv einsetzen.

Generation Alpha wächst mit ständig neuen Technologien und rasanten Innovationszyklen auf, weshalb sie es als selbstverständlich erachten wird, dass Unternehmen mit den neuesten digitalen Tools arbeiten. Ähnlich wie die Generation Z wird sie dabei **benutzerfreundliche, intuitive und personalisierte Lösungen** bevorzugen, da sie von klein auf an künstliche Intelligenz und adaptive Systeme gewöhnt ist.

▶ *Zeigen Sie also an dieser Stelle was Sie können, berichten Sie in Schulen und an Infotagen von NIDApads, Telenotarzt-Systemen, KI gestützte Apps für den Rettungsdienst und von allem, was Sie haben. Bauen Sie solche Elemente bereits in die Jugendarbeit mittels praktischer Anteile ein.*

Da die Generation noch jung ist, lassen sich ihre **Werte und Einstellungen nur prognostizieren**. Erste Trends zeigen jedoch, dass sie eine **starke Gemeinschaft und Zusammenarbeit am Arbeitsplatz** suchen wird. Dies liegt daran, dass sie in einer hypervernetzten Welt aufwächst, in der **sozialer Austausch über digitale Medien selbstverständlich** ist. Gleichzeitig erlebt sie die Arbeitswelt ihrer Eltern (Generation Y und Z), die verstärkt auf flache Hierarchien und kollaboratives Arbeiten setzen.

▶ *Fördern Sie die Gemeinschaft und die Zusammenarbeit durch gemeinsame Projekte und Events, diese dürfen in Präsenz und auch gerne zwischendurch als Remote-Projekte unter Anwendung kollaborativer Tools sein.*

Gleichberechtigung, Vielfalt und Nachhaltigkeit werden für sie zentrale Anforderungen an Unternehmen sein. Da bereits die Generation Z in diesen Bereichen hohe Erwartungen an Arbeitgeber stellt und Regierungen sowie Unternehmen zunehmend auf Diversität und Umweltbewusstsein setzen, wird Generation Alpha kaum Unternehmen akzeptieren, die nicht aktiv gesellschaftliche Verantwortung übernehmen. Social Media und Transparenzkultur verstärken diesen Trend weiter – Unternehmen stehen unter stärkerer öffentlicher Beobachtung als je zuvor.

▶ Bereits in Abschn. 3.1.6 wurde die zunehmende Bedeutung der **Corporate Social Responsibility (CSR)** hervorgehoben. Zudem wissen wir, dass CSR seit der Generation X an Bedeutung gewonnen hat. **Setzen Sie hier Zeichen und fördern Sie nachhaltige Projekte!** Nehmen Sie am **World Cleanup Day** teil, unterstützen Sie die Teilnahme an **Firmenläufen zugunsten nachhaltiger Projekte** und berichten Sie darüber in den sozialen Medien. Vergeben Sie hierfür **Bonuspunkte** (Abschn. 4.6.3) und begeistern Sie nicht nur die Generation Alpha, sondern auch die vorherigen Generationen.

Arbeitsmodelle müssen **flexibel und familienfreundlich** sein. Da ihre Eltern (Generation Y) bereits stark auf Work-Life-Balance und familienfreundliche Strukturen achten, wird Generation Alpha dies vermutlich als Standard ansehen und keine Abweichung davon akzeptieren. Während ältere Generationen noch für flexible Arbeitszeiten und Homeoffice kämpfen mussten, wird Alpha erwarten, dass Ortsunabhängigkeit, flexible Zeiteinteilung und digitale Vernetzung zur Norm gehören.

Hier stellt sich die Frage, wie sich dies im Rettungsdienst umsetzen lässt. Selbstverständlich müssen die Rettungsmittel in Präsenz besetzt sein (abgesehen vom Telenotarzt), doch möglicherweise ergeben sich in Zukunft weitere Entwicklungen.

Vielleicht wird es künftig Gemeindenotfallsanitäter (GNFS) geben, die auch Remote-Anteile durch Videoberatung abbilden – doch das bleibt vorerst Zukunftsmusik. Realistischer ist es, darüber nachzudenken, welche Projekte für die Generationen Z und Alpha interessant sein könnten und ob sich diese mit Remote-Anteilen – zeit- und ortsunabhängig – umsetzen lassen.

Mögliche Projekte mit Potenzial:

5.1 Die Generationen im Überblick

- Ein gemeinsam geplanter Welcome Day
- Digitalisierungsprojekte
- Onboarding-Projekte
- Nachhaltigkeitsinitiativen
- Ausbildungsprojekte, die gemeinsam mit den Praxisanleitern entwickelt werden

Diese Formate könnten nicht nur flexibler gestaltet, sondern auch gezielt an die Erwartungen der jungen Generationen angepasst werden.

Gleichzeitig wird eine **Führungskultur erwartet, die Kreativität und kontinuierliches Lernen fördert**. Da Bildung für Generation Alpha zunehmend **individualisiert, digital und interaktiv gestaltet** wird (z. B. durch adaptive Lernplattformen, Gamification und KI-gestützte Tutorien), wird sie auch in der Arbeitswelt erwarten, dass sie sich kontinuierlich und auf personalisierte Weise weiterentwickeln kann.

Von Führungskräften verlangt Generation Alpha **emotionale Intelligenz, transparente Kommunikation und die Integration digitaler Lernmethoden**. Dies ergibt sich aus einem gesellschaftlichen Wandel hin zu **werteorientierter Führung**, bei der Empathie, Diversität und individuelle Förderung eine zunehmend größere Rolle spielen. Arbeitgeber, die diese Aspekte nicht berücksichtigen, könnten für diese Generation unattraktiv wirken.

Unternehmen, die individuelle Entwicklung, sinnstiftende Arbeit und innovative Technologien vereinen, werden für Generation Alpha besonders attraktiv sein. Da sie in einer Welt mit immer größerer Automatisierung aufwächst, wird sie sich in Berufen wiederfinden, die verstärkt auf Kreativität, kritisches Denken und soziale Intelligenz setzen – anstatt auf rein repetitive Tätigkeiten.

▶ **Praxistipp Zukunftsworkshop Rettungsdienst – Hybrid Initiieren Sie einen Zukunftsworkshop Rettungsdienst** – gemeinsam mit Vertretern verschiedener Generationen und Rollen, z. B. Leitungskräften, Praxisanleitungen und weiteren Fachkräften **aus Ihrem Rettungsdienst**.
Gestalten Sie den Workshop hybrid:

- **Kickoff in Präsenz:** Nutzen Sie ein erstes Treffen, um über kollaborative digitale Tools abzustimmen und die Grundlagen zu legen.
- **Weiterführende Workshops remote:** Im Anschluss setzen Sie digitale Formate ein, sodass alle Teilnehmenden parallel die Tools und Möglichkeiten kennenlernen.

Mehrwert für alle Beteiligten:

- Arbeitszeit und Bonuspunkte hinterlegen, um die Teilnahme zu incentivieren
- Verschiedene Generationen zusammenbringen, die sich gegenseitig inspirieren
- Sinnstiftende, innovative Inhalte entwickeln, die zugleich remotefähig sind
- Erfahrungen sammeln, um zukünftige Projekte digital zu optimieren

Ergebnis: Sie stärken Ihre Employer Brand als innovativer, flexibler und moderner Arbeitgeber, der den Rettungsdienst zukunftsfähig gestaltet.

5.2 Gewinnung der Generation Z als NFS-Auszubildende

Die Generation Z stellt für den Rettungsdienst eine entscheidende Zielgruppe dar, wenn es um die Nachwuchsgewinnung geht. Doch klassische Recruiting-Strategien greifen bei dieser Generation oft nicht mehr. Um junge Menschen für die Ausbildung im Rettungsdienst zu gewinnen, müssen neue Ansätze entwickelt werden, die ihre Erwartungen, Werte und Kommunikationsgewohnheiten berücksichtigen.

Ein entscheidender Faktor ist, Begeisterung zu wecken. Die Generation Z sucht nach sinnstiftenden Berufen, die ihnen persönliche Erfüllung, Weiterentwicklung und einen direkten gesellschaftlichen Impact bieten. Der Rettungsdienst kann genau das bieten – doch diese Botschaft muss gezielt vermittelt werden. Dabei spielen authentische Einblicke, moderne Kommunikationsformate und eine frühzeitige Bindung eine zentrale Rolle.

Eng damit verbunden ist die Employer Brand. Unternehmen und Organisationen im Rettungsdienst müssen sich als attraktive, moderne und wertorientierte Ausbildungsbetriebe positionieren. Neben einem strukturierten Ausbildungsplan sind flexible Arbeitsmodelle, digitale Prozesse und ein wertschätzendes Arbeitsumfeld für diese Generation entscheidend. Die Arbeitgebermarke muss nicht nur nach außen sichtbar sein, sondern auch intern gelebt werden, um junge Talente langfristig zu binden.

Ein oft unterschätzter Aspekt in der Gewinnung junger Fachkräfte ist das Preboarding. Während viele Organisationen den Fokus auf das eigentliche Onboar-

5.2 Gewinnung der Generation Z als NFS-Auszubildende

ding legen, beginnt die Identifikation mit dem Arbeitgeber bereits viel früher. Durch gezielte Willkommensveranstaltungen, digitale Informationsangebote und persönliche Betreuung vor dem Ausbildungsstart kann frühzeitig eine emotionale Bindung geschaffen werden, die die Wahrscheinlichkeit erhöht, dass sich neue Auszubildende langfristig mit ihrem Beruf und ihrem Arbeitgeber identifizieren.

In diesem Abschnitt werden verschiedene Strategien und Maßnahmen betrachtet, um die Generation Z gezielt für die Ausbildung als Notfallsanitäter:in zu gewinnen und nachhaltig zu binden.

5.2.1 Begeisterung wecken

Die Begeisterung der Generationen Z und Alpha für den Rettungsdienst sollte nicht erst mit der Stellenausschreibung für Ausbildungsplätze beginnen. Um nachhaltig Nachwuchs zu gewinnen, muss das Interesse bereits in der Schulzeit geweckt und langfristig vertieft werden.

Ein zentraler Ansatz besteht darin, junge Menschen **frühzeitig durch Möglichkeiten des Engagements mit dem Rettungsdienst in Kontakt zu bringen**. Organisationen sollten gezielt mit Jugendgruppen der Hilfsorganisationen, der Jugendfeuerwehr oder dem Schulsanitätsdienst zusammenarbeiten, um erste Berührungspunkte mit dem Berufsfeld zu schaffen. Diese Angebote ermöglichen es, die Faszination für die medizinische Notfallversorgung, Eigenverantwortung und technische Innovationen früh zu erleben.

Zusätzlich lohnt es sich, bei jungen Menschen die moderne Entwicklung des Rettungsdienstes hervorzuheben. Während viele noch ein klassisches Bild des Berufs haben, sollten Arbeitgeber gezielt aufzeigen, wie sich der Rettungsdienst durch Digitalisierung, Technologie und neue Einsatzkonzepte weiterentwickelt hat. Ein Infotag oder eine Schulveranstaltung bietet die perfekte Gelegenheit, um zu veranschaulichen, welche spannenden und innovativen Aspekte der Beruf heute beinhaltet. Themen wie:

- **Telenotarzt-Systeme** und deren Rolle in der modernen Notfallmedizin
- **Digitale Hilfsmittel** wie NIDApads, Apps und KI-gestützte Entscheidungsunterstützung
- **Berufliche Entwicklungsmöglichkeiten** wie Praxisanleitung, Führungsaufgaben, Lehrtätigkeiten an Schulen oder die Mitwirkung an innovativen Projekten bis zum Studium
- **Neue Arbeitsmodelle**, beispielsweise Remote Work oder kollaboratives Arbeiten (siehe Praxistipp Abschn. 5.1.3), sofern dies in der jeweiligen Organisation umgesetzt wird

- **Zukunftsvisionen**, etwa die Gemeindenotfallsanitäter als nächste Entwicklung im Rettungsdienst und Möglichkeit der eigenen Weiterentwicklung

Ein weiterer wichtiger Faktor bei der Gewinnung von Nachwuchskräften ist das Thema **Nachhaltigkeit und gesellschaftliche Verantwortung (CSR)**. Wenn eine Organisation bereits nachhaltige Konzepte oder soziale Projekte verfolgt, sollten diese bei Informationsveranstaltungen gezielt präsentiert werden. Die Generation Z legt großen Wert auf eine sinnstiftende Tätigkeit und bevorzugt Arbeitgeber, die sich gesellschaftlich engagieren.

Um **Begeisterung besonders authentisch zu vermitteln**, empfiehlt es sich, **aktuelle Auszubildende als Multiplikatoren einzusetzen**. Junge Menschen können ihre eigenen Erfahrungen und Eindrücke am besten weitergeben. Durch Storytelling und praxisnahe Einblicke entsteht eine direkte Identifikation mit dem Beruf und der Organisation. Eine anschließende Einladung auf die Social-Media-Kanäle des Rettungsdienstes kann zusätzlich dazu beitragen, Interessierte langfristig zu binden.

Nach einem erfolgreichen Infotag bietet es sich an, junge Interessierte zu einem Praxis-Tag auf der Rettungswache einzuladen. Dort können sie:

- **Modernste Technologien kennenlernen** und ausprobieren
- **Einen Telenotarzt-Einsatz live erleben,** um zu sehen, wie digitale Lösungen die Patientenversorgung unterstützen
- **Den Beruf in Aktion erleben** und erkennen, dass die Arbeit als Notfallsanitäter:in nicht nur eine verantwortungsvolle, sondern auch eine spannende Tätigkeit mit viel Eigenverantwortung, technologischem Fortschritt und Entwicklungsmöglichkeiten ist

Mit einem modernen, interaktiven Ansatz kann es gelingen, die Generationen Z und Alpha gezielt für den Rettungsdienst zu begeistern und eine langfristige Verbindung herzustellen.

Idealerweise kooperieren Sie mit Ihrer Berufsfachschule, an der die zukünftigen Notfallsanitäter:innen ausgebildet werden. Einblicke in die Ausbildung sind besonders wertvoll, insbesondere da viele Schulen bereits mit modernster Technologie arbeiten.

Erste Schulen setzen beispielsweise auf realitätsnahe Wetter-Simulationen:

- **Regen** wird durch Sprinkleranlagen erzeugt
- **Schnee** wird durch Schaum simuliert
- **Windmaschinen** sorgen für starke Windverhältnisse

So können Auszubildende unter realistischen Bedingungen trainieren. Wird die Ausbildung zusätzlich durch **AI-Brillen** und **aufwendige Simulationen** ergänzt, entstehen **perfekte Lernumgebungen**, die den Beruf noch spannender machen und optimal auf den Einsatz vorbereiten.

Nutzen Sie diese innovativen Methoden in Kooperation mit Ihrer Rettungsdienstschule, um die Ausbildung für die Zielgruppe der Generation Z und Alpha attraktiv darzustellen.

5.2.2 Employer Brand

Die Employer Brand, also das **gezielte Markenbild eines Arbeitgebers**, spielt für die Generationen Z und Alpha eine **entscheidende Rolle bei der Berufswahl**. Während frühere Generationen vor allem nach sicherer Beschäftigung und geregeltem Einkommen suchten, legen junge Menschen zunehmend Wert auf Sinnhaftigkeit, moderne Arbeitsbedingungen und eine wertorientierte Unternehmenskultur.

Gerade für den Rettungsdienst, der sich im Wettbewerb um Nachwuchs mit vielen anderen Berufsfeldern befindet, ist es essenziell, sich als attraktiver, zukunftsorientierter Ausbildungsbetrieb zu präsentieren. Doch was genau macht eine Employer Brand für die Generationen Z und Alpha besonders relevant – und wie kann der Rettungsdienst diese gezielt nutzen, um Notfallsanitäter-Auszubildende zu gewinnen?

Das gesamte Thema Employer Brand wurde in Kap. 3 ausführlich behandelt. An dieser Stelle werden Sie noch einmal komprimiert für die Generationen Z und Alpha aufbereitet, beachten Sie aber unbedingt die ausführlicheren Inhalte in Kap. 3.

Was macht eine Employer Brand für Generation Z und Alpha besonders attraktiv?

Für die Generationen Z und Alpha sind klassische Argumente wie Sicherheit und Status weniger ausschlaggebend als für frühere Generationen. Sie möchten sich mit ihrem Arbeitgeber identifizieren und erwarten ein Arbeitsumfeld, das sich durch folgende Aspekte auszeichnet:

- **Sinnstiftende Tätigkeit**: Sie möchten wissen, dass ihre Arbeit eine echte Bedeutung hat und einen positiven gesellschaftlichen Einfluss leistet.
- **Transparenz und Ehrlichkeit**: Authentische Kommunikation über Arbeitsbedingungen, Entwicklungsmöglichkeiten und Herausforderungen ist für sie entscheidend.

- **Digitale und moderne Arbeitsweise**: Ein Arbeitgeber sollte digitale Technologien selbstverständlich in den Arbeitsalltag integrieren.
- **Nachhaltigkeit und soziale Verantwortung (CSR)**: Unternehmen mit nachhaltigen Konzepten und gesellschaftlichem Engagement sind für sie besonders attraktiv.
- **Flexibilität und Work-Life-Balance**: Sie erwarten moderne Arbeitszeitmodelle und eine respektvolle Haltung gegenüber Freizeit und Erholung.
- **Individuelle Entwicklungsmöglichkeiten**: Klare Perspektiven für Weiterbildung und Karriere sind essenziell.

Diese Werte müssen nicht nur versprochen, sondern erlebbar gemacht werden. Daher ist es wichtig, dass Employer Branding nicht nur auf Marketingmaßnahmen basiert, sondern in der Unternehmenskultur verankert ist.

Praxistipps für ein erfolgreiches Employer Branding im Rettungsdienst
Um Notfallsanitäter-Auszubildende gezielt zu gewinnen, sollten Rettungsdienste ihre Employer Brand aktiv und strategisch aufbauen. Die folgenden Maßnahmen bieten praxisnahe Ansätze, um sich erfolgreich als Ausbildungsbetrieb zu positionieren:

1. **Moderne Kommunikationswege nutzen**
   - Präsenz auf **TikTok, Instagram und YouTube**, um jungen Menschen authentische Einblicke in den Rettungsdienst zu geben.
   - Auszubildende als **Markenbotschafter** einsetzen, die über ihren Alltag und ihre Erfahrungen berichten.
   - **Karriere-Webseiten modern und interaktiv gestalten**, mit Videos, FAQ-Bereichen und Testimonials von Auszubildenden (Abschn. 4.4.4).
2. **Den Rettungsdienst als Hightech-Arbeitsplatz präsentieren**
   - Vermittlung, dass der Rettungsdienst nicht nur Blaulicht-Romantik, sondern eine **hochmoderne, technikgestützte Notfallmedizin** ist.
   - Vorstellung digitaler Innovationen wie **Telenotarzt, KI-gestützte Einsatzplanung** und moderne Simulationstrainings.
   - Bereitstellung **interaktiver Formate** wie **virtuelle Rettungswachenführungen** oder **Live-Events mit modernen Rettungsmitteln**.
3. **Ausbildung erlebbar machen – Infotage und Schnuppertage gestalten**
   - Organisation von **Aktionstagen** für Schulen, bei denen Schüler Notfallmedizin selbst erleben können.
   - Bereitstellung von Schnupperpraktika mit realistischen Einsatzsimulationen, um das Berufsfeld greifbarer zu machen.

5.2 Gewinnung der Generation Z als NFS-Auszubildende

- Einbindung von aktuellen Auszubildenden, um authentische Einblicke zu ermöglichen (Abschn. 5.2.1).

4. **Den Bewerbungsprozess modern und unkompliziert gestalten**
   - **Vereinfachung des Bewerbungsprozesses** durch digitale Bewerbungsmöglichkeiten mit schnellen Rückmeldungen.
   - **WhatsApp oder Instagram als Kommunikationskanal** nutzen, um Fragen niedrigschwellig zu beantworten.
   - Einladung zu **virtuellen Kennenlerngesprächen**, um frühzeitig Bindung aufzubauen.

5. **Preboarding aktiv gestalten**
   - Nach der Zusage sofort **Willkommenspakete** mit Informationen und kleinen Giveaways versenden.
   - Einladung zu einem **digitalen Preboarding-Treffen**, um frühzeitig das Team und die künftige Arbeitswelt kennenzulernen.
   - Nutzung von **E-Learning-Plattformen**, um erste Inhalte spielerisch und interaktiv zu vermitteln.
   - Preboarding wird aufgrund der höheren Bedeutung gezielt in Abschn. 5.2.3 dargestellt.

6. **Karriere- und Entwicklungsperspektiven transparent aufzeigen**
   - Klare **Darstellung von Fortbildungsmöglichkeiten**, Spezialisierungen und Karriereschritten im Rettungsdienst.
   - **Aufzeigen von langfristigen Perspektiven** wie Praxisanleitung, Führungspositionen oder Spezialisierungen im Bereich Intensivtransporte, Kindernotarzt (Baby-NEF oder Inkubatorfahrzeuge). Anschließende Studiengänge für Führung, Pädagogik oder Notfall- und Krisenmanagement.
   - Betonung, dass der Rettungsdienst kein „Durchgangsjob", sondern eine **langfristige Berufsperspektive** mit Aufstiegsmöglichkeiten ist.

Die Generationen Z und Alpha entscheiden sich nicht einfach für einen Ausbildungsplatz – sie suchen nach einem Arbeitgeber, mit dem sie sich identifizieren können. Arbeitgeber im Rettungsdienst müssen deshalb mehr als nur eine Stellenausschreibung bieten. Sie müssen zeigen, dass der Rettungsdienst modern, zukunftssicher, abwechslungsreich und gesellschaftlich wertvoll ist.

5.2.3 Besonderheit Preboarding

Preboarding bezeichnet den Zeitraum zwischen der Vertragsunterzeichnung und dem ersten Arbeitstag. Im Rettungsdienst ist diese Phase oft sehr kurz – häufig nur zwei bis drei Wochen. In solchen Fällen rückt das Preboarding weniger in den Fokus (siehe Abschn. 4.5.1). Doch für bestimmte Zielgruppen, wie Auszubildende und Freiwilligendienstleistende (Bundesfreiwilligendienst und Freiwilliges Soziales Jahr), kann die Preboarding-Phase mehrere Monate (bis zu 10 Monate) umfassen und ist von zentraler Bedeutung. Diese Zielgruppen verdienen daher besondere Berücksichtigung.

Warum ist Preboarding für die Generation Z so wichtig?

Ein schlecht gestaltetes Preboarding fördert die sogenannte **No-Show-Rate**, also das Nichterscheinen zum Ausbildungsstart. Bei jüngeren Menschen, insbesondere der Generation Z, kann diese Rate über 30 % liegen. Stellen Sie sich vor, Sie stellen zehn Auszubildende ein, aber nur sieben erscheinen zum Ausbildungsbeginn. Was passiert mit den anderen drei? Oft liegen die Gründe für ihr Fernbleiben in einem mangelhaften Preboarding.

Ein Blick in die Gedankenwelt der Generation Z

Stellen Sie sich vor, Sie sind 18 Jahre alt und haben im Februar einen Ausbildungsvertrag im Rettungsdienst unterschrieben. Die Freude ist groß, und Sie erzählen Ihrer Familie und Ihren Freund:innen davon. Rettungswagen auf der Straße fallen Ihnen jetzt besonders auf, und die Begeisterung wächst. Doch dann hören Sie monatelang nichts mehr von Ihrem zukünftigen Arbeitgeber. Was passiert?

1. *Ängste entstehen:*
   - War die Entscheidung richtig?
   - Gibt es vielleicht noch einen besseren Ausbildungsplatz?
   - Warum meldet sich mein Arbeitgeber so lange nicht?
   - Wie werden die anderen Mitarbeitenden sein?
2. *Begeisterung schwindet:*
   - Abwerbeversuche durch Jobbörsen, Familie oder Freunde werden attraktiver.
   - Junge Menschen sondieren die Lage neu und entscheiden sich oft stillschweigend für einen anderen Ausbildungsplatz.
3. *Absagen bleiben aus:*
   - Warum melden sie sich nicht? Ganz einfach: Es ist ihnen unangenehm, und sie möchten Konfrontationen vermeiden. Zudem denken viele: „Sie haben sich ja auch nicht gemeldet. Selbst schuld!" Aus der Perspektive der Generation Z erscheint es nur fair, nicht mehr zu reagieren, wenn der Kontakt ohnehin einseitig war.

5.2 Gewinnung der Generation Z als NFS-Auszubildende

Die Bedeutung der Preboarding-Phase

Die Preboarding-Phase bietet Ihnen die Chance, die Begeisterung Ihrer zukünftigen Auszubildenden aufrechtzuerhalten und Abwerbeversuche zu verhindern. Die Generation Z legt Wert auf Wertschätzung, klare Kommunikation und kontinuierlichen Kontakt. Hier können Sie punkten – oder verlieren.

Was macht eine gute Preboarding-Phase aus?

Lassen Sie uns ein Beispiel betrachten: Ein Ausbildungsvertrag wird im Februar unterzeichnet, der Ausbildungsbeginn ist im Oktober. Welche Maßnahmen können in dieser Zeit umgesetzt werden? Die zentralen Elemente einer erfolgreichen Preboarding-Phase sind **Information, Kontakt halten** und **Spaß**.

1. **Willkommenspaket (Februar/März):** Begrüßen Sie Ihre neuen Auszubildenden zeitnah mit einem persönlichen und motivierenden Paket. Dieses kann Folgendes beinhalten:
   - Einen *Willkommensbrief*, der die zukünftigen Auszubildenden willkommen heißt und wichtige Ansprechpartner:innen vorstellt.
   - Eine Einladung, Ihrem Unternehmen auf *Social-Media-Kanälen* wie Instagram zu folgen, um einen Einblick in den Alltag zu bekommen.
   - *Kleine Giveaways*, die die emotionale Bindung stärken – z. B. Kugelschreiber oder personalisierte Klett-Namensschilder mit „NFS Auszubildende:r".

Nicht jedes Namensschild wird den Weg auf die Wache schaffen – manche werden einfach „*verlegt*" – die Generation Z kann das gut. Aber im Vorfeld landen sie oft dekorativ im Zimmer oder werden stolz in den sozialen Medien präsentiert. Und genau das ist der Punkt! Diese kleinen Gesten begeistern und motivieren die jungen Menschen. Der Mehrwert für das Employer Branding und die Identifikation mit dem Ausbildungsplatz überwiegt die Kosten einer eventuellen Nachbestellung bei Weitem.

▶ **Praxistipp Giveaway** Vielleicht gibt es auf Ihrer Wache ein kleines Ritual, wie beispielsweise die tägliche Fahrt zum Bäcker nebenan nach dem morgendlichen Fahrzeugcheck. Solche Routinen prägen den Rettungsdienstalltag und stärken oft das Gemeinschaftsgefühl. Warum nicht diese Tradition mit einer kleinen, spaßigen Geste verbinden?
Ein Gutschein für genau diesen Bäcker könnte als Teil des Preboarding-Pakets an die neuen Auszubildenden verschickt werden – begleitet von einer kurzen Information über das Ritual. So bekommen die zukünftigen Auszubildenden bereits vor ihrem ersten Tag einen augenzwinkernden, charmanten Einblick in den Rettungsdienstalltag und fühlen sich von Anfang an ein Stück weit integriert.

2. **Online-Kennenlernen (März/April):** Organisieren Sie ein kurzes Online-Meeting mit allen neuen Auszubildenden den Praxisanleitungen und ggf. einigen Auszubildenden aus dem dritten Lehrjahr.
   - Dauer: max. 1,5 h (nachmittags nach der Schule).
   - Inhalte: Kennenlernen, Orientierung zu den nächsten Schritten, Informationen zum ersten Arbeitstag.
   - Vorteile: Wertschätzung, erste Kontakte, Identifikation mit dem Arbeitgeber und frühe Erkennung von Absprungtendenzen.

▶ **Das erste Onlinemeeting** Wenn die Praxisanleitungen im ersten Onlinemeeting spontan von zwei oder drei spannenden Einsätzen der letzten Tage berichten, steigt die Begeisterung und Vorfreude der Teilnehmenden spürbar. Setzen Sie diese Berichte jedoch in Relation, denn Sie wissen selbst, dass nicht nur Action und Blaulicht auf die Auszubildenden warten. Dennoch darf ein wenig Action durchaus dabei sein.

3. **Praxis-Treffen auf der Wache (Juli/August):** Nach Abschluss der Schulprüfungen – beispielsweise während der Sommerferien – bietet sich ein Praxis-Treffen auf der Rettungswache an. Dieses Treffen dient nicht nur dem Kennenlernen, sondern auch dazu, den Stolz auf die zukünftige Rolle zu fördern und Spaß mit dem Team zu haben.
   - **Ankleide mit Fun-Faktor:**
     Ein Highlight dieses Tages kann die Anprobe der Uniform sein. Für viele junge Menschen ist dies ein besonderer Moment, denn die Uniform steht symbolisch für ihren Einstieg in den Rettungsdienst. Um diesen Moment zu etwas Besonderem zu machen, können Sie die Ankleide mit einer Foto-Challenge verbinden:
   - **Foto-Challenge-Ideen:**
     - *Coolstes Actionfoto: Wer inszeniert das spannendste Foto in Uniform?*
     - *Lustigstes Teamfoto: Kreative Gruppenfotos, die den Teamgeist und Humor der Gruppe zeigen.*
   - **Belohnung für die Gewinner:**
     Die besten Fotos werden prämiert – beispielsweise mit einem kleinen, humorvollen Preis wie „Die goldene Mullbinde". Alternativ können Sie auch etwas Nützliches vergeben, etwa ein praktisches Gadget für den Rettungsdienstalltag. Die Preise sollten im Rahmen bleiben, aber genug Anreiz bieten, um den Wettbewerb spannend zu machen.

5.2 Gewinnung der Generation Z als NFS-Auszubildende

Diese Aktivität sorgt nicht nur für Spaß, sondern stärkt auch die Identifikation der Auszubildenden mit ihrer zukünftigen Rolle. Gleichzeitig generieren Sie Inhalte, die – mit Zustimmung der Teilnehmenden – in internen Kanälen oder Social Media genutzt werden können, was wiederum Ihrem Employer Branding zugutekommt.

4. **Informationen zum Ausbildungsstart (September):** Kurz vor Beginn der Ausbildung sollten Unsicherheiten und Ängste abgebaut werden. Tatsächlich funktioniert dieses auch in der heutigen digitalen Welt am besten auf dem Postweg. Mails werden in dem Alter noch selten gelesen oder nur überflogen. Beispielhafte Inhalte:
   - Wann beginnt die Schicht, wann sollte man auf der Wache sein?
   - Wer begrüßt die Auszubildenden, und wie läuft der erste Tag ab?
   - Sollte man etwas zu Essen mitbringen oder wird auf der Wache gekocht oder morgens gemeinsam zum Bäcker gefahren?

Für erfahrene Rettungsdienstler stellen solche Situationen meist keine Herausforderung dar. Sie wissen wie das Wachenleben aussieht und welche Fragen sinnvollerweise im Vorfeld zu stellen sind.

Anders sieht es jedoch bei Auszubildenden der Generation Z aus. Viele von ihnen haben durch das Verhalten sogenannter „Helikoptereltern" weniger Gelegenheit gehabt, solche sozialen Fähigkeiten eigenständig zu entwickeln. Im Rahmen meiner Beratung habe ich oft gehört, dass einige Auszubildende nicht wissen – oder sich schlicht nicht trauen –, sich dem neuen Teammitgliedern aktiv vorzustellen, sondern darauf warten, angesprochen zu werden. Hier ist das Fettnäpfchen vorprogrammiert und ich habe einige ältere Kollegen vor Augen, die tatsächlich lange Zeit nicht gut auf die Auszubildenden zu sprechen waren.

Um solche Unsicherheiten zu vermeiden, sollten Sie die neuen Auszubildenden behutsam darauf vorbereiten. Vermitteln Sie diese Erwartungen „durch die Blume", beispielsweise im Rahmen von Informationen oder kleinen Tipps, und unterstützen Sie sie aktiv bei der Integration ins Team. Solche scheinbar kleinen Gesten können einen großen Unterschied machen, um den Einstieg zu erleichtern und Unsicherheiten abzubauen.

Zusammenfassung der Preboarding-Touchpoints

In den zehn Monaten der Preboarding-Phase haben wir vier zentrale Touchpoints definiert:

1. Willkommensschreiben (nach einer Woche):
   Versand eines persönlichen Willkommensbriefs, ergänzt durch kleine Giveaways (z. B. Kugelschreiber, Namensschilder) sowie die Einladung, den Social-Media-Kanälen des Unternehmens zu folgen. Ziel: eine erste emotionale Bindung schaffen und die Vorfreude fördern.
2. Onlinemeeting (nach ca. sechs Wochen):
   Organisation eines etwa 1,5-stündigen Treffens am Nachmittag. Teilnehmende sind die Praxisanleitungen und die anderen Auszubildenden. Ziel: Begeisterung aufrechterhalten, Lust auf den Ausbildungsstart machen und Transparenz über den weiteren Ablauf der Preboarding-Phase schaffen. Zudem kann die Benennung von Paten aus dem dritten Ausbildungsjahr die zukünftigen Auszubildenden zusätzlich unterstützen und eine persönliche Anlaufstelle bieten.
3. Praxis-Treffen auf der Wache (während der Schulferien):
   Durchführung eines 2- bis 4-stündigen Treffens auf der Rettungswache. Inhalte:
   - Anprobe der Dienstkleidung – verbunden mit einer Foto-Challenge (z. B. „Wer macht das coolste Actionfoto?" oder „Lustigstes Teamfoto") zur Stärkung des Teamgeists und des Stolzes auf die Uniform.
   - Möglichkeit, die Fotos in den eigenen Social-Media-Kanälen oder den Unternehmenskanälen zu teilen, um gleichzeitig die Employer Brand zu fördern.
   Ziel: Teambuilding, Spaß und ein erster intensiver Kontakt zur Rettungswache.
4. Informationen zum ersten Arbeitstag und zur ersten Woche (ca. acht Wochen vor Ausbildungsstart):
   Versand einer E-Mail mit praktischen Details zum ersten Arbeitstag und zur ersten Woche. Inhalte:
   - Wann beginnt die Schicht?
   - Wer begrüßt die Auszubildenden vor Ort?
   - Wie läuft der erste Tag ab?
   Ziel: Unsicherheiten abbauen und den Übergang in den Rettungsdienstalltag erleichtern.

Die Anzahl und Verteilung der Touchpoints über die zehn Monate ist erfahrungsgemäß angemessen. Sie sorgen für regelmäßige, sinnvolle Kontakte, ohne dabei die neuen Auszubildenden zu überfordern. Diese strukturierte Vorgehensweise hilft, die Begeisterung aufrechtzuerhalten, Unsicherheiten abzubauen und die Bindung an die Organisation frühzeitig zu stärken. ◄

5.3 Anforderungen an Praxisanleitungen

Die Praxisanleitung als zentraler Bestandteil der Ausbildung im Rettungsdienst entscheidet maßgeblich darüber, wie gut sich Auszubildende im Beruf einfinden, motiviert bleiben und langfristig an die Rettungswache gebunden werden. Besonders bei jungen Auszubildenden ist es wichtig, moderne Ausbildungsansätze zu nutzen, um eine optimale Lernumgebung zu schaffen.

Die klassischen Methoden der Wissensvermittlung, die über Jahrzehnte hinweg funktionierten, stoßen zunehmend an ihre Grenzen. Junge Menschen lernen anders, kommunizieren direkter und erwarten eine offene, wertschätzende Ausbildungskultur. Praxisanleitungen müssen sich darauf einstellen und neue Wege gehen, um junge Talente effektiv zu begleiten. Aus eigener Erfahrung, weiß ich, dass viele Praxisanleitungen bereits einen guten Job machen. Regelmäßige Pflichtfortbildungen verbessern die Situation zusätzlich zusehends. Vielleicht bieten die folgenden Ansätze trotzdem Neuerungen für Ihren Einsatz als Praxisanleitung.

Moderne Lehrmethoden nutzen
Die klassische Wissensvermittlung durch reinen Frontalunterricht oder die bloße Begleitung im Einsatz reicht nicht mehr aus. Junge Auszubildende erwarten interaktive und praxisnahe Lernmethoden, die ihnen einen direkten Bezug zur Realität bieten – jede Fahrschule bietet heute z. B. bereits Lern-Apps an.

- Der Einsatz von digitalen Medien wie Lern-Apps, Simulationen und interaktiven Fallbeispielen kann die Ausbildung auflockern und praxisnäher gestalten.
- Gamification-Elemente, beispielsweise Quiz-Apps oder digitale Fallbesprechungen, helfen dabei, Wissen spielerisch zu verankern.
- Praktische Übungen sollten nicht nur beobachtet, sondern aktiv mitgestaltet werden. Es ist sinnvoll, Auszubildende frühzeitig eigene Entscheidungen treffen zu lassen und sie dabei eng zu begleiten. Entwickeln Sie Szenarien gemeinsam.
- Fallnachbesprechungen sollten nicht nur in großen Runden, sondern auch in kleineren Teams oder in Einzelgesprächen erfolgen, um individuelles Feedback zu ermöglichen. Führen Sie diese regelmäßig durch.

Struktur und klare Erwartungen schaffen
- Ein geregelter und transparenter Ausbildungsablauf erleichtert die Orientierung und gibt Sicherheit.
- Ein klar definierter Ausbildungsplan mit regelmäßigen Meilensteinen hilft den Auszubildenden, sich auf die jeweiligen Lernziele vorzubereiten.

- Erwartungen sollten von Beginn an klar formuliert werden, um Unsicherheiten zu vermeiden. Dazu gehört eine präzise Kommunikation darüber, welche fachlichen und sozialen Kompetenzen erworben werden sollen.
- Klare Zeitstrukturen und gut durchdachte Lernblöcke sind besonders wichtig. Theoretische Inhalte sollten in gut verdaulichen Einheiten vermittelt und immer wieder mit praktischen Übungen kombiniert werden.

Feedback als zentrales Element der Ausbildung nutzen
- Regelmäßiges Feedback ist ein entscheidender Faktor für den Lernerfolg und die Motivation.
- Statt nur einmal jährlich ein offizielles Gespräch zu führen, sollte Feedback als fester Bestandteil des Ausbildungsalltags etabliert werden.
- Lob und konstruktive Kritik sollten in einem angemessenen Verhältnis stehen. Auszubildende profitieren davon, wenn sie regelmäßig positive Rückmeldungen für ihre Fortschritte erhalten, aber auch gezielt Verbesserungsvorschläge bekommen.
- Feedback sollte konkret und lösungsorientiert sein. Statt allgemeiner Aussagen wie „Das war nicht optimal" sind präzisere Formulierungen hilfreicher: *„Versuche beim nächsten Mal, mehr Ruhe in deine Patientenkommunikation zu bringen, indem du bewusst Pausen machst."*
- Offene Feedbackgespräche sollten auf Augenhöhe stattfinden. Praxisanleitungen können gezielt nachfragen, welche Aspekte den Auszubildenden besonders schwerfallen und wo sie sich mehr Unterstützung wünschen.

Mentoring statt hierarchischer Führung
Junge Auszubildende lernen besser, wenn sie sich wertgeschätzt und ernst genommen fühlen. Eine Mentoring-Kultur, die auf Unterstützung statt auf reine Hierarchie setzt, sorgt für eine positive Lernatmosphäre.

- Praxisanleitungen sollten als Coach und Unterstützer auftreten, statt nur als reine Wissensvermittler.
- Eine offene Kommunikation, in der Fragen jederzeit erlaubt sind, erleichtert den Lernprozess.
- Verantwortung kann schrittweise übertragen werden, indem Auszubildende unter Anleitung eigene kleine Aufgaben übernehmen.
- Fehler sollten als Lernchancen betrachtet werden. Eine wertschätzende Fehlerkultur fördert Selbstbewusstsein und Eigeninitiative.

5.3 Anforderungen an Praxisanleitungen

Den Beruf als attraktive Perspektive darstellen
Viele junge Menschen wissen wenig über die langfristigen Karrieremöglichkeiten im Rettungsdienst. Eine frühzeitige Perspektivenaufzeigung kann dabei helfen, die Motivation zu steigern.

- Praxisanleitungen sollten nicht nur auf die Inhalte der Ausbildung fokussieren, sondern auch aufzeigen, welche Weiterentwicklungs- und Spezialisierungsmöglichkeiten es gibt.
- Der Rettungsdienst bietet zahlreiche Karrierewege, von der Praxisanleitung über Leitungspositionen bis hin zu spezialisierten Tätigkeiten im Intensivtransport oder auf dem Baby NEF und Inkubatorfahrzeugen.
- Auch alternative Arbeitsmodelle wie remote-fähige Tätigkeiten, projektbasierte Mitarbeit oder Weiterbildungen im Bereich Digitalisierung und KI sollten als moderne Entwicklungsmöglichkeiten vorgestellt werden.

Teamzusammenhalt fördern und Integration erleichtern
Eine gute Zusammenarbeit im Team ist für den Erfolg der Ausbildung essenziell. Gerade für junge Auszubildende kann der Einstieg in ein bestehendes Team herausfordernd sein.

- Eine strukturierte Einführung in das Team hilft, Unsicherheiten zu reduzieren. Ein gemeinsames Kennenlernen oder ein Buddy-System erleichtert den Einstieg. Nutzen Sie erfahrene Auszubildende als Buddys (Abschn. 4.5.7).
- Teamaktivitäten, sei es in Form von Übungen, informellen Treffen oder CSR-Aktionen fördern die Bindung und das Zugehörigkeitsgefühl.
- Der respektvolle Umgang im Team sollte aktiv vorgelebt werden. Auszubildende sollen erleben, dass ihre Meinung geschätzt wird und sie ein wichtiger Teil des Teams sind.

Preboarding und Onboarding professionell gestalten
Die Zeit zwischen Zusage und Ausbildungsbeginn wird oft unterschätzt. Eine frühzeitige Einbindung kann jedoch die Motivation und Identifikation mit der Organisation stärken (Abschn. 5.2.3). Als Praxisanleiter:in sollten Sie an der Gestaltung mitwirken.

Eine moderne und wertschätzende Praxisanleitung ist entscheidend für den Erfolg der Ausbildung und die langfristige Bindung von Nachwuchskräften. Junge Auszubildende benötigen klare Strukturen, regelmäßiges Feedback und eine Ausbildungskultur, die auf Unterstützung und Motivation setzt.

Durch den gezielten Einsatz digitaler Lernmethoden, eine offene und respektvolle Kommunikation sowie die Schaffung attraktiver Perspektiven kann die Praxisanleitung nicht nur die Ausbildung effektiver gestalten, sondern auch dazu beitragen, dass junge Menschen langfristig für den Beruf begeistert werden.

Zusammenfassung

Die Gewinnung und langfristige Bindung der Generationen Z und Alpha an den Rettungsdienst erfordert eine umfassende und durchdachte Strategie. Klassische Recruiting-Methoden reichen nicht mehr aus, um junge Menschen für die Ausbildung im Rettungsdienst zu begeistern. Stattdessen müssen verschiedene Maßnahmen ineinandergreifen, die gezielt auf die veränderten Werte, Bedürfnisse und Erwartungen dieser Generationen eingehen.

Ein entscheidender Faktor ist eine starke Employer Brand, die den Rettungsdienst als attraktiven, modernen und zukunftsorientierten Arbeitgeber präsentiert. Junge Menschen erwarten nicht nur einen sicheren Arbeitsplatz, sondern auch einen Beruf mit Sinnhaftigkeit, innovativen Technologien, Entwicklungsmöglichkeiten und einer offenen, wertschätzenden Unternehmenskultur. Arbeitgeber müssen diese Aspekte aktiv kommunizieren und sie sowohl nach innen als auch nach außen sichtbar machen. Social Media, authentisches Storytelling durch aktuelle Auszubildende und transparente Einblicke in die Arbeitswelt sind dabei unerlässliche Instrumente.

Ein weiterer zentraler Aspekt ist das Preboarding, das die Zeit zwischen Vertragsunterzeichnung und Ausbildungsbeginn optimal nutzt. In dieser Phase entscheidet sich, ob die jungen Menschen sich wirklich mit ihrem zukünftigen Arbeitgeber identifizieren oder sich möglicherweise doch noch anders orientieren. Durch regelmäßige Kontaktpunkte, digitale Welcome-Pakete, praxisnahe Einführungsveranstaltungen und erste Kennenlernangebote kann eine starke emotionale Bindung geschaffen werden. Dies reduziert die Absprungrate und sorgt dafür, dass neue Auszubildende mit Begeisterung und Motivation in ihre Ausbildung starten.

Doch auch nach dem Start der Ausbildung sind gezielte Maßnahmen erforderlich, um die jungen Nachwuchskräfte langfristig im Rettungsdienst zu halten. Eine moderne und wertschätzende Ausbildungskultur ist hierbei essenziell. Junge Menschen erwarten praxisnahe Lernmethoden, regelmäßiges und konstruktives Feedback sowie die Möglichkeit, eigenständig zu lernen und Verantwortung zu übernehmen. Der Umgang mit digitalen Lernformaten, interaktiven Fallbesprechungen und modernen Lehrmethoden spielt eine große Rolle, um die Ausbildung ansprechend und effektiv zu gestalten.

Ein weiteres wichtiges Element ist der richtige Umgang mit den jungen Generationen im Arbeitsalltag. Führungskräfte, Teams und Praxisanleitungen müssen sich bewusst machen, dass traditionelle Ausbildungs- und Führungsmethoden oft nicht mehr ausreichen. Eine respektvolle, offene und dialogorientierte Kommunikation, eine moderne Fehlerkultur sowie klare, aber flexible Strukturen erleichtern den Einstieg und fördern die Motivation der Auszubildenden.

Zusätzlich sollte der Teamzusammenhalt gezielt gefördert werden. Junge Generationen möchten sich in ihrem Arbeitsumfeld wohlfühlen, ernst genommen werden und als wertvoller Teil des Teams wahrgenommen werden. Gemeinsame Teamaktivitäten, Buddy-Programme oder digitale Austauschplattformen können helfen, die Integration zu erleichtern und den Zusammenhalt zu stärken.

Schließlich ist es entscheidend, dass die jungen Nachwuchskräfte klare Entwicklungsperspektiven sehen. Wer sich langfristig an einen Arbeitgeber binden soll, muss wissen, welche Karrieremöglichkeiten und Weiterbildungschancen es gibt. Frühzeitig aufzuzeigen, dass es zahlreiche Weiterbildungen, Spezialisierungen oder sogar akademische Entwicklungswege im Rettungsdienst gibt, steigert die Attraktivität des Berufs und hilft, talentierte Fachkräfte langfristig im System zu halten.

Zukunftsorientierte Rettungsdienste, die diese verschiedenen Elemente gezielt in ihre Recruiting- und Ausbildungsstrategie integrieren, werden langfristig erfolgreicher sein. Sie sichern sich nicht nur motivierte Nachwuchskräfte, sondern positionieren sich auch als attraktive Arbeitgeber in einem zunehmend umkämpften Markt. Wer frühzeitig Begeisterung weckt, eine wertschätzende Ausbildungskultur etabliert, moderne Lehrmethoden nutzt und langfristige Perspektiven aufzeigt, schafft die Grundlage für eine nachhaltige und zukunftsfähige Personalgewinnung im Rettungsdienst.

Literatur

Advertising Age. (1993). Generation Y. In: Ad Age 30. August 1993.
Becton, J., Walker, H., & Jones-Farmer, A. (2014). Generational differences in workplace behavior. *Journal of Applied Social Psychology, 44*(3), 175–189.
Bittner, W. (2018). *Generation X, Y, Z – oder: „Nichts ist so beständig wie der Wandel"*. Springer.
Coupland, D. (1992). *Generation X: Geschichten für eine immer schneller werdende Kultur* (2. Aufl.). Hamburg.
Hurrelmann, K., & Albrecht, E. (2014). *Die heimlichen Revolutionäre: Wie die Generation Y unsere Welt verändert* (1. Aufl.). Weinheim Basel.
Illies, F. (2009). *Generation Golf* (12. Aufl.). Fischer.

Karasek, T. (2008). *Generation Golf. Die Diagnose als Symptom. Produktionsprinzipien und Plausibilitäten in der Populärliteratur.* transcript.

Klaffke, M. (2014). *Generationen Management.* Springer.

Klaus, H., & Schneider, H. (2016). *Personalperspektiven – Human Ressource Management und Führung im ständigen Wandel* (12. Aufl.). Springer.

Mangelsdorf, M. (2015). *Von Babyboomer bis Generation Z – Der Richtige Umgang mit unterschiedlichen Generationen in Unternehmen.* Gabal.

Mannheim, K. (1928). Das Problem der Generationen. In K. Mannheim (Hrsg.), *Kölner Vierteljahreshefte für Soziologie, 2/1928*(7). Luchterhand

Mannheim, K. (1965). Das Problem der Generationen. In K. Mannheim (Hrsg.), *Wissenssoziologie, Soziologische Texte 28.* Luchterhand.

Mansel, J. (2003). Theoriedefizite der Jugendforschung. Jugendforschung. Juventa-Verl.

Moskaliuk, J. (2019). *Beratung für gelingende Leadership 4.0 – Praxis-Tools und Hintergrundwissen für Führungskräfte.* Springer.

Oertel, J. (2014). Baby Boomer und die Generation X – Charakteristika der etablierten Arbeitnehmer-Generation. In M. Klaffke (Hrsg.), *Generationen Management.* Springer.

Pfeil, S. (2017). *Werteorientierung und Arbeitgeberwahl im Wandel der Generationen – Eine empirisch fundierte Analyse unter besonderer Berücksichtigung der Generation Y.* Springer.

Scholz, C. (2014). *Generation Z. Wie sie tickt, wie sie uns verändert und warum sie uns alle ansteckt.* Wiley VCH.

Statistisches Bundesamt. (2024). Anzahl der Einwohner in Deutschland nach Generationen am 31. Dezember 2023 (in Millionen). In Statista. https://de.statista.com/statistik/daten/studie/1130193/umfrage/bevoelkerung-in-deutschland-nach-generationen/. Zugegriffen am 30.01.2025.

Made in the USA
Monee, IL
03 May 2026